苏州大学专业学位精品课程建设基金资助项目

主编·周华明

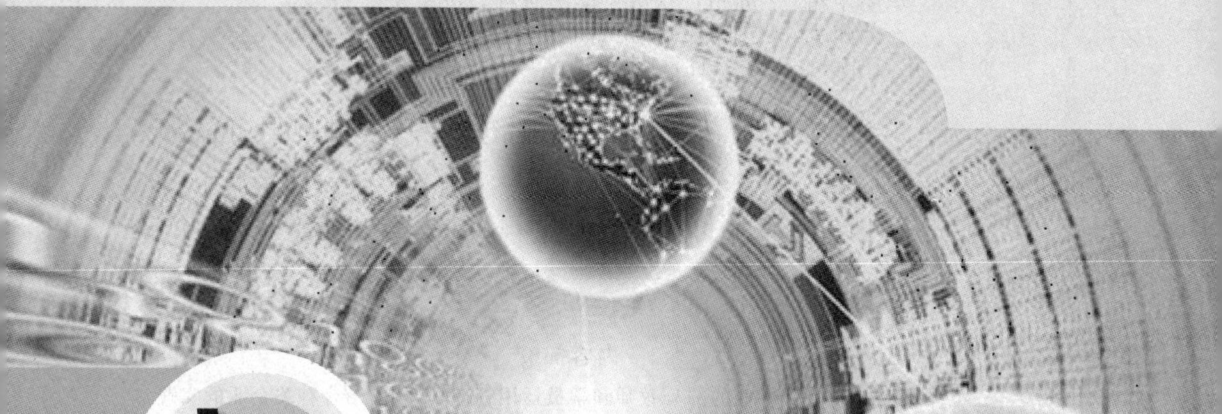

YUNYING YU JISHU GUANLI ANLI

运营与技术管理案例

来自苏州企业的实践报告

苏州大学出版社

图书在版编目(CIP)数据

运营与技术管理案例：来自苏州企业的实践报告/周华明主编.—苏州：苏州大学出版社，2008.8
苏州大学专业学位精品课程建设基金资助项目
ISBN 978-7-81137-119-2

Ⅰ.运… Ⅱ.周… Ⅲ.企业管理—案例—苏州市 Ⅳ.F279.275.33

中国版本图书馆 CIP 数据核字(2008)第 127646 号

内容简介

本书是工商管理专业的部分教师和学员运用管理学理论，结合有关企业的实践，撰写的关于企业运营与技术创新的研究案例。

本书主要内容包含三大部分：第一，流程改善案例，主要涉及的理论知识包括精益生产、六西格玛、现场改善、流程再造等。第二，供应链管理案例，主要涉及供应商质量管理、供应链优化以及企业如何实施供应链管理等方面的经验和教训。第三，技术创新案例，主要涉及产品开发过程的管理、技术创新战略的选择、产学研合作和技术创新中的集成创新模式。

本书可作为高校工商管理专业《运营管理》课程的教学参考书。

运营与技术管理案例
周华明 主编
责任编辑 许周鹣

苏州大学出版社出版发行
（地址：苏州市干将东路 200 号 邮编：215021）
常熟高专印刷有限公司印装
（地址：常熟市元和路 98 号 邮编：215500）

开本 787mm×960mm 1/16 印张 14.5 字数 275 千
2008 年 8 月第 1 版 2008 年 8 月第 1 次印刷
ISBN 978-7-81137-119-2 定价：30.00 元

前　言

自弗里德里克·温斯顿·泰勒倡导科学管理以来，管理学科的发展极为迅猛，企业管理理论与实践的发展更是引起世人的高度关注。不同专业、不同国家的学者和专家，从他们各自不同的领域和角度对管理学科展开了多角度的研究，到20世纪60年代，出现了众多精彩纷呈的管理学流派，与之相应，工商管理(MBA)教学也从美国向世界扩散。到今天，MBA已成为授予学位人数最多，也是最受欢迎的专业硕士学位之一。

我国自20世纪80年代初，由大连理工大学引入MBA教学，至今已快30年了。在过去的30年中，我国MBA教学快速发展，至今，已有100余所高校开办了MBA教学班，每年毕业的学员超过1万名，为我国企业界培养了一大批专业人才。在MBA教学中，案例教学几乎是与MBA教学同步发展起来的，这是因为MBA教学是以管理实践工作者的培养为服务对象的。案例教学由于其应用导向性、参与性、主动性和交互性，特别适合于管理者综合管理能力的培养，所以，案例教学是我们必须高度重视的管理教学环节。

在《运营管理》课程的教学过程中，我们与学员们一起摸索和探讨教学内容与教学方法。由于学员们背景的不同，以及他们所服务的企业规模和类型的差异，学员们所接触的运营流程差异很大，这给我们的教学带来了挑战。在面对这一挑战的过程中，学员们表现出了高度的智慧和创新能力，他们通过描述各自的管理流程进行交流和切磋，不但丰富了课堂教学内容，也大大增强了同学之间的友谊，许多学员自觉地参与到管理案例的写作中来。

本书的出版正是我们教学活动的成果之一。本书选编的13个案例大部分来自学员们各自学习过程中对企业运营与技术创新的思考。正如国内某管理培训师所倡导的："说你所做，写你所说，做你所写"那样，我们在教学过程中强调学员将自己的工作流程说出来，写下来，然后再按写下来的去做，从而达到持续改善的目的。

本书案例大体上可以分成三大类：第一是流程改善案例，主要涉及的理论知识包括精益生产、六西格玛、现场改善、流程再造等内容，这些案例为我们提供了不同类型企业在流程改善上不同的思考和运作方式；第二是供应链管理案例，主要涉及供应商质量管理、供应链优化以及企业如何实施供应链管理等方面的经验和教训，这部分案例有助于我们理解供应链管理实践中可能会遇到的种种问题，特别是EMS企业在供应链管理中遇到的问题以及可能的解决方案；第三是技术创新案例，主要涉及产品开发过程的管理、技术创新战略的选择、产学研合作和技术创新中的集成创新模式，这些案例大部分源于苏州本土企业，是苏州国企转型后，在技术创新上的思考和实践，这些案例有助于我们理解技术创新与企业运营之间的相互关联以及技术创新在企业运营中的关键性作用。

本书案例是MBA学员和我们工商管理系全体教师共同努力的结果，但其中的学术观点主要由主编负责。本书案例引用的资料主要来自企业的实践成果，当然也不可避免会引用一些他人的成果，在此，请允许我对案例中所涉及的企业和相关研究者表示衷心的感谢和敬意。在案例编写过程中，我们尽可能做到案例的写实性，但对可能涉及的企业机密也作了适当的技术处理，相信这样的处理不会影响案例的真实性和启发性。在此，需要提请读者注意的是，管理的有效性是管理方法、管理手段与特定条件、特定环境相互作用的结果，案例中的经验和教训也具有这一特征，因此，如果您将本书案例中的经验运用到您的工作中去时，千万要注意环境与条件的变化。

案例的编写和出版对我们来说还是首次尝试，由于我们自身学识水平的限制，书中一定存在许多不足和错误，恳请读者提出宝贵的批评和建议。请将您的建议和批评发送至 zhhm1513@ sina. com。

谢谢您的惠阅。

周华明

2008 年 6 月 1 日

目　　录

ATP 苏州有限公司的精益生产实践

李英英　方健雯

案例提要　中国工程塑料业经过近几十年的迅猛发展，以及 10 多年来大量知名外资企业的陆续入驻，行业竞争愈趋激烈，企业的盈利较之以前的高利润，已逐渐回归到一个常规的利润空间。ATP 公司作为一个入驻中国较晚的企业，通过实施精益生产方式，减少浪费、降低成本，提高了公司的核心竞争力，更快更好地满足了客户的需要。

一、公司背景

ATP 公司是一家专门生产工程塑料的知名跨国企业，公司每年开发数百种热塑性工程塑料产品，服务于电子、汽车、家用电器、消费产品、医疗器械和体育休闲市场等众多行业。2004 年设立的 ATP 苏州有限公司是其在中国的第一家子公司，虽然和其他专业生产工程塑料的国际公司（如 GE、Dupont）相比，进入中国市场较晚，但公司凭借其高端及特色产品，仅用两年时间，就已实现扭亏为盈。

面对激烈的市场竞争，公司除了积极开拓市场，还非常注重公司内部的质量控制和效率改进。公司在 2005 年通过了 ISO9001 质量体系认证后，开始启动精益生产（Lean Production），期望消除浪费，降低单位成本，提高公司的竞争力，以更好地服务客户。经过两年多的实践，取得了很好的效果。

二、精益准备

精益生产，这种起源于日本丰田公司的生产方式，就是以最大限度减少企业所占用资源和降低企业管理与运营成本为主要目标的生产管理模式。其精髓就是以客户需求为拉动，在生产的各个环节中不断地消除浪费，从而达到降低成本、提高效率和改善效益的目的，最大限度地满足客户特殊化、多样化的需求，使企业在激烈的市场竞争中站稳脚跟。

公司在推行精益生产之初，便确定了公司全体员工参与的培训计划。公司已培训出了1位高级精益专家（Lean Master）、2位精益生产专家（Lean Expert），另有7位员工参与了精益生产及六西格玛培训。其他员工根据生产岗位的不同，也分别安排了不同层次的培训。

为了鼓励全体员工积极参与培训，了解精益生产，公司还进行了广泛的宣传和动员。例如，通过精益生产标语选定的活动，让员工投票选出精益生产的标语，并将评选出的精益生产宣传标语和宣传画张贴在办公室、车间及会议室，为精益生产营造了一个全员参与的氛围，成为公司推行精益生产的良好开端。

三、确定项目

精益生产的第一步，是绘制价值流现状图（Value Stream Mapping），这种技术可以帮助企业了解整个生产过程中材料和信息流动的情况。通过绘制产品族从订单开始到交付客户过程中的整个流程，观察产品通过价值流过程时的物料流动和信息流动，区分其中的增值和非增值活动。通过对每条路径上的一组数据的分析，发现存在的问题和改进点，进而绘出未来图，为改善定下蓝图。

Current State Value Stream

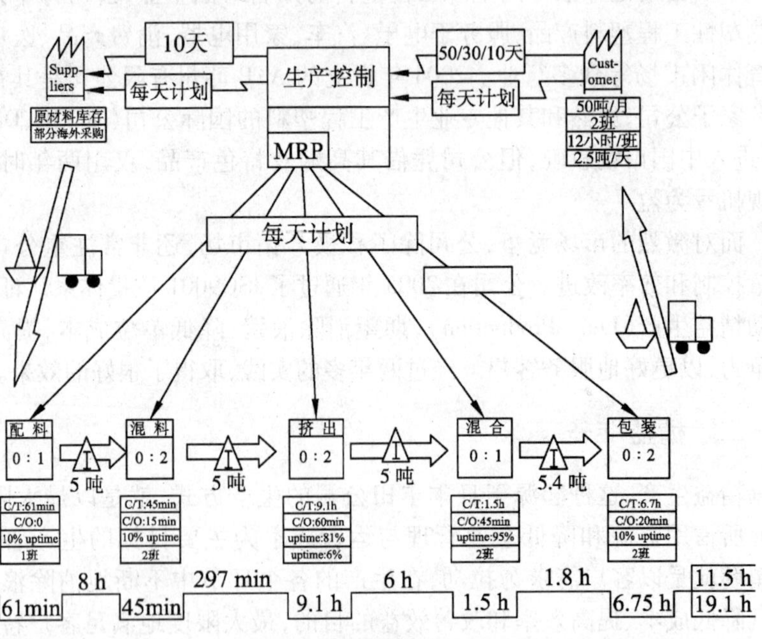

图1 价值流现状图

精益生产项目小组针对每个流程的周期时间(Cycle time)、作业转换时间(Changeover time)、设备利用率(TRS)、每个流程的班次以及每个班次的作业员人数等进行统计汇总,计算出增值时间与非增值时间,从而得出目前产品生产的增值时间仅占总时间的7%左右,而各种等待占了绝大部分时间。从图1的价值流现状图中可以看到:原材料从下单购买到交货需要10个工作日,挤出线的设备利用率也比较低;产品的交货周期比较长,接近12个工作日,远远超过客户的期望交货周期(平均为6个工作日)。

由于许多原材料需要从国外进口,导致苏州工厂交货周期较长,从而引致客户的抱怨。通过缩短交货周期来满足客户的需求,是提升客户满意度的一条重要途径;另一方面,工厂开业仅一年多,尚未实现盈利,如果能够减少过程浪费,降低单位产品生产成本,同样可以实现公司利润的增长。从价值流现状图的分析结果,结合公司目前的实际情况,项目小组确定了2006年精益生产的两个项目:交货周期减少到9个工作日,减少过程浪费10万美元。

项目开始前,苏州工厂的交货周期为12个工作日,而新加坡公司仅为8个工作日,如果能实现9个工作日的目标,则可以实现25%的改进。减少过程浪费目标的设定主要基于以下几个方面的考虑:首先要提高成品产出率(yield),新加坡工厂的成品产出率是95%,而同期苏州工厂的产出率仅为92%,小组期望2006年苏州工厂产出率能达到94%以上;其次通过减少等待时间,减少成本,提高效率;第三,合理利用清洗料及回收料,以减少浪费。

确定项目后就进行人员分组,每个项目组都包括各部门和岗位的骨干人员。例如,减少过程浪费的小组的项目组成员就包括高级精益专家、生产部经理、仓库负责人和维修负责人。由于项目的改进与各人的工作紧密相关,更容易激发大家的责任心,从实处着手,使改进项目切实可行。

四、缩短交货周期

推行精益生产前,2005年的平均交货周期为12个工作日,具体统计如表1所示。

表1　2005年交货周期统计表

	工程塑料	配色产品	其他产品
所占产品比例	0.6	0.3	0.1
平均交货周期(工作日)	11	14	12

续表

	工程塑料	配色产品	其他产品
最长交货周期(工作日)	15	14	21
最短交货周期(工作日)	4	3	5
总平均交货周期(工作日)	12		

从表1可以看到,公司从接到订单到完成生产交付,平均需要12个工作日。有时因为原材料到货不及时,甚至要20个工作日以上才能交货,为此经常遭到客户的抱怨和投诉。通过精益生产培训,大家认识到时间上的改进与质量上的提高在提升客户满意度上是同样重要的。

价值流现状图显示,当前影响交货周期的主要因素集中在原材料的采购上。由于部分特殊原材料涉及国外采购,导致采购周期较长,有时甚至需要1~2个月。另一些原材料的使用周期性不明显,没有规律可循,公司只能不定期地向供应商下订单。由于供应商没有存货,这也会导致最终供货不及时。另一个改进点集中在设备维修上。在使用初期,因操作不熟练及维修经验不足,在机器发生故障后不能及时修复,总体设备效率(OEE)仅为52%。因为机器的独特性,许多工具都是专机专用,目前维修部对于工具的归类过于笼统,在维修时不容易找到所需工具,并且时常会出现因工具缺失而影响维修的情况,这大大降低了设备的使用效率。

找到了改进点,项目组的成员集思广益,对那些采购周期较长的原材料,根据其在生产中的使用频次及用量,利用六西格玛原则设计出合理的安全库存量(见表2),最大限度地避免了接到客户订单后"无米下锅"的情况。对于一些特殊的生产原材料,采用与供应商直接联网沟通的方式,使他们能够在第一时间了解工厂相应材料的库存,保证及时补货。

表2　2006年计划安全库存量及可供货天数

安全库存的种类	数量	可供货天数
树脂类原材料	5~50吨	5天
玻璃纤维	2~10吨	5天
抗氧类助剂	0.2~1吨	5天
填料	0.5~5吨	4天
粉状原材料	2~5吨	3天
阻燃类助剂	0.2~3吨	2天

针对维修问题，维修部对所有工具进行 5S 管理〔1〕，分门归类，定点放存。以前比较贵重的工具或不常用的工具，维修部会在专门地方存放，甚至将其锁起来。由于平时无法检查工具是否完好，往往等到要用时才发现工具找不到了。改进的方式是对每个工具配置挂板，并按形状投影位置归位，实行目视化管理。这样缺少哪个工具就一目了然，找起来也非常容易。每班交接时做好核对，就不会再发生翻箱倒柜到处找工具的状况了。另一方面，因为大部分设备是进口的，相应的设备资料也都是英文，故障发生时维修部员工查找和翻阅说明书往往要花较多的时间。由于不同的维修班次配备不同的人员，很可能 A 班次维修后，到 B 班次时又发生相同的问题，此时由于 B 班次对于上次维修情况不了解，需要重新查找和摸索，这大大降低了维修的效率。针对这种情况，维修部指派专人负责将设备资料上的关键线路图用不同颜色的标签标识出来，并将以往所有的维修记录分类整理，制作成设备维修档案供维修人员和当班班长查阅。这样当问题发生时，当班班长首先根据历史维修记录进行简单判断，如问题简单就可自行解决；如果需要维修人员参与，维修人员也可以通过查看历史维修记录，快速作出判断，这大大简化了摸索过程，缩短了设备修复的时间。

通过对交货周期和设备维修所涉及的各个流程的改善，公司的运行效率大大提高。2006 年年底，交货周期从 12 个工作日缩短至 8 个工作日，超过预定的 9 个工作日的目标。增值时间增加到了 10%，总体设备效率也提高到了 65%。达到了客户要求快速供货的目的，提高了客户的满意度。

五、减少过程浪费

根据公司目前的生产状况，从“人”“机”“料”“法”“环”五个要素〔2〕入手，项目小组列出了减少过程浪费的各个改进方面，如图 2 所示。

---

〔1〕 5S 管理即清理（Seiri）、整顿（Seiton）、清扫（Seios）、清洁（Seiketsu）、素养（Shitsuke）。

〔2〕 即“人员”、“机器”、“物料”、“方法”、“环境”五个方面。

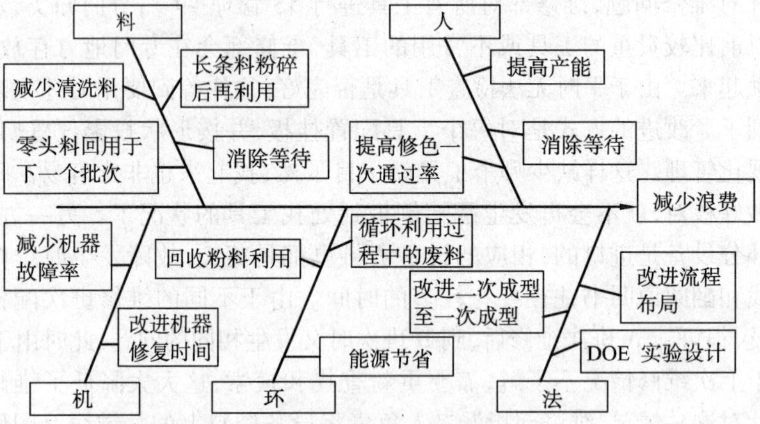

图2　减少浪费五要素图

等待是生产过程中最普遍的一种浪费。每个环节都可能产生等待。首先是称量环节存在等待。因为称量仅有一个班次,两名操作工,而生产部门却有两个班,这就出现了一个待生产订单在原材料到货后,往往要在称量部门耽搁几个小时,甚至要等到第二天上班后再进行称量的现象,而此时混料工人却无所事事。针对这种现象,公司安排了混料组工人进行称量培训,在称量繁忙以及中夜班时,混料组的工人能够及时补上,实现了快速生产。另一个问题出现在包装环节,包装的工作量根据产量而定。有时生产订单虽多,但小批量占多数,由于产量少,包装工人比较空闲。有时生产批量较大,正常生产时,包装工人忙得不可开交却仍无法保证及时交货。对此,包装部门对工人实行了弹性上班制。根据生产计划,当大批量产量多时,两名工人全部上岗;当订单多但是批量小时,仅安排一个工人进行包装作业。这样基本保证了包装工作的及时完成。从价值流的角度来讲,均衡了每个流程的节拍,使得整个过程合理、快速地流动起来。

减少浪费的另一方面是从过程废料和清洗料着手。2005 年,ATP 苏州工厂的成品产出率仅为 92%,明显低于其新加坡工厂 95% 的产出率。过程废料和清洗料是影响成品产出率的直接因素。小组采用 DMAIC 方法〔1〕,寻找改善方法。

第一步:界定问题所在。公司生产的产品有近千种,每个产品的配方、性

〔1〕 DMAIC 指定义(Define)、测量(Measure)、分析(Analyze)、改进(Improve)、控制(Control)五个阶段。

能、颜色都大不相同。在一种产品生产结束后,另一种产品生产前,需要用清洗料清洗;生产结束时,又要用清洗料来清车,因此每天要消耗大量原材料,汇总起来,每个月的清洗费用也相当惊人。

第二步: 测量。统计显示,2005 年总的清洗费用达到 12.4 万美元,预计 2006 年的清洗费用将达到 25 万美元。

第三步: 分析。经小组观察分析,发现生产流程中有四个环节均可产生用于清洗所用的原材料(见图 3)。包括机头产生的长条及涎料、冲车料,到末端流程产生的长粒,以及碎屑料。

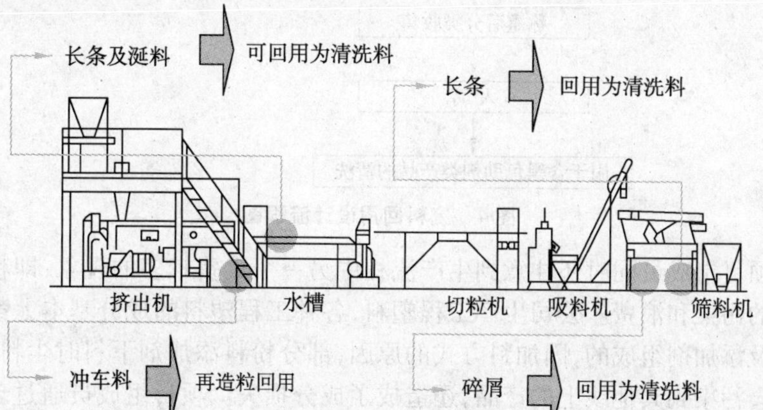

图 3　过程废料产生示意图

第四步: 改进。对生产过程中产生的这些废料进行分类,分成可回收利用及不可回收利用的过程料。可回收的过程料通过回收设计将其用作清洗料。具体的操作流程见图 4。

第五步: 控制。将生产中产生的废料重新回收利用,替代清洗所使用的纯原材料,这样从节省原材料的角度降低了生产成本。公司 2006 年的生产量是 2005 年的两倍,而清洗料成本却同比减少了 30%。仅此一项就为公司节约了 37 470 美元。项目小组还更新了清洗料流程,确保将来的清洗操作都能参照流程执行,以维持改进成果。

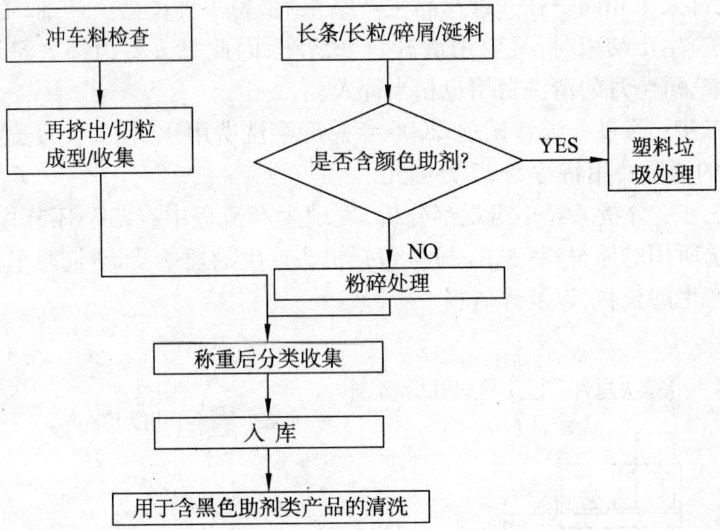

图4　废料回用设计流程图

项目组成员同时还注意到生产流程中另一个浪费较多的现象,即粉粒添加时的污染和浪费。公司生产工程塑料,各种工程塑料的成分基本上都是由树脂及添加剂组成的,因加料方式的原因,部分粉料添加剂下料时尘粉飞扬,不仅会污染到其他线上的产品,还造成了成分损失。项目组成员通过现场观察分析,由维修工程师牵头设计出了一套专用的吸纳下料时飞扬粉料的装置,并且可在生产中将吸收的粉料加回到产品中去。该装置的费用仅为几千元,但安装后效果非常好,成功解决了污染和损失以及由此引起的一系列质量问题。

六、成果总结

公司各部门从本部门实际着手,改善生产流程,使得精益生产落到了实处,公司的方方面面都有了明显的改进,生产效率大大提高。至2006年年底,统计数据显示,通过推行精益生产已为公司节省费用超过20万美元,远远高于年初设定的节省10万美元的目标。具体数据如表3所示。

表3　项目改进收益列表

Projects	Saving（2006）（US $）
成品产出率提高	72 795
减少机器故障率	44 337
循环利用过程中废料	29 480
长条料粉碎后再利用	7 990
回收粉料利用	8 552
改进二次成型至一次成型	21 086
零头料回用于下一个批次	2 171
库存回用	12 358
其他	4 275
总计	203 044

更为可贵的是，公司在推行精益生产时，全体员工都积极主动地参与到该项目中去。根据各自的经验为项目的成功实施献策献力，乐于接受改变，尝试新的作业方法，使得精益生产能够很好地落实到实际工作中去，在较短的时间内取得了超过预期的效果。项目小组更新了订单处理程序、采购程序以及清洗料作业程序，并将改进后的作业流程标准化、制度化。尝到了精益生产的甜头后，公司为了将精益生产继续贯彻下去，进一步确定了新目标：通过持续改善，减少浪费，不断提高企业适应市场的能力。

讨论与思考

1. 本案例中精益生产是如何在企业中推行的？可以分为几个阶段？

2. 精益生产中认为等待是生产过程中最普遍的一种浪费，你是如何看待这个观念的？

3. 你认为该企业的精益生产过程，有哪些需要改进的地方？

4. 讨论一下你对精益生产的理解，以及你周边的是如何应用的。

W 制药有限公司降低批记录差错的实践

包维军　王云峰

案例提要　案例作者参与了 W 公司的质量改善团队，通过对 W 制药有限公司的生产流程进行分析和实测，运用 DMAIC（定义、测量、分析、改进措施、控制）过程分析方法，对该公司生产过程中批记录差错率偏高的原因进行了深入的分析，从人员、机器、环境、方法和物料等五个方面寻找薄弱环节，并提出了相应的改进措施，取得了阶段性的成果。

在药品生产过程中，非常关键的质量管理工作是为所生产的每一批药品建立记录并进行检查。政府的法规和制药公司的生产标准要求每批药品生产都有配备详细的记录。这些批记录是跟踪生产制造过程中不同步骤的重要信息，内容包括：产品名称、生产批号、生产日期和时间、操作者和复核者的签名、有关操作与设备情况、相关生产阶段的产品数量、物料平衡的计算、生产过程的控制记录及特殊问题记录。它可以反映该批产品在生产过程中是否符合相关的标准作业规范（Standard Operating Procedures，SOP）的规定，当某批产品质量出现问题时，便于追溯，可以在最短的时间内准确找出涉及多少批产品。比如，某个批号的原料有问题，那么通过批记录查询可将所有使用该批号原料的产品找出，并采取相应的补救措施。又如生产进度控制，在生产线上不同岗位生产着不同批次的产品，通过批记录可以有效地了解各批产品的进展。

《药品生产质量管理规范》（简称 GMP）规定，每批药品上市前，需要检查批记录的完整性以及与标准作业规范（SOP）的一致性，如果不完整或不一致，就是批记录差错。为了检查批记录的完整性和与标准作业规范的一致性，要花大量的人力和大量的时间，如果批记录差错太多，改正时间就越长，可能会导致产品释放周期变长。同时，批记录的差错也会导致操作上的错误。

批记录的历史数据可以为制定公司内部管理规范提供依据。比如，原来批记录上规定压片机收率超过 2% 时，就要进行异常调查。最近公司新引进一台压片机,该机压片速度快,但物料损耗大,收率经常超过规定,在2%~3%之间。后根据此情况经过论证分析,认为收率超标与机器本身有很大的关系,因此将批记录的规范进行修改。另外,通过批记录,可以统计收率、设备的使用效率等有用的数据,以促进生产管理水平的提高。

批记录也有利于新员工的培训,设计批记录时,已把生产过程的每一个环节详细地描述出来,关键参数一一标明,特别重要的步骤需经主管签字确认,因此,只要按批记录规定的步骤做,一般就不会出错。

但是批记录的差错是制药厂的普遍性难题。原因有三:一是牵涉的人员多,从仓储、生产、检测到审批,牵涉的人员占全公司员工总数的近80%。二是时间长,GMP规定:批生产记录应按批号归档,保存至药品有效期后1年,未规定有效期的药品,其批生产记录至少保存3年。三是工作量大,如W制药有限公司每月有170~250本批记录,三年近8 000本批记录,每本批记录平均有1 000个要检查的点。

W制药有限公司是美国医药巨头W公司在华的独资企业,是其在亚太地区的重要生产基地,产品除满足国内需要外,还要出口到澳大利亚、新西兰、新加坡、马来西亚、菲律宾、韩国、印度、巴基斯坦和欧洲等国家以及我国香港地区。公司产品除要接受国家各级药监部门的随时核查外,还要接受澳大利亚药监部门(简称TGA)、欧洲药监部门和美国食品与药品监督管理局(简称FDA)每两年一次的检查,另外,美国总部为保证下属企业的产品质量管理水平,每年都要来公司检查一次。外部审计的重点在审查批记录上,起码花一半以上的时间审查批记录,一般采取随机抽查方式,或调选有异常的生产批次,来评估日常生产中的质量控制水平。

总公司将批记录差错率作为考核W制药有限公司苏州工厂的一项重要的管理指标,并同员工的奖金挂钩。考核方法如下:

需要收集的数据:被找到的差错数、需统计的批记录个数。

考核指标:每百万个需统计的批记录个数中被找到的差错数(DPMO)。

计算方法:DPMO=1 000 000×被找到的差错数/需统计的批记录个数。

举例:被找到的差错数为6,需统计的批记录个数为12 000,则:

DPMO=1 000 000×6/12 000=500

相应的西格玛值为:4.791

2006年目标批记录差错:百万分之90。

2006年9月末,W制药有限公司批记录差错情况执行得不够理想(见表1)。

表1　2006年1～9月批记录差错情况

时　间	1月	2月	3月	4月	5月	6月	7月	8月	9月
记录差错(百万分之)	89	90	90	90	89	90	88	90	91

批记录差错平均97%发生在生产部前工段,上级希望能有所改善，决定由B先生负责组建质量改善团队,目标是把每月生产部前工段的批记录差错率控制在百万分之80以下。B先生是一位资深的药业生产管理者,有十多年的医药生产管理经验,先后在国有药厂、外资药厂工作。质量改善团队运用6σ的DMAIC过程分析方法,通过对批记录的差错形成原因进行深入的分析,制定和实施了一系列改进措施,取得了阶段性成果。

一、项目定义

(一) 项目范围定义

质量改善团队实施的降低批记录差错率项目,将项目范围指定为将批记录从称量到交给QA过程检查员审阅之前的整个检查过程。

(二) 质量改善目标

质量改善团队通过这次降低批记录差错率项目的实践,对产生批记录差错的主要原因进行调查分析,并提出相应的改善措施,使W制药有限公司在药品的生产过程中,每月前工段批记录差错率控制在百万分之80以下。

(三) 质量改善团队成员

质量改善团队小组成员如表2所示。

表2

部门	姓名	职务	职　　责
PM	徐　波 曹　祺	支持人	提供指导,支持,资源,监控项目
PM	包维军	组　长	确定目标,设定项目里程碑,督促成员按计划执行任务
PM	杨　军	成　员	对岗位员工批记录差错进行统计跟踪
PM	李　明	成　员	按计划执行项目,督导和培训员工
PM	何美娟	成　员	负责和QA沟通,督导模具间员工检查批记录
PM	沈　山	成　员	对模具间员工批记录差错进行统计跟踪
PM	徐国强	成　员	按计划执行项目,督导和培训员工

续表

部门	姓名	职务	职　　责
PM	江伟峰	成　员	按计划执行项目,督导和培训员工
PM	陈一丹	成　员	按计划执行项目,督导和培训员工
PM	李林俊	成　员	按计划执行项目,督导和培训员工

(四) 项目计划

降低批记录差错率项目计划如表 3 所示。

表 3

项目活动	完成日期
小组成立	2006 年 10 月 7 日
数据收集和分析	2006 年 10 月 20 日
行动方案执行	2006 年 10 月 21 日
回顾和检查	2006 年 11 月 30 日
项目结束	2006 年 12 月 30 日

二、批记录测量

W 制药有限公司药品生产过程批记录测量的流转程序如图 1 所示。

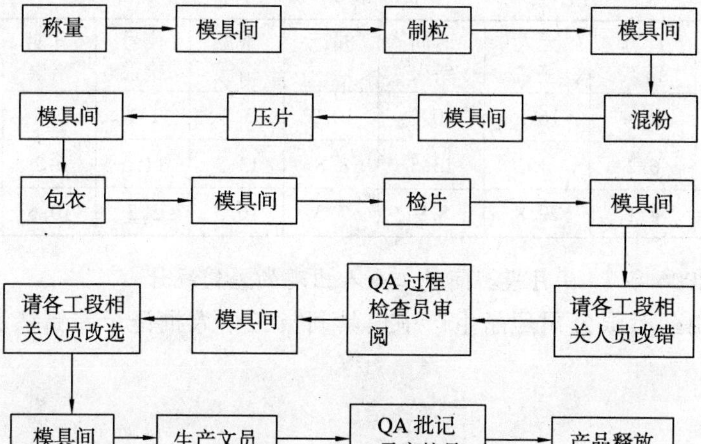

图 1

图1中，批记录在检片工序结束之前，模具间只负责批记录的存放，之后，才开始检查批记录的正确性，被QA发现的批记录错误将被当做生产部的考核指标。经过分析批记录流转程序，小组确认两个关键测量点：

（1）模具间人员检查批记录。

（2）制造过程中操作人员做的批记录。

三、批记录差错的分析

（一）目前被QA发现的批记录差错情况

1. 2006年7～9月被QA发现的各岗位批记录差错统计

W制药有限公司药品生产的各道工序各岗位批记录差错情况如表4所示。

表4

	称量	混粉	制粒	压片	包衣	检片	模具间	主管	总数
7月	4	16	12	14	14	7	8	3	78
8月	16	13	14	34	7	4	14	6	108
9月	23	12	15	33	13	9	5	9	119

2. 2006年7～9月被QA发现的批记录差错主要类型统计

W制药有限公司药品生产中批记录差错的主要类型如表5所示。

表5 （单位%）

	计算错误	无人签名	时间错误	漏记	重量错误	代号错误	日期错误	总数
7月	18.4	16.3	10.9	10.9	3.3	1.1	6.5	60.9
8月	6.2	15	13.5	8.8	13.3	11.5	6.2	74.5
9月	4.1	22.8	8.9	7.3	16.3	3.3	10.6	73.3

3. 2006年7～9月模具间员工个人出现的差错统计

W制药有限公司药品生产中模具间员工个人批记录差错情况如表6所示。

表 6

	何美娟	李明	沈山	徐国强	李林俊	陈一丹	杨军	江伟峰	总数
7月	6	13	12	8	14	0	7	18	78
8月	10	15	19	9	17	0	18	20	108
9月	15	19	15	20	13	0	14	23	119

(二)对被 QA 发现的批记录差错情况的调查分析

质量改善团队首先在模具间召开全体员工会议,运用头脑风暴法,与模具间员工就被 QA 发现的批记录差错情况展开充分讨论,将该问题产生的原因按鱼刺图的方法归类如图 2 所示。

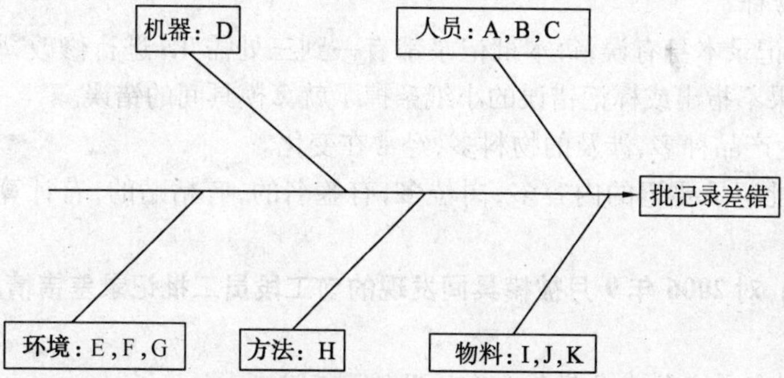

图 2

1. 人员

A. 岗位员工批记录差错太多。例如,2006 年 9 月总共 191 本批记录,由模具间检查出的前工段员工批记录差错有 270 个,这还不包括被员工及时改掉的差错。

B. QA 看批记录的标准不一,同样一个问题,QA 有的人会算错,有的则不算错。

C. 模具间工作人员本身看批记录的方法不一,熟练程度不一,责任心不一,有的人刚刚调入模具间,看批记录还不熟练,如江伟峰,刚调入模具间,这 3 个月他的差错是最多的。

2. 机器

D. 设备改造项目较多。9 月下旬,先后上 3WS 项目、老混粉改造、桶换 BIN 项目,引起批记录内容和工作方法的变化,岗位操作员工有个适应期。

3. 环境

E. 模具间工作人员还有其他任务,正常看一本批记录需耗时 1.5 小时,经常在看批记录过程中会被打断好几次,这样易错。

F. 缺乏奖惩措施,错多错少无所谓,批记录差错多的也就那几位;看批记录也是,看好看坏看多看少,对年终考核影响不大。

G. 有的批记录,模具间已发现有错,但因送到 QA 时,错误没及时改正,可能标记错误的小纸条掉了,QA 会算作模具间的错误。

4. 方法

H . 没有检查批记录的标准方法,有些差错是经常出现的,看多了可能会麻痹。

5. 物料

I. 批记录本身有误,每本批记录都有一到三处需 TS 进行修改,每次都要指出,如果不指出或标记错误的小纸条掉了就算模具间的错误。

J. 生产品种多,涉及的物料多,经常在变化。

K. 批记录要记的内容多,岗位多,有签名的,有粘贴的,有计算的,有复印的。

(三) 对 2006 年 9 月被模具间发现的前工段员工批记录差错情况的调查分析

1. 批记录差错在各岗位分布情况的调查分析

现选取 2006 年 9 月 191 本批记录,由模具间检查出的前工段员工批记录差错共有 398 个。这些差错在各岗位的分布情况如表 7 和图 3 所示。

表 7

岗位名称	称量	混粉	制粒	压片	检片	包衣
差错数	55	120	79	68	34	42
占总数百分比	13.8%	30.2%	19.8%	17.1%	8.5%	10.6%

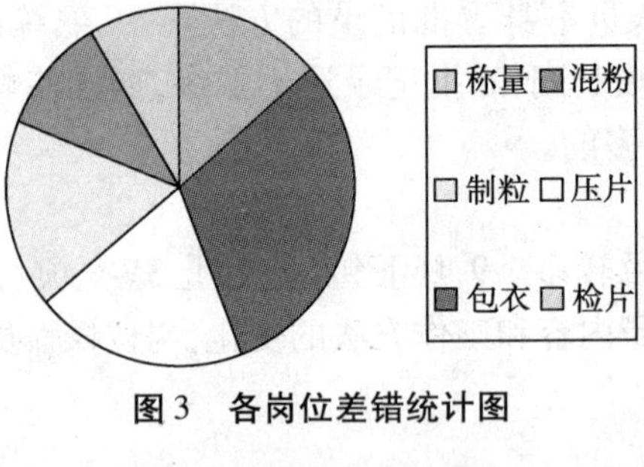

图 3　各岗位差错统计图

由表7和图3可以看出:发现差错数量由多到少的岗位依次是混粉、制粒、称量、压片、包衣和检片,其中,混粉和制粒之和刚好占一半。

对差错数最多的混粉岗位用鱼刺图分析如下(见图4):

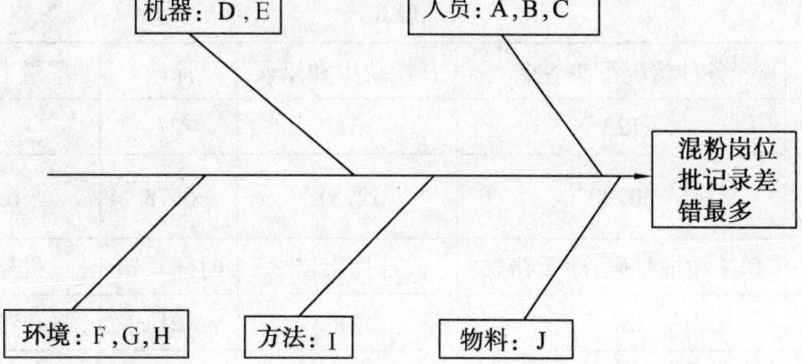

图4

(1) 人员

A. 混粉岗位共有19位员工,其中新手8位,占42.1%,新员工犯差错数为42个,占58.33%,另有14人犯5次错,占总人数的73.68%;还有9位持有混粉岗位上岗证的员工会不定期到混粉岗位工作,本月差错数7个。

B. 该岗位的主操全部是在最近的一年半内提拔上来的,部分主操工作方法和威信欠缺。

C. 部分员工不重视批记录的复核。

(2) 机器

D. 老混粉改造,桶换BIN项目,引起批记录内容和工作方法的变化,岗位操作员工有个适应期。

E. 机器较多,有5台,分散在6间房间。

(3) 环境

F. 工作的环境比较差:粉尘、噪音对员工工作情绪有影响;内容随生产品种的不同而不断变化,差异较大。

G. 该岗位工作的房间最多,有8间。

H. 工作时间比较紧张,做批记录的时间比较少。

(4) 方法

I. 最近两年没有专门培训如何写批记录。

(5) 物料

J. 批记录上填写的内容最多,有15页,并且内容随生产品种的不同而不断变化,差异较大。

2. 批记录差错的错误类型分布情况的调查分析

批记录差错的错误类型分布情况如表 8 和图 5 所示。

表 8

类型	各种情况下少签名	日期缺少和错误	涂改	重量上有错误
数量	123	51	27	27
百分比/%	30.90	12.81	6.78	6.78
类型	BIN 和桶号码,净重错误	计算出错	时间写错	批号错误
数量	27	21	21	17
百分比/%	6.78	5.28	5.28	4.27
类型	清场记录的清洁类型出错	标签出错	数据不对	代号错误
数量	15	13	11	11
百分比/%	3.77	3.27	2.76	2.76
类型	缺少上批清场记录复印件	漏记,少记	字迹不清	没有写注明
数量	10	10	7	7
百分比/%	2.51	2.51	1.76	1.76

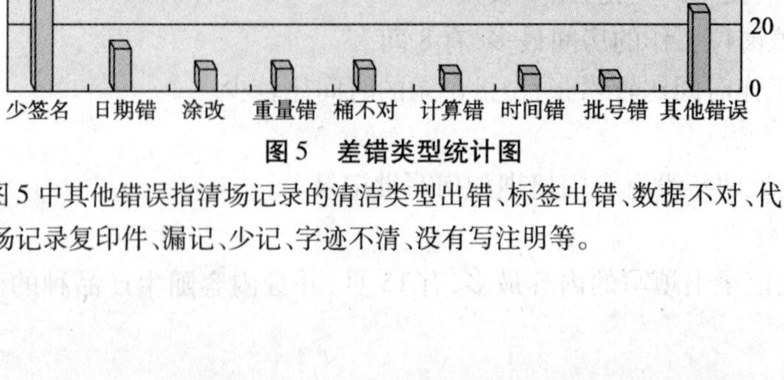

图 5　差错类型统计图

注: 图 5 中其他错误指清场记录的清洁类型出错、标签出错、数据不对、代号错误、缺少上批清场记录复印件、漏记、少记、字迹不清、没有写注明等。

从表8和图5可以看出：

（1）员工一般差错的类型主要有少签名、日期错误、涂改、重量错误、BIN和桶号码及净重错误、计算错误、时间错误、批号错误、其他错误。

（2）主要错误是少签名和日期错误。

3. 对新老员工批记录差错情况的调查分析

2006年9月前工段共有105人，其中，一年半内的新员工有43人，占40.95%，新老员工批记录差错情况如表9所示。

表9

10个差错及以上的人数	6	新员工	4
		老员工	2
6~9个差错的人数	25	新员工	15
		老员工	10
3~5个差错的人数	26	新员工	11
		老员工	15
0~2个差错的人数	48	新员工	13
		老员工	35

从表9可以看出：

（1）差错在6个以上，新员工与老员工之比为3:2，说明新员工培训还不到位，同时，对老员工的培训也不能放松。

（2）3~5个差错的人数，新员工与老员工之比约为3:4，说明有相当一部分新员工可以和老员工相媲美。

（3）0~2个差错的人数，新员工有13人，占27%，说明在某种条件下，优秀的新员工也能和优秀的老员工做得一样出色。

（4）有50名老员工为0~5个差错，占老员工总数的80.64%，占总人数的47.62%，说明老员工的素质非常好。

对0~2个差错范围内的员工进行分析（见表10）：

表 10　0～2 个差错范围内的员工岗位分析表

岗位名称	称量	混粉	制粒	压片	检片	包衣
总数	10	3	7	11	6	11
老员工数	7	1	5	10	2	10
主操数	3	0	2	4	2	6

从表 10 可以看出：

有 17 位是主操（相当于班长），差错在 0～2 个范围内，占主操总数的 65.38%。其中包衣岗位 6 名主操全部在 0～2 个差错内；称量岗位有 3 名主操在 0～2 个差错内，另 1 名主操有 3 个差错；压片岗位有 4 名主操在 0～2 个差错内，另 1 名主操有 3 个差错；检片岗位有 2 名主操在 0～2 个差错内，另 1 名主操有 3 个差错，1 名主操有 5 个差错；制粒岗位有 2 名主操在 0～2 个差错内，另 1 名主操有 4 个差错，1 名主操有 13 个差错；混粉岗位没有 1 名主操在 0～2 个差错内，3 名主操分别是 4、6、7 个差错。

通过对表 10 和表 7 的对比分析可以发现：

（1）岗位主操的表现同该岗位员工的表现有一定的相关性。

（2）对混粉岗位 3 名主操进行调查，发现该岗位的主操全部是在最近的一年半内提拔上来的，工作方法和威信欠缺。

（3）对包衣、压片岗位主操进行调查，发现该岗位的主操全部已任职五年以上，很多是公司的元老，他们的威信很高，并且这两个岗位是核心岗位。

（4）对称量岗位主操进行调查，发现该岗位的主操全部已任职三年以上，全部是公司的中生代，他们有一定的威信。

（5）对制粒岗位主操进行调查，发现该岗位的主操全部已任职三年以上，全部是公司的中生代，他们有一定的威信。

（6）对检片岗位主操进行调查，发现该岗位的主操全部已任职一年以上，做检片已有 2～3 年，他们有一定的威信。

四、降低批记录差错率的改进措施

（一）对员工的规范和培训

将主操人员下属员工批记录差错与主操人员的工作成绩挂钩，让主操人员去培训和督促下属人员正确规范填写，提高批记录一次性正确率，同时对差错率高的员工进行个别沟通和培训。

表11

姓名	差错原因	改进措施	改进前三个月差错数	改进后三个月差错数	改进效果
朱晨宇	制粒和混粉两个岗位轮换,没有好好复核	1. 增强责任心 2. 加强复核 3. 制订改进计划 4. 重新培训	13 4 13	3 4 4	好
周建明	字写得不好,粗心,没有好好复核	1. 增强责任心 2. 加强复核 3. 制订改进计划 4. 重新培训	10 1 10	4 2 8	前两个月行,12月差错上升,需跟踪
叶海涛	没有好好复核	1. 增强责任心 2. 加强复核 3. 制订改进计划 4. 重新培训	9 1 11	3 2 2	好
金之亮	字写得不好,粗心	1. 增强责任心 2. 加强复核 3. 制订改进计划 4. 重新培训	14 7 17	4 0 1	好
管爱华	字写得不好,粗心,没有好好复核	1. 增强责任心 2. 加强复核 3. 制订改进计划 4. 重新培训	4 3 14	4 5 1	较好
王瑞祥	字写得不好,粗心,没有好好复核	1. 增强责任心 2. 加强复核 3. 制订改进计划 4. 重新培训	6 10 10	8 7 10	没有改变,差

由表11可以看出:三个月批记录差错数都在5以下有4人;有1人1个月超过5个,有1人表现依然很差,没有改善。

金之亮、叶海涛、朱晨宇分别在11月、12月被评为月度优秀员工。

对周建明需进一步跟踪,对王瑞祥再次进行沟通,提高了他对降低批记录差错在保证药品质量上的重要性的认识,决定再给3个月考察期,由模具间杨军对他进行正确填写批记录和GMP知识的培训,同时,每周统计他的批记录差错数,并告知如没有改善,年终考核将不及格。

（二）改进工作方法

通过对批记录差错的类型进行统计分析，可以对每种类型的错误采取相应的改善措施（见表12）。

表12

批记录差错类型	改善措施
各种情况下无签名	复核
日期缺少和错误	复核
涂改	复核，规范填写
重量上有错误	复核
BIN 和桶号码，净重错误	复核，培训
计算出错	复核，培训
时间写错	复核
批号错误	复核
清场记录的清洁类型出错	复核，培训
标签出错	复核
数据不对	复核
代号错误	复核
缺少上批清场记录复印件	复核
漏记，少记	复核
字迹不清	复核，规范填写
没有写注明	复核
主管漏签名	规定批记录改错结束后，才能送给 QA

表12中所列各项改善措施在实施时应与 QA、TS 沟通，明确批记录的检查标准。

（三）改善工作环境

1．绩效考核的改进

（1）批记录差错与月度考核、年终绩效考核挂钩。

（2）规定批记录平均差错数低于5个，才有评月度优秀员工的资格，才有评年终绩效成绩4分以上的资格。

(3) 规定批记录平均差错数大于10个,月度考核不及格,年终绩效成绩3.5分以下。

(4) 规定岗位员工全部批记录差错数低于5个,该岗位主操月度考核加1分,并记入年终成绩,岗位员工批记录平均差错数大于8个,该岗位主操月度考核减1分,并记入年终成绩。

(5) 参与对模具间员工年终考核,以前,模具间员工的打分是由另外一名主操打的,与领导沟通后,黑带大师和绿带两个一起打分。

2. 各部门沟通的改进

(1) 统一标准和操作方法。

(2) 组织熟练员工帮助和辅导低效员工,对低效员工进行培训。

(3) 确立模具间员工在检查批记录时裁判员的地位。

模具间员工全部是因伤病从各岗位调到模具间的,因此,模具间有伤兵收容队的绰号。在日常管理中,往往对其他生产岗位关注多一点,对其不太重视,而其他岗位员工往往看不起他们,模具间员工也很自卑。当开始抓批记录差错时,有一些员工有时会与模具间员工发生激烈争执,因此,黑带大师和其他主管在班会上再三强调其他岗位员工如果对批记录差错有争议,可向主管反映,严禁和模具间员工吵架,申明模具间员工在检查批记录时是裁判员,必须服从。这样,大大提高了模具间员工的士气,也提高了他们的地位,现在有很多员工喜欢和模具间员工交朋友。

通过模具间员工的充分讨论,提出从11月起用表13的格式来考核他们检查批记录的绩效。

表 13

人员	何美娟	徐国强	沈　山	江伟峰	陈一丹	李　明	杨　军	李林俊
工作天数								
检查批数								
平均								
出错批数								
占百分比 A(%)								
出错个数								
占百分比 B(%)								
A+B(%)								

表13中A=100×出错批数/检查批数，B=100×出错个数/本月被QA查出的总数，A+B最大为最差，最小为最好，同时，列出平均检查批数和工作天数供主管打分时参考。

2006年11月QA查出62批共78个差错，其中模具间已查出1批2个不计外，总共涉及61批共76个差错，如表14所示。

表14

人员	何美娟	徐国强	沈　山	江伟峰	陈一丹	李　明	杨　军	李林俊
工作天数	18.5	20.5	19	22.5	16.5	11	13.5	15.5
检查批数	52	48	53	25	17	15	21	17
平均	2.8	2.3	2.8	1.1	1.0	1.4	1.6	1.1
出错批数	10	15	7	11	4	4	3	7
占百分比A(%)	19.23	31.25	13.21	44	23.53	26.67	14.29	41.18
出错个数	12	16	9	15	6	4	4	10
占百分比B(%)	15.79	21.05	11.84	19.74	7.89	5.26	5.26	5.39
A+B(%)	35.02	52.3	25.05	63.74	31.42	31.93	19.55	46.57

从表14可知：杨军、沈山、陈一丹、李明、何美娟检查批记录差错绩效较好，能力较强；徐国强、李林俊、江伟峰检查批记录差错绩效较差。其中陈一丹、徐国强、李林俊、江伟峰4人要上三班，其余则上早中班，说明上三班检查批记录差错效果可能不太好或徐国强、李林俊、江伟峰3人检查批记录能力较差。

改进措施：可安排徐国强、李林俊、江伟峰3人上三班，其余则上早中班，早中班多检查批记录，夜班不检查批记录。

2006年12月QA查出40批共47个差错，其中模具间已查出2个差错不计外，总共涉及39批共45个差错，如表15所示。

表15

人员	何美娟	徐国强	沈　山	江伟峰	陈一丹	李　明	杨　军	李林俊
工作天数	16	16	16	15	13	15	16	8.5
检查批数	56	29	52	18	45	50	52	13
平均	3.5	1.8	3.3	1.2	3.5	3.3	3.3	1.53

续表

人员	何美娟	徐国强	沈　山	江伟峰	陈一丹	李　明	杨　军	李林俊
出错批数	6	5	7	4	7	6	3	1
占百分比 A(%)	10.71	17.24	13.46	22.22	15.56	12	5.77	7.69
出错个数	7	6	7	5	8	7	3	2
占百分比 B(%)	15.56	13.33	15.56	11.11	17.78	15.56	6.67	4.44
A+B(%)	26.27	30.57	29.02	33.33	33.34	27.56	12.44	12.13

从表15可知:杨军和李林俊A+B最小,但很明显李林俊看批记录数量太少,所以,仅凭A+B还不科学,不过,其他人表现比较平均,表现都不错。

五、项目改善绩效及控制点

(一)降低批记录差错率阶段绩效

质量改善团队通过对产生批记录差错的主要工序、岗位、员工以及差错类型进行调查分析,提出了相应的质量改善措施,取得了阶段性的绩效。

2006年7~12月前工段人员批记录差错数量统计资料如表16所示。

表16

岗位班组	7月	8月	9月	10月	11月	12月
A	29	18	10	5	11	9
B	50	26	29	21	15	19
C	41	15	16	14	16	14
称量汇总	110	59	55	40	42	42
A	35	39	24	44	25	43
B	43	24	45	16	8	27
C	32	15	26	17	24	22
制粒汇总	110	78	95	63	52	92
A	40	19	34	28	8	14
B	46	26	41	33	56	14
C	31	26	29	47	20	39

续表

岗位班组	7月	8月	9月	10月	11月	12月
混粉汇总	117	71	104	105	84	67
A	17	22	22	16	31	30
B	23	28	29	29	28	33
C	31	26	17	22	29	34
压片汇总	71	76	78	65	88	97
包衣汇总	80	49	42	59	68	63
A	13	6	6	16	10	17
B	24	10	15	18	25	26
C	22	20	13	14	27	9
检片汇总	59	36	34	48	52	52
模具间发现前工段批记录差错汇总	547	369	402	380	386	413
批记录总统计数	1 035 707	1 327 148	1 392 399	1 366 899	1 559 761	1 673 480
DPMO（百万分之）	528	278	289	278	247	247

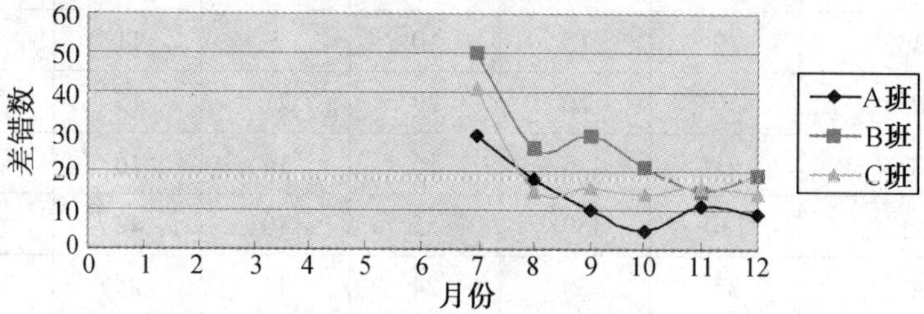

图6　称量岗位批记录差错图

从图6可以看出，称量岗位批记录差错总数各班都在下降。

（二）进一步降低批记录差错率的控制点

从表16可以看出，批记录差错率虽然总体上有所下降，但各个岗位、各个班组、各个员工的情况还不够稳定，需要进一步加强控制。现将需设置的控制点分析如下：

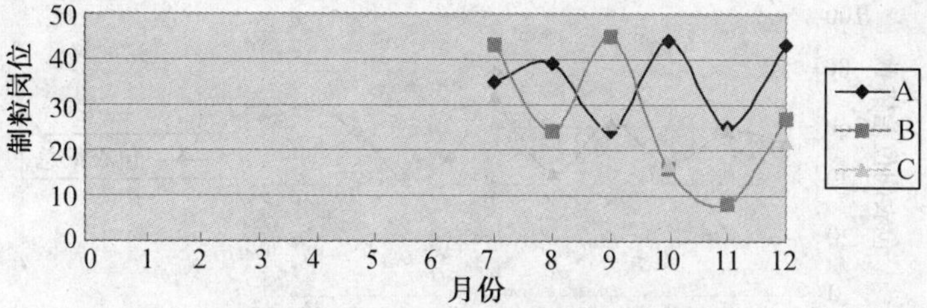

图 7　制粒岗位批记录差错图

从图 7 可以看出，制粒岗位批记录差错总数各班都处于不稳定状态，需要进一步改善，应作为降低批记录差错率的控制点。

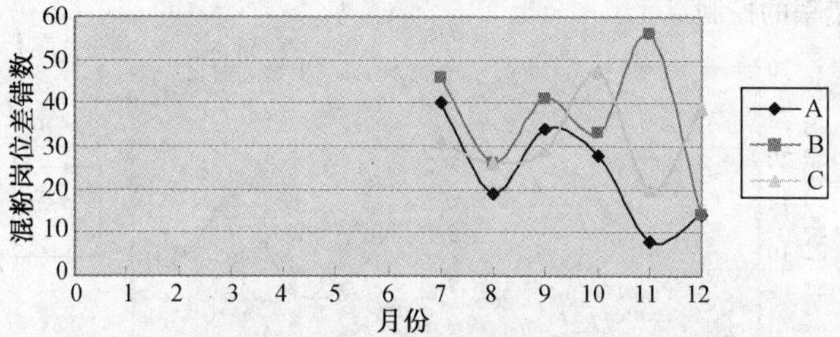

图 8　混粉岗位批记录差错图

从图 8 可以看出，混粉岗位批记录差错总数 A 班在下降，B 班和 C 班则不稳定，需进一步努力，B 班和 C 班应作为降低批记录差错率的控制点。

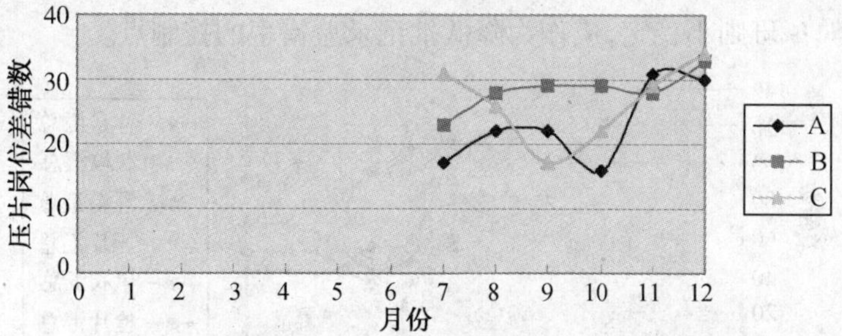

图 9　压片岗位批记录差错图

从图 9 可以看出，压片岗位批记录差错总数各班都有所上升趋势，应作为降低批记录差错率的控制点。

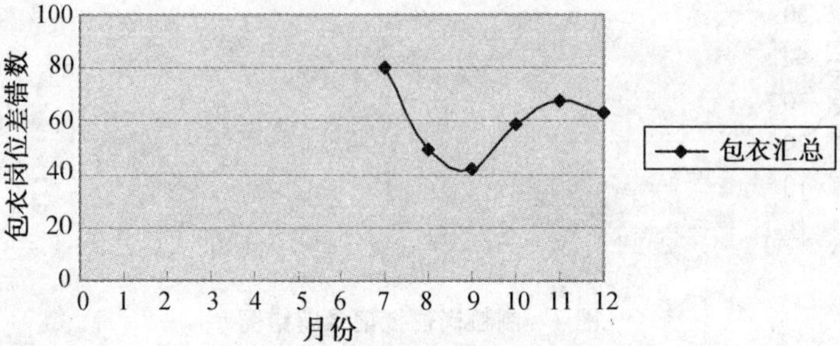

图 10　包衣岗位批记录差错图

从图 10 可以看出,包衣岗位批记录差错总数有上升趋势,应作为降低批记录差错率的控制点。

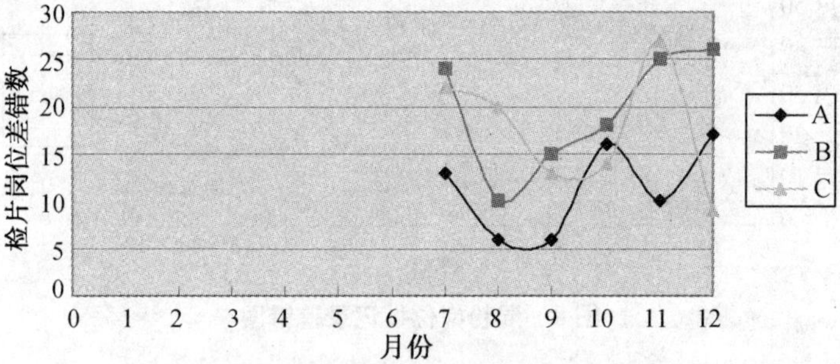

图 11　检片岗位批记录差错图

从图 11 可以看出,检片岗位批记录差错总数 B 班有明显上升,A 班也有上升趋势,C 班则不稳定,应作为降低批记录差错率的控制点。

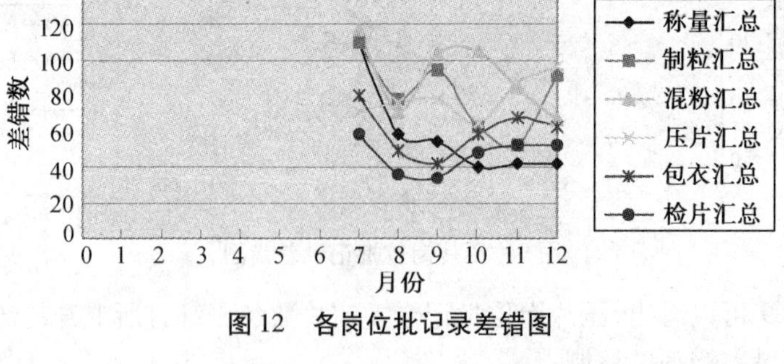

图 12　各岗位批记录差错图

从图 12 可以看出,称量岗位明显下降;制粒岗位则不稳定;混粉岗位有下降趋势;压片则在上升;包衣和检片趋势相同,即有稍稍向上趋势。

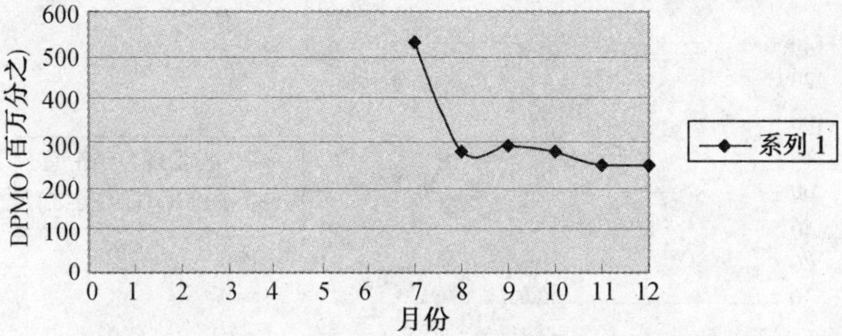

图 13　2006 年 7～12 月岗位批记录差错 DPMO 趋势图

从图 13 可以看,出前工段人员批记录差错 DPMO 呈下降趋势,说明改善活动有成效。

由于各月产品不同,做的批数不同,每月批记录总统计数相差很大,因此,仅仅通过点批记录差错个数是不科学的。批记录差错 DPMO 计算时,是按公式:1 000 000×每月差错个数/每月批记录总统计数,所以,批记录差错 DPMO 图 14 得出的结论是可靠的,也更科学。

(三) 06/10、06/11、06/12 三个月被 QA 发现的各岗位批记录差错情况

06/10、06/11、06/12 三个月被 QA 发现的各岗位批记录差错统计,如表 17 所示。

表 17

	称量	混粉	制粒	压片	包衣	检片	模具间	主管	总数
10 月	17	9	13	20	15	4	2	5	85
11 月	5	7	15	19	12	6	14	9	76
12 月	5	6	6	9	8	6	4	2	45

表 18

岗位班组	7	8	9	10	11	12
QA 发现前工段批记录差错汇总	78	108	119	85	76	45
批记录总统计数	1 035 707	1 327 148	1 392 399	1 366 899	1 559 761	1 673 480
DPMO(百万分之)	75	81	85	62	49	27

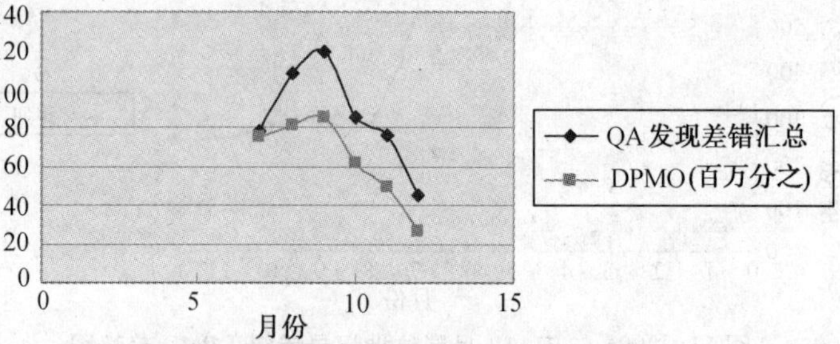

图 14　QA 查到的批记录差错数及 DPMO 图

从表 18 和图 14 可以看出，QA 发现前工段批记录差错 DPMO 呈下降趋势，DPMO 都在百万分之 80 以下，说明改善活动有成效，目标完成。

结　论

质量改善团队通过 3 个月的工作，经历了 DMAIC 五个阶段，降低批记录差错率已经取得了阶段性的进展，现总结如下：

（1）高层管理者的推动是这次质量改善项目取得进展的关键因素之一。正如许多成功实践六西格玛的企业一样，企业高层主管的大力支持，把该项目列入年度工厂改进项目，每月都要听取进度汇报，并提出一些宝贵的建议，同时，在月度优秀员工的评定方面给予一定的倾斜。另外，在绩效制度方面，把批记录差错率列入月度、年终的考核指标，规定批记录平均差错数低于 5 个，才有评月度优秀员工的资格，才有评年终绩效成绩 4 分以上的资格。规定批记录平均差错数大于 10 个，月度考核不及格，年终绩效成绩 3.5 分以下。这有利于提高岗位员工对批记录差错的重视程度，同时，赋予项目组长考核模具间员工年终绩效的权力，有利于调动模具间员工的积极性，使他们的工作更为出色。

（2）建立了质量改善团队，团队成员既有掌握行政资源的领导，又有具体检查批记录差错的全体模具间员工，还有作为黑带大师的我。黑带大师设定改善目标，明确各成员的责任，进行了有效的分工，并做好计划，进行时间管理。与相关兄弟部门及时进行有效的沟通，统一了检查标准，提高了工作效率，减少扯皮现象。

质量改善团队能坚持团队的有效沟通，每周至少组织一次讨论会，时时抱有服务的心态，及时了解团队的需要。同时，在每一次班会上都要向岗位员工强调降低批记录差错率的重要性，并讲评月批记录差错情况，与批记录差错率多的员工进行面对面沟通，帮助他们端正态度，改进方法，提高认识。强调预防胜于治疗，抓批记录差错的源头——岗位员工差错率，注意利用80/20的黄金定理，抓住工作重点，抓先进，促落后，统一标准，奖优罚劣。

(3) 争取岗位主操人员的支持，争取全体员工的支持。主操这一职位相当于六西格玛中的蓝带，岗位总体批记录差错的好坏与对主操的评定相关，一方面给他们以一定的压力，另一方面也给他们表现才干的舞台。批记录差错的高低与员工的重视程度成正相关，通过主操人员对员工的培训、沟通和检查，有利于降低批记录差错。由于将负责检查批记录的全体模具间员工都包括在改善团队中，使团队负责人可以把很大一部分精力放在如何降低岗位员工批记录的差错上。通过分析批记录差错的种类、各种差错的权重、易犯错的人群，交流检查批记录的心得，使每一位模具间员工都取得了进步，使得在产量增加、批记录增多、岗位批记录差错个数有所增加的情况下，模具间员工依然取得了很好的成绩。

(4) 激励制度的完善，将批记录差错与员工的绩效考评结合在一起，做好做坏不一样，员工对此也重视起来，由于每个月都要统计公布成绩，使员工之间有比较，形成一股向上的竞争氛围。

将负责检查批记录的全体模具间员工都包括在改善团队中，将他们的利益同改善团队的成绩挂钩，大大激发了他们的工作热情。

(5) 改善过程中SPC等科学工具的使用，使黑带大师体会到学习管理知识的重要性。但是，从这次改善的情况来看，取得成功的主要因素仍是人的因素。应当看到，批记录差错大多与人有关，人是活的，会变化的，现在领导重视，有的人会表现好一点，过些日子，可能又会恢复原样，对此应该有清醒的认识。因此，如何将改善成果制度化、科学化仍是今后工作的重要内容。

讨论与思考

1. W制药有限公司生产过程中批记录差错率偏高的原因有哪些？主要原因是什么？

2. 从人员、机器、环境、方法和物料等方面论述降低批记录差错率的改进措施。

3. DMAIC过程分析方法应用于产品质量管理时，要把握好哪些关键环节？

常州英格索兰有限公司的精益战略

李少峰　李晓峰

案例提要　20世纪90年代，美国麻省理工学院詹姆斯教授从丰田汽车生产方式归纳出来的精益思想为当今面临强大竞争的公司的决策者们提供了一种全新的资源配置观念和理论，有前瞻性战略眼光的企业都在努力实施精益战略以应对新的挑战。自2006年起，常州英格索兰有限公司决定在全公司有计划、有步骤地实施精益战略并取得了理想的效果。本案例描述了常州英格索兰有限公司制定、实施精益战略的全过程。

一、公司背景介绍

总部设在美国新泽西州的英格索兰公司，是一家超过130年历史，在世界工业设备制造行业中处于领先地位的企业。公司名列美国500强企业名录，拥有很多世界一流品牌。公司的产品遍布全球，包括压缩空气系统、建筑五金产品、建筑设备、高尔夫用汽车、轴承部件、工具和运输冷藏系统。英格索兰的雇员遍布世界各地，总数已超过55 000人。公司的分部超过120家，同时这个数字还在不断增长。

常州英格索兰有限公司是美国英格索兰公司在中国投资的独资企业之一，专业生产各类气动工具，主要用于汽车制造和维护行业，产品线主要有：(1) 气动扳手系列有1/2扳手系列、3/8扳手系列等，主要市场是自动化流水线和民用；(2) 汽车表面打磨机系列，主要市场是汽车行业；(3) 冲击扳手系列，主要市场是建筑工程行业；(4) 其他产品，如高压喷枪等，主要市场是高压水冲洗行业，如汽车清洗行业等。公司所从事的行业特点是：产品普及率高、市场份额大、所服务的行业发展快、从业者多、竞争激烈等。根据集团的战略部署，常州英格索兰公司从2006年起逐步对制造系统、库存管理系统、供应链系统、销售系统推行精益管理，并在库存水平、生产率提高、产品质量、消除浪费、生产周期、资金周转、员工技能等方面取得了长足的进步。

二、常州英格索兰有限公司精益战略的制定

以“消除一切浪费,力争尽善尽美”为精髓的精益生产方式,在外资企业得到广泛运用的同时,也在我国汽车行业、机械行业,乃至其他产业如商业、服务业引起了广泛的共鸣。不少企业把推行精益生产方式作为企业提高现代化管理水平的重要契机,提升企业核心竞争力的有力工具。

常州英格索兰有限公司实施精益生产战略,主要有以下原因:

(1) 丰田公司为世界提供了一个很好的示范和先导。

(2) 精益战略思想从思维到实践全方位的全新定义,从根本上为常州英格索兰有限公司提供了一个提高生产效益的重要武器。

(3) 基于深层管理思维突破的精益战略建立起来的企业竞争优势是很难模仿的。

(4) 精益战略可以解决大批量生产的批量等待、大量库存、资金积压,以及难以适应客户需求少量定制等难题。

(5) 英格索兰精益战略运营系统将成为公司取得突破性业绩和客户价值的强有力工具。

(6) 英格索兰精益战略运营系统能使公司员工关注各个部门流程的标准化。

英格索兰集团总裁 Herb Henkel 对公司实施精益战略的评价是:“所有这些和持续启动财务增长都是关键的,只有这样,我们才能成为人所公认的优秀供应商、制造者和投资者的最好选择。一个很好的消息就是我们已经启动了英格索兰的一些关键系统。例如,其中一个关键系统就是覆盖公司的精益战略项目。这个系统将会使我们在质量、减低成本、客户满意度和公司的获利水平等方面获得持续的改善。我们已经利用精益战略在一些工厂取得了巨大的成功和杰出的结果,现在我们的目标是寻求把精益战略应用到我们全球所有的工厂和活动中去。这样,不管你在哪里,做什么工作,都希望你们在精益战略过程中成长、合作、卓越。”

在常州英格索兰有限公司精益战略制定的过程中主要涉及以下六个重要概念:

Takt Time　这是一个德国词汇,即拍子。在精益生产中,就是生产一个零件的时间,即生产节拍,重要的是它与客户的需求是密切相关的。其计算公式为:

Takt Time = 当天有效工时/当天需求数量,其取决于客户的需求。

这里的当天有效工时 =（当天总工作时间−总的非工作时间）× 效率，通常每班可估计为 7.2 小时。当天需求数量可解释为前一年客户总需求的每天的平均数量。

生产周期　就是完成一个生产项目或一个工作所需要的时间，其取决于时间研究，可用其来决定工作位的数量。

提前期　就是完成一项工作从开始到结束整个过程所需的时间。其用途比生产周期更广泛。

Kaizen Event　这是由日本来的一个精益术语，是指快速小进步事件的总称。这类事件有两个特点。第一，关注进步的速度和灵敏度。第二，主要关注在目标领域里的小的阶段性进步事件，是短期而不是长期性的。Kaizen Event是精益战略推行的开始和基础。

关注客户需求　在精益企业中，企业的核心是要求所有的活动、工作、程序、作业、思维等都要关注客户的需求，从客户的需求出发，以客户的需求为衡量标准。

八大浪费　精益战略的目的之一就是消除浪费，英格索兰公司把浪费分为八种。分别为：

（1）不必要的运输——多次搬运、延误搬运、不必要的搬运。

（2）不必要的库存——保留或者采购不必要的原材料、在线库存和成品。

（3）多余的动作——人员或设备的非增值动作。

（4）等待——时间的延误、空闲时间、非增值时间。

（5）过量生产——生产超过客户的需求、生产不必要的产品/材料。

（6）过度加工——不必要的加工步骤或者工作要素、程序。

（7）缺陷——需要返工或者报废的产品或服务。

（8）未被利用的创造力——不按照或者不执行员工的合理想法或者建议。

浪费是一种活动，是一个过程中不必要的或多余的活动，所以要消除浪费，就一定要关注过程，从过程入手。重新定义我们的流程，使每个人将更多的时间用在增值活动上，从而消除浪费。需要指出的是，有时一些浪费的活动是需要的，除非当前流程得到改善。

在以上概念中，关注客户需求始终贯穿于常州英格索兰有限公司精益战略的规划制定过程中，而消除八大浪费则是其战略实施的主要目标之一。

三、精益生产战略的内容

(一) 精益生产战略的目标规划

现在让我们来看看常州英格索兰有限公司对精益战略的形象描述,可以用两张图作形象的概括:

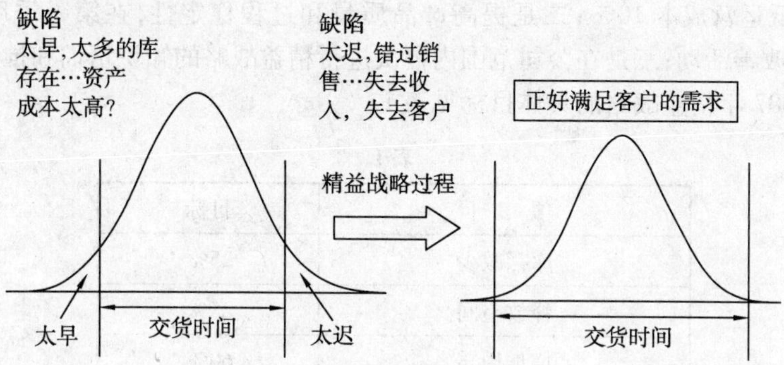

图 1

图 1 表明,在精益战略实施之前,公司的交货时间有一部分是早于或晚于客户需求的,早了就造成库存积压,浪费资源,资产成本太高;而迟了也不能满足客户的需求。公司希望能通过企业精益战略的实施使得公司的交货能完全正好满足客户的需求。

而对其他目标,如质量、成本、库存等的精益战略,则如图 2 所示。

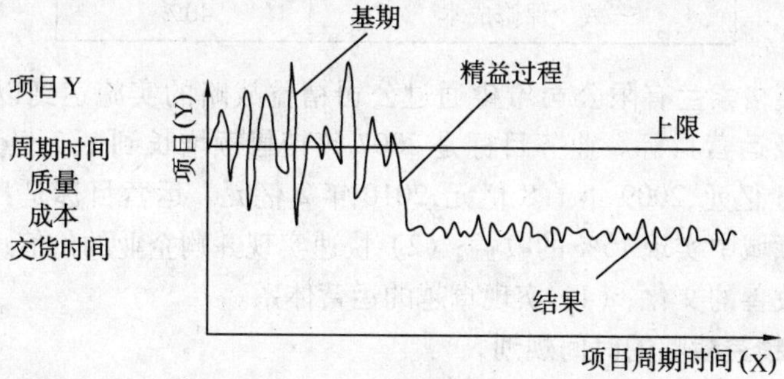

图 2

常州英格索兰有限公司希望通过精益战略的实施把生产周期时间、质量、成本、交货时间从实施前的较高的不稳定状态转变为较低的稳定状态。

对精益战略规划,英格索兰公司全球总裁描述道:“现在,我们正在努力寻求把精益战略运用到我们所有的工作中去。作为一个结果,我希望在 2007

年不管你在哪里工作，做什么，都能在精益战略过程中直接地或间接地相互帮助、合作、成长。”

为实现其精益战略，常州英格索兰有限公司2007年制定了以下工作蓝图：

一是在精益的概念指导下建立七个工作流，利用精益原则优化工作流程，降低运营成本10%；二是提高产品质量和过程稳定性，在第一季度完成100个改善活动；三是在公司范围内再次进行精益战略的知识培训和推广。

2007年精益战略的具体目标见表1。

表1

项　　目	目标
库存减少	25%
释放空间	25%
增加周转	60%
生产率提高	20%
周期时间减少	30%
产品周期减少	20%
增加生产能力	50%
减少加班	20%
减少保修成本	40%

常州英格索兰有限公司希望通过公司精益战略的实施达到以下长期的业务目标及运营目标。业务目标是2007年销售额增长到1.2亿元人民币，2008年1.5亿元，2009年1.8亿元，2010年2亿元。运营目标是：(1) 在所有的经济领域中实现15%的收益；(2) 快速实现并购企业的价值；(3) 创造一个持续改善的文化；(4) 实现卓越的运营体系。

(二) 精益战略的时间规划

常州英格索兰有限公司精益战略过程的时间和目标可以用图3表示。

工作流	从2007年9月到2008年6月，建立工程设计、售后服务、销售、库存管理、运作计划、开发新供应商和物流、制造过程、行政管理、员工管理方面的精益工作流
精益项目	从2007年5月到2007年11月推行若干个精益项目
精益快速进步小事件	从2006年9月到2007年5月9个月的时间在各部门各层次从事大量的精益活动

图3　精益战略的时间规划

从图3可以看出，从2006年9月到2007年5月是常州英格索兰有限公司在全公司各领域启动和运用精益的初始阶段，主要是在各方面从事快速进步小事件，推广精益。第二个阶段是从2007年5月到2007年11月，这个阶段需要各部门的精益骨干根据前一阶段的工作总结，确定一些具体的精益项目，并实施推行。第三阶段从2007年9月到2008年6月，建立工程设计、售后服务、销售、库存管理、运作计划、开发新供应商和物流、制造过程、行政管理、员工管理方面的精益工作流。进行标准化作业，实现公司全面而具体有效的精益战略。

四、常州英格索兰有限公司精益战略的实施

常州英格索兰有限公司精益战略的实施涉及六个方面。(1) 精益快速小事件的运用，从而在基层培养员工的精益知识、能力、兴趣，为精益的进一步推进打下基础。(2) 通过始终关注客户需求，在所有的政策、方针、目标、流程、操作中强调以客户的眼光看问题，解决问题，从而力求更大限度地满足客户的需求。(3) 强调始终贯彻精益五大原则，通过识别价值流、数据分析、流程改造、员工参与等活动达到精益。(4) 消除八大浪费是常州英格索兰有限公司在实施精益过程中的重中之重。(5) 常州英格索兰有限公司的单元化生产组织。(6) 强调员工参与。

(一) 精益战略实施一：快速进步小事件的运用

在常州英格索兰有限公司，快速进步小事件首先在企业的工艺和物料等方面展开，并且有特定的目标。它专注于短时间(几天、一周)的过程。它来

自于相关人员(包括经理、主管、工程师、员工)的共同意见,而不是孤立的。另外在事件的进步过程中,其变化和进步一定要能被识别。最后的要求是少花钱或不花钱。精益战略的基本目的就是要减少生产周期和库存、消除浪费,而快速进步小事件是实现这个基本目的的有效工具。常州英格索兰有限公司利用它来发现浪费,然后采取措施消除它,并在 3 个月内取得了以下成绩:生产量提高了 5%,换型时间减少了 10%,使用面积减少了 10%。随着精益推进程度的不断加深,快速进步小事件可以选择在更广的范围内实施。

常州英格索兰有限公司快速进步小事件的目标是:

(1) 创造追求进步的热情。

(2) 为较大进步作系统准备。

(3) 教育员工精益原则。

(4) 在公司外部供应、销售等方面的运用。

(5) 创造团队对精益的知晓,产生思维的转变。

(6) 分析目前的工艺。

(7) 为远大的前景发展一种新眼光。

(8) 快速实施转变。

快速进步小事件的原则是:

(1) 使用英格索兰公司 Kaizen Event 快速进步小事件计划。

(2) 对新主意坦诚公开,关注如何使新主意实施而不是新主意为何不能实施。

(3) 每个人公平合作。

(4) 没有达成一致就不要离开。

(5) 要及时和集中解决。

(6) 一次谈话争取解决一个问题。

(7) 快乐一些。

如何来选择快速进步小事件项目呢? 选择合适的项目对于提高企业的精益文化是非常关键的。可以考虑从以下四个方面找出最具体、最有效、最容易取得进步的工作或过程来实行:一是订单完成方面;二是客户需求方面;三是人力资源管理方面;四是企业运作系统方面。

(二) 精益战略实施二: 关注客户需求

为什么要关注客户的价值呢? 常州英格索兰有限公司认为有以下三个原因: (1) 客户在市场上有其他多种选择。(2) 采购的决定是基于下列因素的组合: 价格、质量、交付、耐久性、品牌等,全球的竞争者都在寻求这些因素的最优组合,从而将客户价值最大化。(3) 如果我们不能持续地关注客户价值,就会逐步失去市场份额。

常州英格索兰有限公司在推行企业精益战略的过程中,建立了以客户需求拉动的生产系统。这个生产系统包括四个子系统:机加工单元生产线,装配线与库房的看板系统,供应商看板系统,一个持续装配的流水线。这个生产系统可以从客户的需求出发拉动生产、供应商,并随时响应客户的需求改变。

常州英格索兰有限公司在关注客户的需求方面提出以下要求:

(1) 为客户提供一个满意的解决方案。

(2) 要知道我们的客户是伟大的公司和群体。

(3) 我们公司内部要营造一个自由发表意见的氛围。

(4) 培养一个信任、诚实和尊重他人的环境。

(5) 开放而自由地与他人交往。

(6) 加快我们的发展以满足客户的需求。

(7) 持续降低成本。

(8) 持续改善产品质量。

(9) 持续提高服务质量。

(三) 精益战略实施三: 精益五大原则的贯彻

1. 从客户的角度来识别价值

从客户的角度来识别价值就是以客户的观点来确定企业从设计到生产到产品交付的全部过程,实现客户需求的最大满足。常州英格索兰有限公司认为,只有提供了合格的产品或服务时,价值才体现出来,在这个过程中,公司一定要按照正确的数量,在客户需要的响应时间内,用最少的花费和合适的价格满足客户的需求。

2. 确定价值流和消除浪费

什么是价值流? 常州英格索兰有限公司认为,价值流就是从客户订单到付款的所有活动,即指从原材料转变为成品,并给它赋予价值的全部活动。要致力于分析价值流,最大限度地增加价值流过程中的活动,减少不增值活动。要消除浪费,特别是库存浪费,包括原材料、半成品、产成品、多余的人工等。

常州英格索兰有限公司要求从客户的角度重新定义价值,主要有以下内容:(1) 价值是由最终客户定义的;(2) 价值就是要在特定的时间内按照特定的价格满足客户的需要;(3) 它是由某个具体产品或服务表示的;(4) 为了理解价值,必须和特定的客户沟通。

常州英格索兰有限公司认为,一定要致力于增加公司的增值活动。什么才是增值活动?公司认为:(1)从客户的角度来看增加价值的活动;(2)客户愿意为该活动或者服务付款;(3)活动能切实转化成产品或所提供的服务;(4)第一次就被正确地执行的活动。而非增值活动就是在流程或者服务中,既不使产品或者服务增值,也不能使其他行为增值的活动。这些活动虽然花费时间、资源和空间,但是从客户的角度来看却不增加产品或者服务的价值。这些活动中,有些是必要而不可避免的,但仍然被认为是浪费。只有准确地确定价值,识别增值和非增值活动,才能有效地消除浪费。

3. 在客户拉动下实现价值流动

在客户拉动下实现价值流动就是从客户出发沿着价值流逆向一直到供应商完成工作任务,从而使一个产品从订单到交付、从原材料到客户的过程中没有停顿、报废或者回流,实现客户的需求。常州英格索兰有限公司认为,要实现这个过程应做好以下九个方面的工作:(1)生产过程能自动纠错、控制质量,确保过程稳定;(2)进行设备全面预防性维护,保证设备始终处于正常的状态;(3)做好5S工作,实行目视化管理;(4)减少生产切换时间,保证生产快捷高效;(5)消除浪费;(6)匹配生产线产量与客户的要求;(7)减少生产过程内的偏差;(8)按节拍平衡生产线;(9)创造持续流。

最后,常州英格索兰有限公司认为,完美持续的流动和拉动的标准是:(1)只有增值的步骤时间;(2)平衡的流动;(3)没有报废、返工;(4)生产线没有回流;(5)生产线没有停顿。

4. 让员工参与并向员工授权

员工参与就是让全体员工尽量了解并参与精益战略制定、实施的全过程。这一点对精益战略的实施结果是非常重要的。为此,常州英格索兰有限公司采取了以下措施:(1)建立合理化建议系统;(2)详细的培训和实施;(3)制订并执行周详的员工参与计划;(4)员工从自身周围的小事做起;(5)对突出员工进行奖励。

向员工授权就是要让员工参与。它是精益战略成功的重要步骤。通过向员工授权,员工就能感觉到自己是活动的重要参与者而采取积极的态度去参与,若能再辅以适当的奖励进行激励,则对精益战略的实施和推动是非常有益的。主要有以下措施:(1)任命有能力的员工担任一些项目的领导;(2)让员工充分发表意见;(3)对参与程度较深的员工委以重任;(4)奖励成绩杰出的参与者,并提供晋升的机会。

5. 持续改善以追求卓越

常州英格索兰有限公司认为,尽善尽美主要在于改善活动的持续。改善活动是一种工具,可以使人们取得快速、切实的进步。改善是以行动为先导,以尽善尽美的过程为目的的。改善活动可以使项目团队在其业务领域快速推动改进,可以在短时间内取得重大的可以度量的进步,可以丰富相关人员的知识和经验,以推动精益战略的进程。

(四)精益战略实施四:八大浪费的精益解释和运用

1. 消除运输浪费

运输浪费就是没有必要的频繁的小批量物料运输,其原因可能是物料的计划系统导致的,也有可能是由于工艺路线、设备位置、工厂设计导致的,还有可能是不合适的规章制度导致的。常州英格索兰有限公司解决的方法是:(1)重新定位/单元化生产,以减少工序之间的多余运输;(2)减少没有必要的存储和处理,以减少不必要的物料搬运、运输;(3)设计回路路线方式,避免人员来回走动;(4)设计有规律的提料和送货路线,看板运作,消除杂乱无章的走动、运输;(5)协调外协厂商的同步和平行批量操作,减少外协厂商的多余运输。

2. 消除多余的库存

多余的库存就是各种不必要的产成品、在制品、原材料等,多余库存的结果会导致持有物料成本、质量成本的浪费。常州英格索兰有限公司解决的方法是:(1)精益单元化生产和持续流,减少中间在制品;(2)建立准确的安全库存管理制度,减少原材料及产成品库存;(3)完善标准化作业,建立完善的质量标准,消除质量问题库存;(4)建立有效的 MRP 系统,总体控制库存。

3. 消除多余的动作

多余的动作是指在生产操作过程中不必要的如指、钩、抓、运、走等动作。其后果是浪费时间、浪费劳动,是员工多余的生理负担。常州英格索兰有限公司解决的方法是:(1)利用动作分析的方法,记录动作的类型、耗时、劳动强度;(2)利用人机工程的方法对动作进行重新设计,以消除多余的动作,降低员工的劳动强度,提高工作效率。

4. 消除等待

等待有三种:一是产品流动过程中的等待,二是员工的等待和多余,三是机器的等待。常州英格索兰有限公司解决的方法是:(1)建立拉动系统,确保物料连续流动,消除物料等待时间;(2)对员工进行多能化培训,要求员工掌握多种技能,在生产过程中实施单元化生产组织,要求员工操作多台机床,消除员工等待的时间；(3) 采用全员生产维护系统，提高设备利用率，建立快速切换系统，减少机器等待时间；(4) 在员工富余、空闲的情况下，安排他们从事其他工作，消除时间浪费。

5. 消除生产力过剩

多余生产能力是缺乏规划、推动式生产计划、不从客户角度看问题的结果，它会造成库存浪费、糟糕的需求跟踪、生产能力的丢失等后果。它是继多余库存后最严重的浪费。常州英格索兰有限公司解决的方法是：(1) 创造拉动生产系统，平衡各工序生产能力；(2) 根据客户需求设计生产能力，避免多余的生产力；(3) 控制在制品，避免积累过多，以零库存为目标消除多余的生产力；(4) 设法保证过程的稳定性，以便控制生产，从而控制库存；(5) 尽量创造过程的持续流，避免个别工序的积压。

6. 消除多余的工序

价值等于价格与成本的比值。客户的价格较高，投入的成本就可以高些，价格低的，成本就要求低些，这样才可能保证一定的价值。这就要求我们把质量和运输等成本与客户的价值期望结合起来，成本不要过高，也不能过低，符合客户的需求即可。常州英格索兰有限公司解决的方法是：(1) 从设计入手，尽量减少多余的工序；(2) 从实际的生产角度考虑工序的设计，兼顾产品的要求和操作的可行性，消除不必要的工序；(3) 销售和市场人员一定要客户知晓本公司的价值流，通过与客户的沟通，选出与客户要求一致的增值过程，消除多余的工序，甚至是违背客户要求的过程；(4) 从运输的角度减少运输提前期以减少多余的物流管理成本。

7. 消除质量缺陷

质量缺陷就是有缺陷的产品和服务。库存、模糊的标准、不确定的阐述、弱的可视系统、推迟的质量检查、不合适的质量管理活动以及弱的交流系统都会导致质量缺陷问题。常州英格索兰有限公司解决的方法是：(1) 建立零库存制度，避免质量缺陷；(2) 以准确的标准定义，明确描述产品的所有尺寸、特性要素，避免由于模糊的概念产生质量缺陷；(3) 合适确定的阐述，避免误操作产生质量缺陷；(4) 完善5S体系，建立定置化可视系统，让缺陷一览无遗；(5) 建立及时有效的质量检查系统，控制质量缺陷的产生；(6) 开展合理的质量管理活动，减少质量缺陷；(7) 不要建立专门的返工区域，处理质量缺陷，以免让员工感到质量缺陷是可以容忍的；(8) 建立自动纠错系统，尽量从源头上杜绝质量缺陷；(9) 建立快速的反应系统，快速及时地处理质量缺陷。

8. 激发员工潜在的创造力

创造力的浪费与前面七种浪费都不一样。它是指没有有效合理地利用员工的创造力,使员工合理的建议、提案没有得到重视、利用和发挥。这是一种管理和劳动的巨大的机会成本。常州英格索兰有限公司解决的方法是:(1) 重视员工的提案、意见,激发员工的积极性;(2) 定期会见员工,倾听员工的意见;(3) 建立员工合理化建议处理系统,采纳员工好的建议;(4) 加强授权,尽量让员工处理自己周边的事情;(5) 加强员工能力培养,让员工参与公司的可以胜任的管理;(6) 培养员工的主人翁和责任意识,让员工感到自己是企业的主人,体悟到自己的重要性;(7) 加强团队精神和服从多数原则的培训,确保员工的行为符合公司的利益。

(五) 精益战略实施五:价值流分析的运用

在精益的概念中,价值是由最终客户决定的,通过与客户进行充分的沟通以特定的价格在特定的时间里满足客户的需求。其有如下三个特点:价值是针对特定的产品的,有特殊客制化功能特征的,满足客户可接受的价格。

精益价值流与企业的目标成本是有联系的,目标成本是建立在对特定的规格产品所耗用的资源数量和工作量总和的基础上的。如果在所有的生产过程中能把所有的浪费都消除,那么,这样的目标成本是直接支持精益价值的。这样消除浪费就成了精益价值流分析过程的重要内容了。那么,如何看待产品价值流呢? 首先,识别所有的活动,包括产品设计、客户订单、产品工艺、产品制造、采购行为、管理行为、财务活动等。其次,根据不同的活动去识别基于公司目标的不同范围、不同程度的价值流。最后,识别价值流过程中的各种浪费,并采取措施消除浪费。

常州英格索兰有限公司把价值流活动分成三大类:(1) 创造客户认同价值的活动;(2) 无价值的活动,但依据目前的产品设计、订单执行和生产系统确是必需的活动,称为浪费1;(3) 无价值且可立即予以纠正的活动,称为浪费2。

常州英格索兰有限公司认为,价值流分析的目标是着眼于将来的生产发展战略。价值流的提高要有持续的工作态度,不可能一蹴而就。价值流的理想状态就是从客户的角度消除所有的浪费而形成持续增值流动。分析价值流的过程如下:

第一步:按照物料工艺流程画出产品价值流程图,确定现在的状态。当然,工艺流程图是画出价值流程图的关键。

第二步:定义所有的产品价值流,包括以下因素:周期时间、物料批号、调机时间、库存数量、生产班次、批次/批量、运输时间、工作有效时间。

第三步：制定产品价值流表，计算价值有效值，如表2所示。

表2

	进料等待时间	加工时间	成品等待	累计天数
下料	4周	50分钟	4周	319
铣削	3周	40分钟	2周	271
车床加工	2周	30分钟	4周	232
磨削加工	4周	15分钟	4周	176
超声波清洗	4天	5分钟	4周	136
装配	4周	10分钟	4周	80
检测1	3周	10分钟	5周	45
检测2	0	20分钟	5天	5
总时间	5个月	3小时	6个月	319

增值流时间＝3小时

总价值流时间＝319天

增值流/非增值流＝0.04%

第四步：用八大浪费去分析价值流过程中发现潜在的无价值活动，分析其数据。

第五步：重新规划，画出期望将来3～6个月的价值流程图，目标最理想的状态。

通常，何时切换到新的价值流程图取决于公司的情况。大多数情况是不会立即就切换到新价值流程图的。一般的做法是，先建立新价值流图所要的元素，如获得资源、培训员工、改变工作方式等。等待时机成熟才切换到新的价值流程图，并持续跟踪分析，继续改善。

利用价值流分析的工具实现减少加工时间的50%～70%是非常可能的。这样同时加上人工劳动以及物料节约，我们就会发现，在公司发展的回报上价值流分析是完全值得的。

理想的价值流状态是要持续很长时间和反复才能达到的。如果只是画出新的价值流程图而不采取行动，这样就永远没有进步。请看图4。

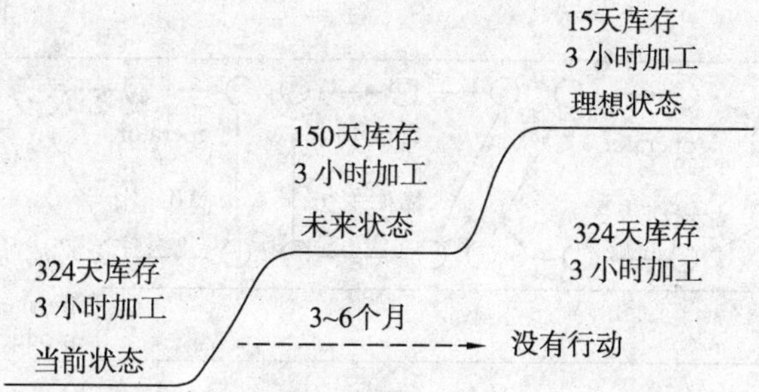

图 4

图 4 表明需要一个过程，通过实施精益来实现工厂过程的增值，最终实现理想状态。

常州英格索兰有限公司认为，在价值流分析过程中要注意以下问题：

(1) 选择一个对企业重要的产品族；(2) 所有工序从头到尾记录结果；(3) 从客户开始拉动前面工序，确定每道工序的价值；(4) 收集新的数据并分析思考，这比描述现有状态更重要；(5) 眼光要放在整个价值流，而非其中的某一部分。

（六）常州英格索兰有限公司的单元化生产组织

目前，常州英格索兰有限公司在机加工领域就使用了先进的单元化多机床同步生产节拍管理的生产组织。它把所有的机台重新组织为壳体单元、四方头单元、换向轴单元、端板单元、汽缸单元、平衡体单元、黑头单元、综合单元、转子单元、数控磨床单元、打击轴单元、打击罩单元等 12 个机加工单元。

在常州英格索兰有限公司，生产单元设计的目的就是保证一个员工能够从开始到结束有效地完成一个零件。主要考虑以下问题：(1) 避免孤岛式的设计；(2) 以生产节拍平衡工序时间；(3) 减少工序之间的零件积压；(4) 减少多余的走动；(5) 尽量把增值工序安排得紧凑些；(6) 尽量把单元内所有工序节拍安排在生产节拍的 92% ~95% 内。

以下工作方法可用于单元设计：

分解工作，巡回流动，拉动设计，合并工序，一个操作工一个工作位。

(1) 分解工作的目的就是要让一个操作工操作一个生产节拍的工作，一个生产节拍一个单元，可能操作几台机，物料在单元之间流动，如图 5 所示。

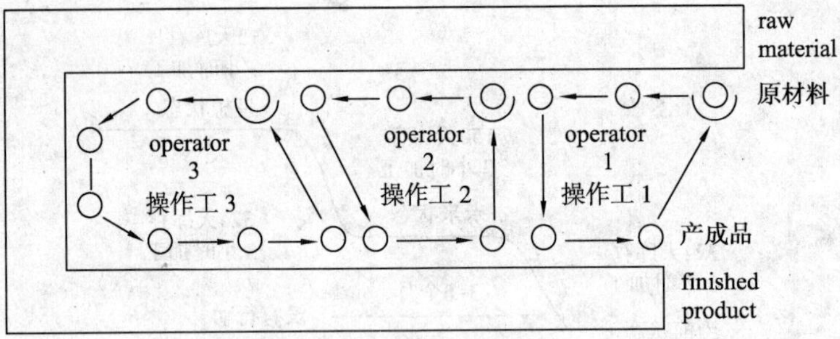

图 5

(2) 巡回流动,即两个操作工巡回依据物料的流动操作一个生产单元,通常不能多于两个操作工,如图 6 所示。

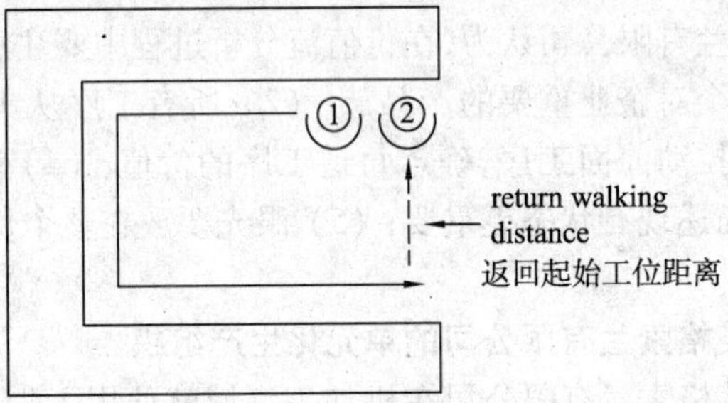

图 6

(3) 拉动设计,即操作工相对物料流动方向反向巡回,需要设立零件放置位置。

(4) 合并工序,即合并分解工作和回路或反向流动,如图 7 所示。

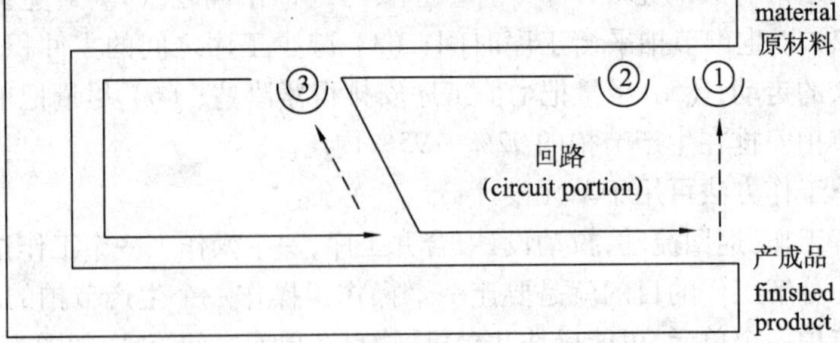

图 7

(5) 一个操作工一个工作位,即工作位数量与操作工数量相等。对于自动化设备少且生产周期短的生产过程尤为有效,如图 8 所示。

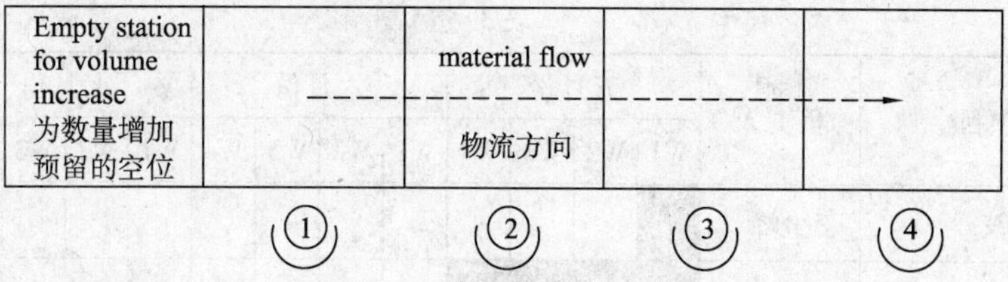

图 8

五、棘轮扳手装配线的改善

棘轮扳手装配线是常州英格索兰有限公司的一条重要装配线，由 12 个工位、7 个操作工组成。项目实施前的状况是质量问题较多，管理乱，物料摆放混乱。该线当时的产能不能满足 2007 年的预测要求，但公司决定不能依靠增加生产线员工来增加产量。在这种情况下，常州英格索兰有限公司决定在该装配线实施精益改善项目，以完成公司的目标。

实施过程分为以下六步：

（一）实施步骤一：确定改善的项目

项目名称：棘轮扳手装配线改善

项目经理：梁杰　　项目成员：蒋建新　　装配线组长：谢国金

目前状态：在 2006 年，棘轮扳手装配线平均每班仅生产 240 套。这样不能满足 2007 年预测的 70 000 件的要求（大约 300 件每班）。

项目目标：项目基础是 240 件每班，目标是 300 件每班。装配过程 DPM 值降到 22 000。

项目日期范围：2006 年 5 月 1 日到 2006 年 9 月 30 日。

项目范围：本项目服务于棘轮扳手装配线。

财务收益目标：人工成本一年节省 141 474 美元。

项目计划如表 3 所示。

表 3

项目	负责人	五月份				六月份				七月份			
		W1	W2	W3	W4	W1	W2	W3	W4	W1	W2	W3	W4
启动会议	李少峰	■											
机会定义阶段		■	■	■	■								
1. VOC 调查	整个小组	■											
2. 数据表设定	整个小组	■											
3. 目前的流程图	仇奕	■											
数据测量阶段		■				■	■	■	■				
1. 目前周期时间收集	仇奕	■											
2. DPM 数据收集	谢国金	■											
分析阶段		■											
1. 实行头脑风暴法	整个小组	■											
2. 数据分析	整个小组	■											
3. 行动计划	谢国金	■											
提高阶段		■							■	■	■	■	■
1. 创造新的流程图	仇奕	■											
2. Takt Time 计算	仇奕	■											
3. 夹具设计	唐骏	■											
控制保持阶段		■											■
1. 流程审核	仇奕	■											
2. 滚动 PDCA	谢国金	■											

项目参与者主动性分析如表 4 所示。

表 4

主要参与者	项目参与者的位置					
	-2 位置	-1 位置	0 位置	+1 位置	+2 位置	原因
总经理					●	项目的改善将满足客户需求且不增加劳动成本
操作工	●					操作工将在同样的时间内完成更多的产品
装配经理				●		部门管理需要更加严厉,效益得到提高
夹具工程师			●			需要设计制造更多的夹具,完成更多的工作

以上分析说明,要确保此项目的顺利实施,一定要说服操作工,改变他们的工作态度,让他们积极配合项目的实施。另外,要适当激发夹具工程师的积极性。这些工作在项目的开始阶段就要做,否则会影响项目的实施过程及结果。

(二) 实施步骤二:把需改善的生产周期和 DPM 值的分析数据化

在这个案列中,需被测量的数据是:(1) 生产周期;(2) 装配过程不良值 DPM。

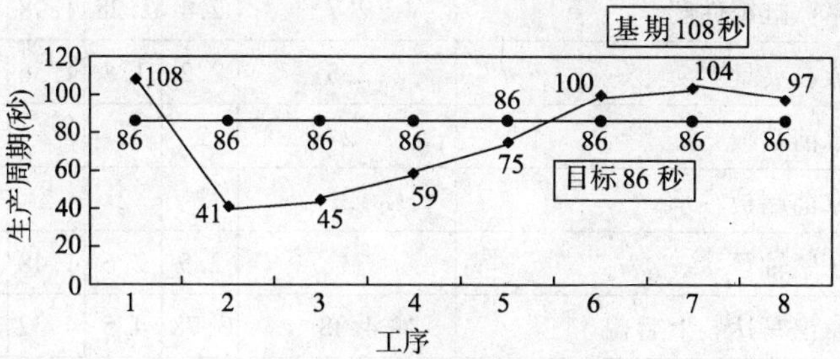

图 9　生产周期分析

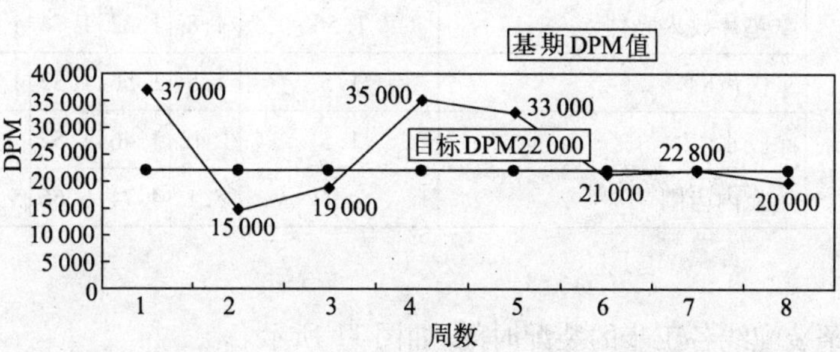

图 10　DPM

在图 9、图 10 中，生产周期的基数是 108 秒，这是因为第一道工步时间最长，为 108 秒，且各工步的装配时间极不平衡。改善目标是均衡的 86 秒。过程 DPM 值基数是忽高忽低不稳定的点线，改善目标低于 22 000。

对棘轮扳手装配线的时间研究如表 5 所示：马达总成工序总时间是 41 秒，而其前一道工序的总时间为 108 秒。

表 5　棘轮扳手装配线时间研究

工步		工步描述	时间记录(秒)					平均(秒)
34		走动时间(来回)	15	14	13	15	15	14
								108
1	马达总成	(马达)拿后端盖	1.78	1.9	1.8	1.9	1.86	2
2		拿转子放在夹具上	1.89	1.86	1.74	1.56	1.62	2
3		拿轴承放在后端盖上	1	1.08	1.2	1.14	1.2	1
4		压紧轴承	1.62	1.38	1.56	1.44	1.8	2
5		拿、装叶片	4.5	4.5	6.6	5.76	6.12	5
6		拿汽缸组件套	2.7	2.4	2.28	1.98	1.8	2
7		放在夹具上	2.5	2.2	1.8	1.56	2	2
8		拿前端板	2	2	2	2	2	2
9		拿前端板轴承	2	2	2	2	2	2
10		压紧轴承	3	2.5	2.6	1.48	1.5	2
11		拿出马达装上后盖	4.38	3.78	4.5	4.32	3.48	4
12		拿马达放入壳体	2.7	3.12	4.02	3.24	3.6	3
13		拿垫片放入壳体	1.56	1.8	1.32	1.74	1.82	2
14		拿内齿圈	1.5	1.5	1.56	1.32	1.44	1
15		涂胶水	1.5	1.42	1.46	1.52	1.5	1
16		放上内齿圈	7.92	8.1	4.74	6.66	5.82	7
								41

整条装配线各工步的装配时间，如图 11 所示。

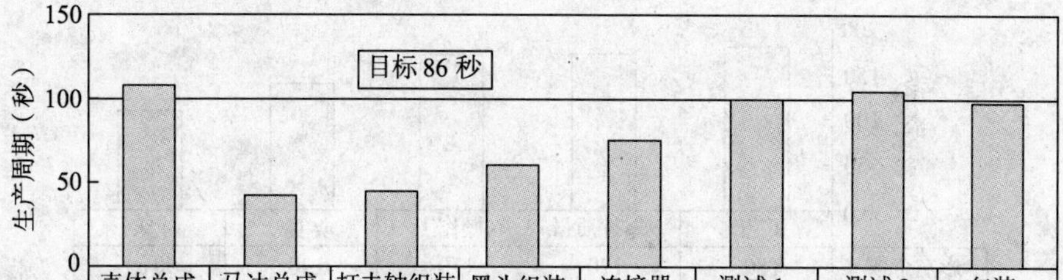

	壳体总成	马达总成	打击轴组装	黑头组装	连接器	测试 1	测试 2	包装
系列1	108	41	45	59	75	100	104	97

工序

图 11　生产周期分析调整图

从图 11 可以看出，各工步装配时间为：108 秒、41 秒、45 秒、59 秒、75 秒、100 秒、104 秒、97 秒，极不平衡，这就是项目起始的状态，故要设法改善，每工位时间目标定为 86 秒。

（三）实施步骤三：分析生产周期不平衡和 DPM 不稳定的根源

对产能不平衡采用鱼刺图分析法，从人、机、料、法、环五个方面进行分析，如图 12 所示。

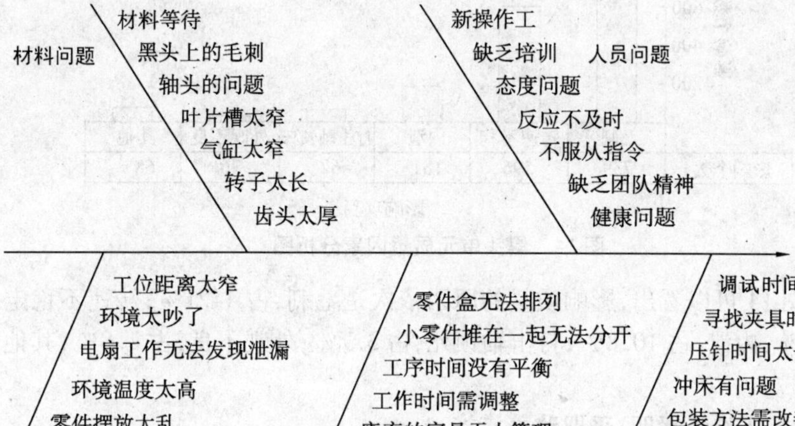

图 12

经过分析，绘出产能帕拉图 PARETO，找出其中几个关键原因，进行改善。

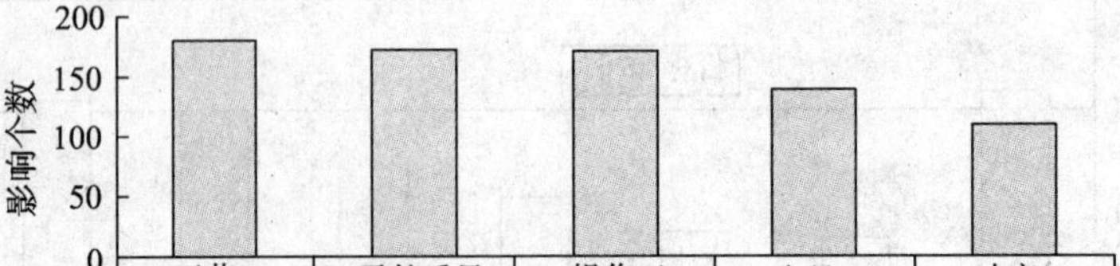

	工艺	零件质量	操作工	夹具	冲床
影响个数	180	170	170	140	110

影响项目

图 13　影响黑头单元产能因素分析图

从图 13 可以看出,找出了影响生产能力的五个因素分别是:工艺,占 0.233 8 比重;零部件的质量问题,占 0.220 8 比重;操作工原因,占 0.220 8 比重;夹具问题,占 0.181 8 比重;压机问题,占 0.142 9 比重。针对以上五种原因采取措施,提高产能,平衡各工序生产时间。

而对于提高质量,降低 DPM 值,采取 FMEA 质量失效模式分析,找出主要原因,采取措施,绘出质量帕拉图 PARETO,如图 14 所示。

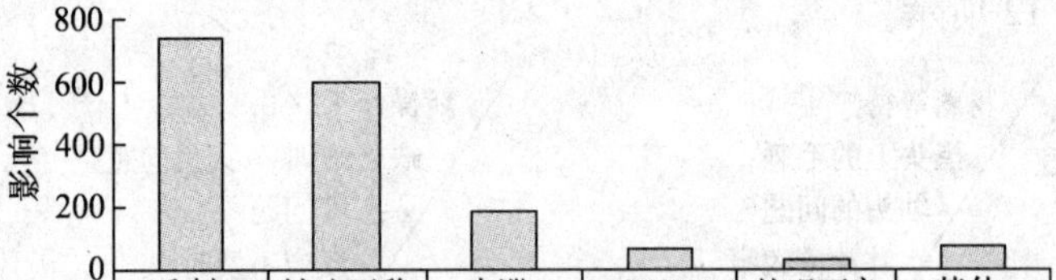

	毛刺	转速不稳	内泄	打击轴锁死	外观不良	其他
影响个数	739	596	181	62	30	68

影响项目

图 14　黑头单元质量因素分析图

从图 14 可以看出,影响质量的原因依次是毛刺,占 44.1%;转速不稳定,占 35.6%;内泄,占 10.8%;打击轴锁死,占 3.7%;外观不良,占 1.8%;其他,占 4.1%。

(四)实施步骤四:采取改善措施

找出原因之后,下一步就是采取改善措施,达到目标。

在工艺过程中,平衡各工序时间,如图 15 所示。

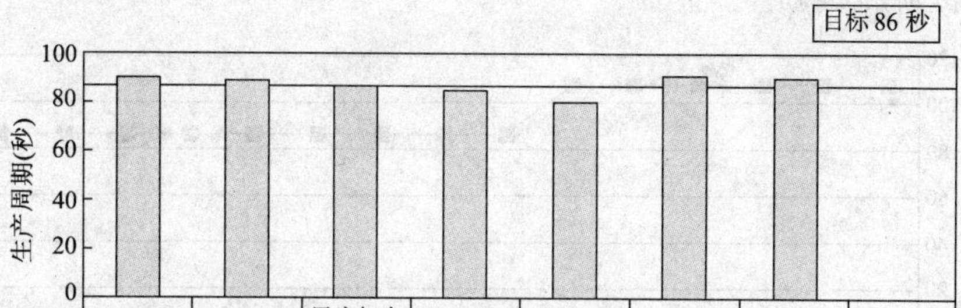

	壳体总成	马达总成	黑头打击轴组装	连接器	测试准备	测试1、2	包装	
□系列1	90	89	86	85	80	91	90	

图 15　生产周期分析调整图

改善工具存放板,以减少寻找工具的时间,如图 16 所示。

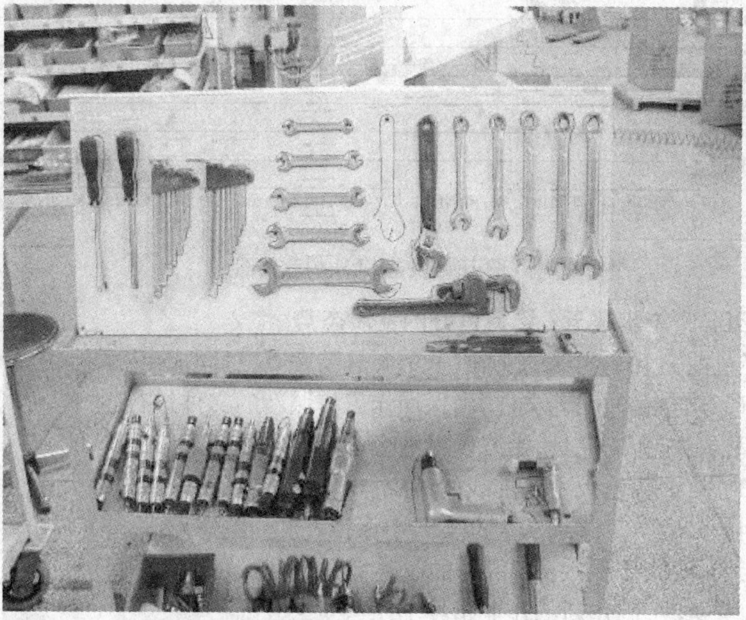

图 16

在改善毛刺方面采取了以下措施:

(1) 加强检验员培训。

(2) 制作装配线去毛刺的专用工具。

(3) 完善机加工工艺,减少加工零件的毛刺。

最后得到的结果是,到 2006 年 6 月生产周期时间达到了稳定的 86 秒,如

图 17 所示。

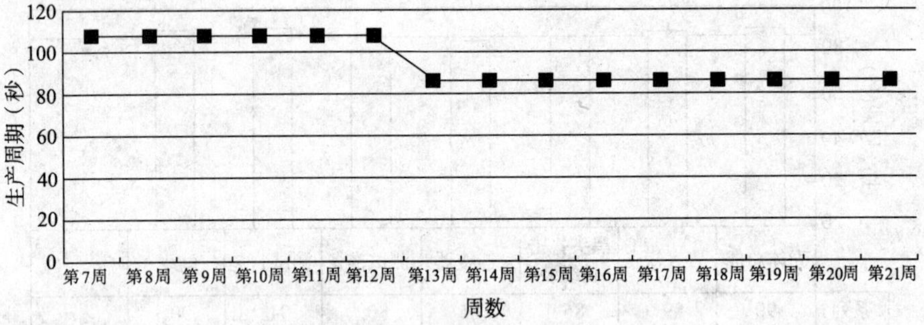

图 17　生产周期的改善图

DPM 值小于 22 000，如图 18 所示。

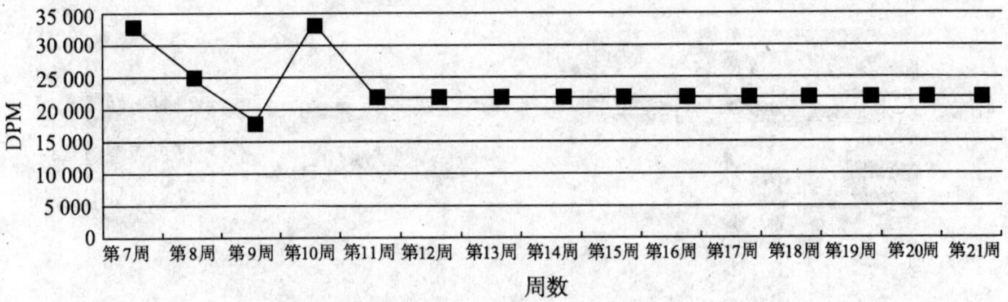

图 18　质量 DPM 的改善图

（五）实施步骤五：维持良好的发展态势

经过前面五个步骤的实施，一定要总结一下，巩固成果：

（1）建立新的工艺文件，确保操作工按照新的文件进行生产。

（2）制作新的夹具，始终确保两个产品流水作业。

（3）培训棘轮扳手装配线的员工。

（4）鼓励员工继续从生产实践中保持发展新的思路。

（六）实施步骤六：把取得的改善标准化

（1）修改、制作新的作业指导书。

（2）记录分析装配线的产能。

（3）标准夹具设备操作，及时维护。

（4）定置化管理棘轮扳手装配线。

最后此项目的成果是：

（1）实现的节约

产能提高：$(300-240)\times\$8.73\times251=\$131\,474$。

客户满意度节省：\$10 000。

总节省：\$131 474 + \$10 000 = \$141 474。

实现的产能提高：(300 - 240)/300 = 20%。

实现了棘轮扳手装配线 DPM 值小于 22 000 的目标。

(2) 认知的共识

什么起了重要作用？

所有操作工参与夹具设计，并提供了好的建议。

不利因素有哪些？

操作工拒绝新的改进。

棘轮扳手装配线精益过程中的关键是什么？

所有的员工努力参与并积极配合改善。

讨论与思考

1. 快速进步小事件在精益战略导入中起了怎样的作用？

2. 价值流分析在精益战略中起了怎样的作用？您所在公司是怎样定义价值的？与案例公司在价值的定义上有哪些不同？

3. 单元化生产组织有哪些特点？与流水生产组织相比较，各适合什么样的产品生产？

4. 精益战略中是如何定义浪费的？就你的工作经验，结合所在公司的情况，谈谈企业流程中的浪费有多大？

林肯润滑设备(中国)有限公司的供应商质量管理

卞新森　赵建新

案例提要　经济全球化导致了传统制造业向中国等发展中国家转移,跨国企业在产业转移中面临着产品供应链当地化的挑战。本案例描述了林肯润滑设备(中国)有限公司在供应链当地化过程中,针对不同的供应商,通过加强对供应商的质量控制,运用 SPC 控制、失效模式分析、测量系统分析、文件控制等工具和方法来帮助供应商提高产品质量,从而达成顾客满意的过程。

林肯润滑设备有限公司(以下简称林肯公司)的总部设在美国密苏里州的圣路易斯,始建于 1907 年,现主要生产精密的金属组件、先进的电子控制设备和工业界功能最佳的泵系统,是世界上一流的润滑设备、流体泵产品生产商,其产品广泛应用于重工业、工程机械制造业、汽车业、造纸业、食品及饮料业和其他行业。公司以其先进的技术、优秀的品质、世界级的生产规模、广大的分销及技术支持体系,为世界提供一流的润滑设备、流体泵产品及服务。林肯公司现在美国、德国、捷克、印度、韩国和中国等国都设有制造工厂。

目前,中国国内也有许多企业从事润滑设备的生产,特别是在江浙一带,如启东、宁波等城市。但这些企业大部分是在 20 世纪 90 年代才进入该领域,企业的规模目前基本在 100 人以下,还没有形成强大的研发队伍。其产品主要是一些手动黄油枪和一些电动油脂泵,在中低端市场上拥有一定的市场占有率。目前,这些公司也正在逐步进入集中润滑系统的市场。

由于近 20 年来亚洲经济,特别是中国经济的迅速发展,使得亚洲市场对润滑设备的需求越来越大。林肯公司看中了这个巨大的市场,希望扩大其产品在亚洲市场的产品占有率,但这一市场所能接受的产品价格要低于林肯公司的产品定价。主要原因是林肯公司的产品大部分都是在美国生产组装的,材料成本和人力成本极高,制约了其产品的降价空间。为了进一步降低成本,目前公司正把许多原本在美国本土采购的零部件陆续转移到中国采购。

公司希望藉此做法，降低其材料成本，使其产品能够提高在亚洲中高端市场的占有率。

林肯公司在中国国内的供应商主要是一些中小型机械加工、电镀及热处理企业。目前突出的问题是，供应商在首样(First Article)通过后，因为各种问题很难在规定的时间内完成批量供货，交货期经常推迟。2007年上半年准时交货率不足50%。为此，林肯(中国)公司成立了改善小组，专门研究解决这一问题。

一、供应商的主要质量问题及成因

对供应商质量的控制分为三个阶段：设计开发阶段、样品试制阶段和批量生产阶段。由于公司采购的零组件是成熟产品，因而供应商质量问题主要出现在批量生产阶段。表1是公司2007年7月订单完成的情况。

表1　中国区供应商交货达成情况一览表(2007年7月)

供应商名称	要求交货批数	实际交货批数	准时交货率	延迟交货原因
KangDa	14	5	36%	热处理后硬度不合格(1批) 出货前抽检尺寸不合格(6批) 电镀盐雾试验不合格(1批) 因订单冲突未及时生产(1批)
Cathay	6	4	67%	NPTF螺纹检测不通过(1批) 出货前第三方抽检尺寸不合格(1批)
JinYi	5	2	40%	出货前第三方抽检尺寸不合格(3批)
Kingdom	4	2	50%	出货前第三方抽检尺寸不合格(2批)
总计	29	13	45%	

从表1中可以看出，7月交货准时完成率为45%，未能准时交货的订单有16单，除1单因为订单冲突未能组织生产外，其余15单全部因为质量不合格而不能准时交货，这其中12批为尺寸不合格，1批为热处理后产品硬度不合格，1批为电镀后产品质量不合格，1批为NPTF螺纹检测不通过。

项目小组成员到供应商现场进行了调查，对每个供应商存在的问题进行了了解、分析，表1中的这16单质量不合格所产生的具体内在原因如下：

(一) 供应商KangDa

热处理后硬度不合格1批。产生的原因是，在做这三种产品样品的时候，由于样品数量较少,考虑到成本因素,就没有单独开炉进行热处理,而是随意将这些样品与其他批量较大的产品一起放入热处理炉中,进行热处理。当热处理完成后,检测其硬度符合要求,但当时的作业人员没有记录下这三种产品当时的热处理工艺参数。在做批量生产的订单时,当完成了机加工后,作业人员一时不知道该选取什么样的热处理参数进行处理,就根据经验选择了一组热处理参数,产品热处理完成后,发现硬度太低,不符合要求,这样导致无法准时交货。原因属于文件控制管理不足。

出货前抽检尺寸不合格6批。产生的原因是,六种产品在出货前抽检,被抽到的部分产品尺寸不符合图纸要求。这些尺寸都属于机加工尺寸,由于KangDa没有要求做关键尺寸的过程SPC控制,所以无法追溯到这些不良产品是何时产生的,只好对所有的产品进行尺寸分选,这样耗费了大量的时间,从而导致无法准时交货。原因属于SPC控制未做好。

电镀盐雾试验不合格1批。其原因与热处理后硬度不合格产生的原因类似,在做样品的时候,由于样品的数量较少,考虑到成本因素,很难单独为这些样品进行电镀,所以当时就把这些样品和其他批量较大的产品一起进行电镀和钝化。同样,由于没有一套很好的文件记录控制的体系保证,当该样品电镀完成盐雾测试通过后,对于当时电镀所选取的钝化液也没有进行记录,而该产品对于电镀的要求比较特殊,所以当批量产品生产完成交付电镀时,错误选择了电镀钝化液,从而导致产品在做盐雾试验时,仅仅40个小时就出现了红锈。林肯公司要求70个小时不能出现红锈。原因也属于文件控制管理不足。

(二)供应商Cathay

NPTF螺纹检测不通过1批。其原因是,NPTF螺纹是美标特殊干密封式螺纹,具有非常好的密封效果,因为其应用的范围不是很广,因此该螺纹在国内通常很少有企业去加工。NPTF内螺纹生产的特点是主要依靠丝攻来保证的,Cathay在成为林肯公司的供应商以前,并没有加工这种螺纹的经验,在经过一系列的培训之后,可以加工出合格的NPTF螺纹,并通过了首样(first article)的检测。当Cathay在加工该批产品的时候,没有在批量生产以前做FMEA(失效模式分析),没有提前估计一下生产该产品可能会遇到哪些问题,该如何克服。该产品使用的材料是一种特殊材料(stress Proof Material),其硬度要比普通钢材硬。因此,用这种材料加工螺纹时,对丝攻的损伤较大,不能按照其他一般钢材的使用条件来更换刀头。经调查,正是因为丝攻使用次数太多,使得后期生产的产品是在丝攻严重磨损的情况下生产出来的,根本不符合要求,从而导致不合格品的产生。而 NPTF 螺纹对其进行检测时必须使用特殊的 L_1 和 L_3 螺纹规,是一种类似于 GO/NG 的检测,故该特性过程控制不适合用 SPC。原因归为 FMEA 未做。

出货前第三方抽检尺寸不合格 1 批。产生的原因是,不合格产品为 Bushing 和 Plunger 的配合。由于此类产品对公差要求非常严格,基本上配合间隙只有 0.002 ~0.003mm。供应商在加工 Bushing 的时候,用千分尺进行内孔的检测,并根据此检测结果对内孔 Honing 进行控制。而实际上在以后的分析中可以看出千分尺的测量精度无法满足此要求。而供应商并没有对此测量系统进行 MSA 分析。原因归为 MSA 未做。

(三)供应商 JinYi

热处理后检验尺寸不合格 3 批。产生的原因是,该三批产品所采用的原材料均为 12L14 号钢,这种材料的特点是易加工,但材料的热变形系数比较大。供应商在加工该批产品的时候,没有在批量生产以前作失效模式分析(FMEA),没有提前估计一下生产该产品可能会遇到哪些问题,该如何克服。故在做机械加工的时候,供应商直接将产品尺寸加工为零件规格要求,而没有考虑到当产品加工好后需要进行热处理,而这种热处理将对产品的最终尺寸产生非常大的影响。最终使得产品热处理后尺寸超差不合格。原因可归为 FMEA 未做。

(四)供应商 Kingdom

出货前第三方检验尺寸不合格 2 批。产生的原因与供应商 Cathay 类似,也是 Bushing 和 Plunger 的配合组装产品。同样,该供应商在加工 Bushing 的时候,也是用千分尺进行内孔尺寸的检测,并根据此检测结果对内孔 Honing 进行控制。而实际上在后面的分析中可以看出,千分尺的测量精度无法满足此要求。而供应商在此前并没有对此测量系统进行分析。原因也属于 MSA 未做。

通过对供应商质量问题产生的具体原因进行详细分析以后,项目小组得出了以下汇总表(见表 2)。

表 2 7 月延迟交货具体原因分析

供应商名称	不合格问题	具体成因
KangDa	热处理后硬度不合格（1 批）	供应商无法找到做样品时所采用的热处理参数,在对产品进行热处理时,参数选择不当,导致热处理后硬度 HRC 太低(文件控制管理不足)
	出货前抽检尺寸不合格(6 批)	出货前抽检发现部分产品尺寸超差,而在加工过程中没有进行过程控制,导致成品中合格和不合格产品混在一起,且无从追溯何时生产的产品是不良品(SPC 控制未做好)
	电镀盐雾试验不合格(1 批)	盐雾试验钝化液选用与样品批准时的不同,导致无法通过 70 个小时的盐雾试验(文件控制管理不足)
Cathay	NPTF 螺纹检测不通过(1 批)	原材料材质比较硬,供应商螺纹丝攻磨损严重仍然在使用,导致产品 NPTF 螺纹不合格。而在批量生产之前,供应商未对丝攻使用次数进行定义(FMEA 未做)
	出货前第三方抽检尺寸不合格(1 批)	供应商采用千分尺(Micrometer)测量,测量稳定性和准确性无法保证;而第三方采用的是气动量仪(Air Gauge)(MSA 未做)
JinYi	热处理后检验尺寸不合格(3 批)	供应商对产品热处理后的变形考虑不充分,产品机加工后尺寸合格,但热处理后产品变形较大而导致尺寸不合格。而在批量生产之前,供应商未对此作相关的分析并采取相应的措施(FMEA 未做)
Kingdom	出货前第三方检验尺寸不合格(2 批)	供应商采用千分尺(Micrometer)测量,测量稳定性和准确性无法保证;而第三方采用的是气动量仪(Air Gauge)(MSA 未做)

对表 2 中的原因进行统计分析后得出图 1。

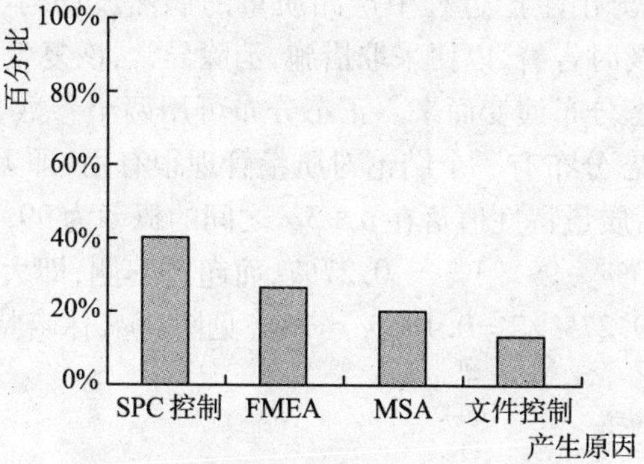

图 1　未准时交货具体原因分析图

从图 1 可以看出,由于 SPC 控制原因而产生质量不合格,导致推迟交货的占 40%;由于未进行 FMEA 分析而产生的质量不合格,导致的推迟交货占 27%;由于未进行 MSA 分析而产生的质量不合格,导致推迟交货的占 20%;由于文件控制原因产生的质量不合格,导致推迟交货的占 13%。项目小组通过调查得知,以上控制手段,如 SPC、FMEA、MSA 在这些公司很少使用,对于文件控制,一般公司会有此定义,但是在执行上面,还有些欠缺。因此项目小组决定针对问题发生较多的公司,首先对其进行相关理论知识培训,如 SPC、FMEA、MSA 等,然后再结合具体产品,和供应商一起有针对性地做一些范例。希望通过这个方法,使得林肯公司的供应商能够真正理解以上所谈到的质量控制方法,并能在实际中熟练运用。

二、供应商质量改善的具体措施

(一) SPC 控制

供应商 KangDa 在 2007 年 7 月出货抽检中,在六批货中抽到有不合格尺寸的产品。选择零件 P/N:275115 Piston Adapter 中的关键控制尺寸 12 +/-0.04mm为例来做 SPC 控制。由于供应商以前没有做相关 SPC 的经验,所以,林肯公司在执行 SPC 之前,先对公司相关过程质量人员进行 SPC 相关知识的培训。

1. SPC 的理论基础

SPC 是 Statistical Process Control 的简称,即统计过程控制,是运用统计技术对生产过程中的各工序参数进行监控,从而达到改进、保证产品质量的目的。该方法是美国贝尔实验室休哈特博士在 20 世纪 20 ~ 30 年代创立的理论，它能科学地区分出生产过程中产品质量的偶然波动与异常波动，从而对生产过程的异常及时告警，以便采取措施，消除异常，恢复生产过程的稳定。

控制图由正态分布演变而来。正态分布可用两个参数，即均值μ和标准差σ来决定。正态分布有一个结论对质量管理很有用，即无论均值μ和标准差σ取何值，产品质量特性值落在$\mu \pm 3\sigma$之间的概率为99.73%，落在$\mu \pm 3\sigma$之外的概率为100% - 99.73% = 0.27%，而超过一侧，即大于$\mu + 3\sigma$或小于$\mu - 3\sigma$的概率为0.27%/2 = 0.135% ≈1‰（见图2），休哈特就根据这一事实提出了控制图。

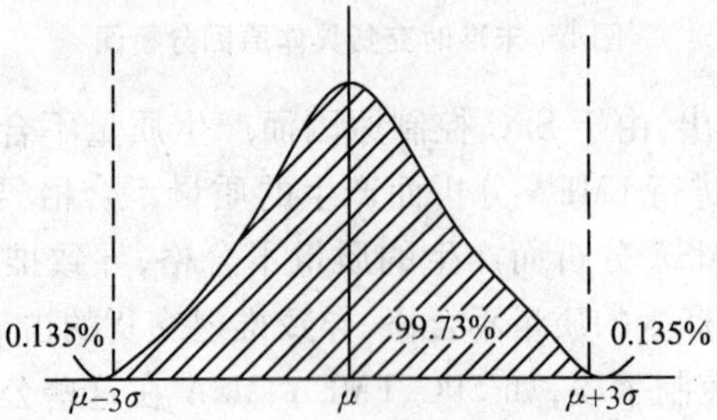

图2　正态分布曲线图

控制图的演变过程见图3。先把正态分布曲线图按顺时针方向转90°成图3（a），由于上下的数值大小不合常规，再把图3（a）上下翻转180°成图3（b），这样就得到一个单值控制图，称$\mu + 3\sigma$为上控制限，记为UCL，称μ为中心线，记为CL，称$\mu - 3\sigma$为下控制限，记为LCL，这三者统称为控制线。

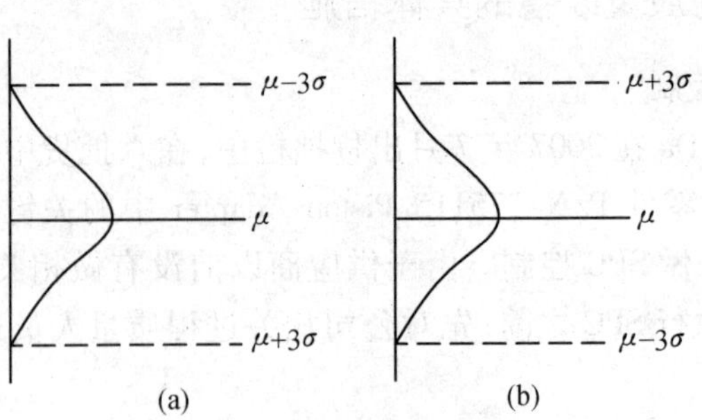

图3　控制图的演变图

规定中心线用实线绘制，上、下控制限用虚线绘制（见图4）。

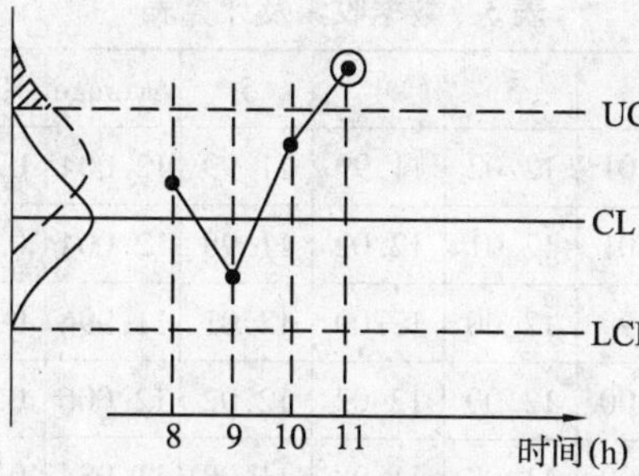

图4　X 控制图

综上所述，控制图是对过程质量数据测定、记录，从而进行质量管理的一种用科学方法设计的图。图上有中心线(CL)、上控制限(UCL)和下控制限(LCL)，并有按时间顺序抽取的样本统计量数值的描点序列(见图5)。

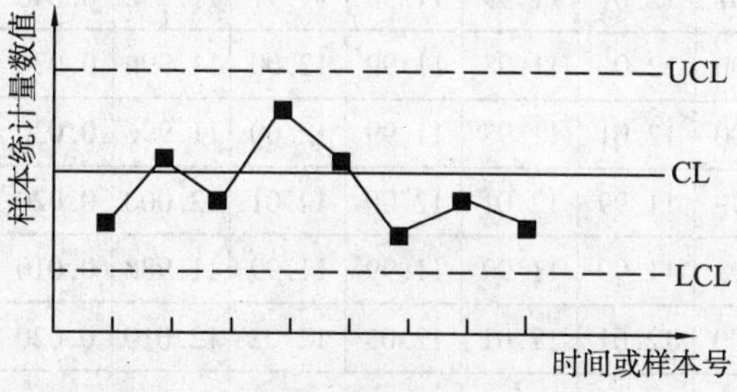

图5　控制图示例

在图5的控制图示例中，判定异常的准则有如下两个方面：(1) 点子在控制界限外或恰在控制界限上。(2) 控制界限内的点子排列不随机。

对于第二条点子排列不随机，有7种判定，为了简单起见，林肯公司仅向供应商推荐了最常用的一种，即连续7点上升或下降。

2. SPC 在 KangDa 的具体运用

(1) 数据收集

为了能得到 SPC 控制图的控制上下限，需要先收集数据，在供应商的协助下，在不同的生产时段，收集了25组数据(见表3)，并根据相关公式，对这些数据进行整理计算，得出控制上限(UCL)和控制下限(LCL)。

产品名称：Piston Adapter

控制尺寸：12 +/- 0.04mm　　　　规格中心：12mm

规格上限(USL)：12.04mm　　　　规格下限(LSL)：11.96mm

测量工具：游标卡尺

表 3　数据收集及计算表

Sub-Group	1	2	3	4	5	Average	Range		
1	12.01	12.01	12.02	11.99	11.99	12.004	0.030	X-Bar：	12.001
2	12.00	12.01	12.01	12.02	11.98	12.004	0.040		
3	11.98	11.99	12.00	12.00	12.01	11.996	0.030	R-Bar：	0.029
4	11.99	12.00	12.00	12.02	12.02	12.006	0.030		
5	11.98	11.99	11.99	11.98	11.98	11.984	0.010		
6	11.98	11.99	12.00	12.00	12.00	11.994	0.020	USL：	12.040
7	12.02	12.02	12.03	12.02	12.00	12.018	0.030	LSL：	11.960
8	12.00	12.03	12.02	12.03	12.01	12.018	0.030		
9	12.01	12.01	11.99	11.98	11.97	11.992	0.040		
10	12.00	12.01	11.98	11.99	12.00	11.996	0.030	X-Bar	
11	12.00	12.01	11.98	11.99	12.00	11.996	0.030	UCL：	12.02
12	11.99	11.99	12.01	12.00	12.01	12.000	0.020	LCL：	11.98
13	11.98	11.99	11.99	11.99	11.99	11.988	0.010		
14	12.00	12.01	12.01	12.01	12.02	12.010	0.020		
15	12.00	12.01	12.00	11.99	11.98	11.996	0.030	R-Bar	
16	12.01	11.99	11.98	11.98	12.01	11.994	0.030	UCL：	0.060 8
17	12.01	12.00	11.98	11.98	11.97	11.988	0.040	LCL：	0.000
18	12.00	12.01	12.01	12.01	12.01	12.008	0.010		
19	11.99	12.00	12.00	12.01	12.01	12.002	0.020		
20	12.00	12.01	12.01	12.00	12.00	12.004	0.010		
21	12.02	12.02	12.03	12.00	12.00	12.022	0.030		
22	12.00	12.03	12.02	12.00	12.01	12.020	0.030		
23	12.01	12.01	11.99	11.98	11.97	11.992	0.040		
24	12.01	12.00	11.98	11.97	12.02	11.996	0.050		
25	11.98	11.98	11.98	11.99	11.98	11.982	0.020		

(2) 计算过程

X-Bar 的值为 25 组 Average 值求平均后所得的值。

R-Bar 的值为 25 组 Range 值求平均后所得的值。

对于 X-Bar:

UCL = X-Bar + 0.58 × R-Bar （0.58 为标准系数）

LCL = X-Bar − 0.58 × R-Bar

对于 R-Bar:

UCL = R-Bar × 2.11 （2.11 为标准系数）

LCL = 0 （标准设定,不能为负）

(3) 作出控制图并判定过程是否受控

根据上面的数据表,作出控制图 6、图 7。

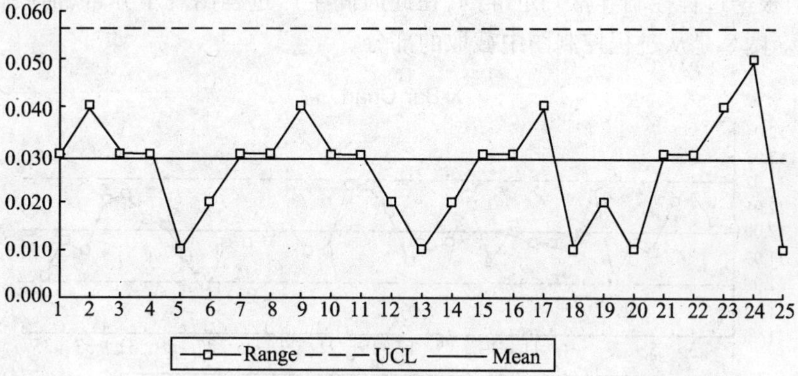

图 6 样本数据 R-chart 图

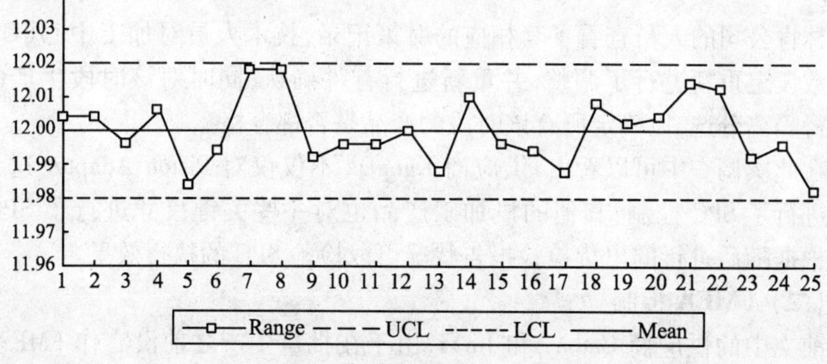

图 7 样本数据 X-chart 图

根据图 6、图 7,结合上面谈到的判定是否异常的两个准则可判断出,该样本数据显示该过程是受控的过程。因此,计算所得出的控制上下限(UCL/LCL)可以作为今后过程的控制限。

(4) SPC 过程控制的运用

当得出控制上下限后,供应商所要做的就是进行过程抽检。林肯公司要求供应商每隔 2 小时进行一次抽检,每次抽检 5pcs 产品,记录数据并在控制图上进行描点,当发现异常时,及时通知工艺和质量人员。运用类似的方法,林肯公司要求供应商对其生产的所有的林肯公司产品,选取关键的控制尺寸进行过程控制。

2007 年 10 月,林肯公司派专人再次去供应商 KangDa,查看了相关的 SPC 控制图,发现在第 27 点(生产日期为 10 月 21 日),过程控制图中显示控制点超出控制界限,虽然该点显示其产品仍然是符合公差要求(11.96 ~ 12.04)的,但根据过程控制异常判定准则,在此时间生产过程出现了异常,需要进行调整。图 8 是从过程控制图中截取的部分。

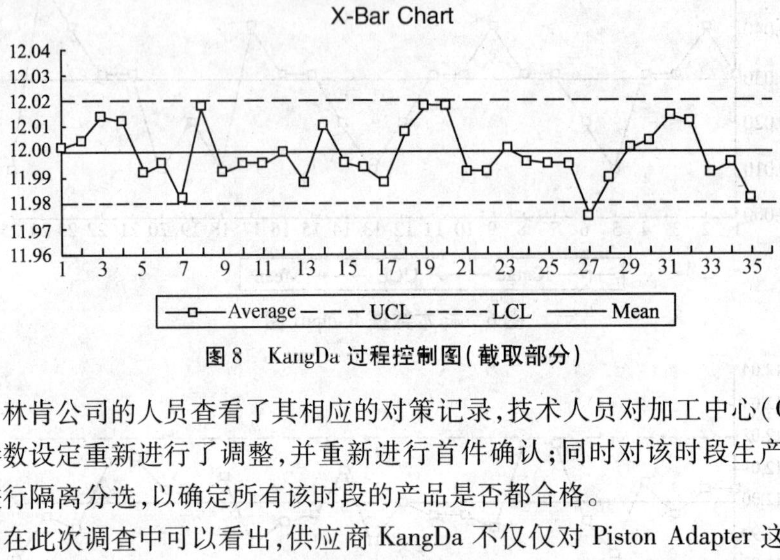

图 8 KangDa 过程控制图(截取部分)

林肯公司的人员查看了其相应的对策记录,技术人员对加工中心(CNC)的参数设定重新进行了调整,并重新进行首件确认;同时对该时段生产的产品进行隔离分选,以确定所有该时段的产品是否都合格。

在此次调查中可以看出,供应商 KangDa 不仅仅对 Piston Adapter 这一个产品进行了 SPC 控制,其他的机加工产品也对一些关键尺寸进行了 SPC 控制。根据随后进行的出货检验报告状况可以检验 SPC 的执行效果。

(二) FMEA 控制

前文中的供应商 Cathay 和 JinYi,由于在批量生产之前没有作 FMEA,故没有对一些可能产生的问题进行预防,从而导致最终未能准时交货。项目小组决定在 JinYi 推行 FMEA。

1. FMEA 的理论基础

潜在的失效模式和后果分析(FMEA)是一种用作预防的措施和工具,其目的是发现、评价产品/过程中潜在的失效及其后果,找到能够避免或减少潜在失效发生的措施并不断地完善。

潜在的失效模式和后果分析(FMEA)能够容易、低成本地对产品或过程进行修改,从而减少事后修改的危机。FMEA 又可分为设计 FMEA——DFMEA 和过程 FMEA——PFMEA。DFMEA 是由产品设计人员编制的设计失效模式和结果分析;PFMEA 是由工艺设计人员编制的过程失效模式和结果分析。针对生产过程中出现的问题,一般只使用 PFMEA。

PFMEA 的主要目的是通过失效分析找出零组件或系统的潜在弱点,提供给设计、制造、品保等单位以便采取可行之对策,用来在最大范围内保证已充分地考虑到并指明潜在失效模式及与其相关的后果起因/机理。FMEA 以其最严密的形式总结了工程师/小组进行工艺过程设计时的设计思想(包括对一些对象的分析,根据经验和过去担心的问题,它们可能发生的失效)。这种系统化的方法与一个工程师在任何制造计划过程中正常经历的思维过程是一致的,并使之规范化 。

PFMEA 分析一般有如下 7 个步骤:

(1) 确定被分析的缺陷名称;

(2) 确定潜在失效后果;

(3) 确定严重度(S);

(4) 确定缺陷产生的原因;

(5) 确定失效产生的频度(O);

(6) 确定探测度(D);

(7) 计算风险顺序数 RPN 并寻找纠正措施。

每个步骤的详细内容包括:

(1) 确定被分析的缺陷名称

根据零件的工艺特性,对特定的工序列出每一个潜在(可能发生,但不一定发生)失效模式。确定这些缺陷时,应参考同类产品或工艺以前的 FMEA 表格,以及生产加工过程中或用户使用过程中经常出现的质量问题,还应考虑到在使用一段时间后可能出现的质量问题,如弯曲、粘和、毛刺、断裂等。

(2) 确定潜在失效后果

潜在失效后果,是指失效模式对顾客的影响,顾客可以是下一道工序、代理商或车主。例如,下一道工序无法安装、不配合、损坏设备等。对最终顾客的影响,如噪音、外观锈蚀、工作不正常等。

(3) 确定严重度(S)

严重度(S)是潜在失效模式对顾客的影响后果的严重程度的评价指标。严重度评估一般分为"1"至"10"级,可参考表4。

表4　严重度(S)评价准则

后果	判断准则:后果的严重度	严重度数
无警告的严重危害	可能危害机器或装配操作者。潜在失效模式严重影响系统安全运行或包含不符合政府法规项,严重程度很高。失效发生时无警告	10
有警告的严重危害	可能危害机器或装配操作者。潜在失效模式严重影响系统安全运行或包含不符合政府法规项,严重程度很高。失效发生时有警告	9
很高	生产线严重破坏,可能100%的产品得报废,系统无法运行,丧失基本功能,顾客不满意	8
高	生产线破坏不严重,系统能运行,但性能下降,顾客不满意	7
中等	生产线破坏不严重,部分产品报废(不筛选),系统能运行,但舒适性或方便性项目失效,顾客感觉不舒适	6
低	生产线破坏不严重,产品需要100%返工,系统能运行,但有些舒适性或方便性项目性能下降,顾客有些不满意	5
很低	生产线破坏不严重,产品经筛选,部分需要返工,装配和涂装或尖响和卡嗒响等项目不符合要求,多数顾客发现有缺陷	4
轻微	生产线破坏较轻,部分需要在生产线其他工位返工。装配和涂装或尖响和卡嗒响等项目不符合要求,一半顾客能发现有缺陷	3
很轻微	生产线破坏轻微,部分需要在生产线上原工位返工。装配和涂装或尖响和卡嗒响等项目不符合要求,很少顾客发现有缺陷	2
无	没有影响	1

(4) 确定缺陷产生的原因

缺陷产生的原因,即潜在失效起因/机理,是指失效是怎么发生的,并依据可纠正或控制的原则来描述。针对每一个潜在失效模式,在尽可能广的范围内,列出每个可以想到的失效原因。不论缺陷是何种类型,只有找到原因,才能采取解决的措施。失效的许多起因并不是独立产生和唯一的,要纠正或控制一个起因,需要考虑诸如试验设计方法等,以便针对那些相关的因素采取纠正措施。典型的失效的起因包括:扭矩过大、焊接不正确、零件漏装或错装等。

(5) 确定失效产生的频度(O)

失效产生的频度(O),是指具体的失效起因/机理发生的概率。评价准则和频度的分级规则应意见一致,可参考表5。

表5 失效产生频度(O)评价准则

失效发生的可能性	可能的失效率	Cpk	频度数
很高:失效几乎是不可避免的	≥1/2	<0.33	10
	1/3	≥0.33	9
高:一般与以前经常发生失效的过程相似的工艺有关	≥1/8	≥0.51	8
	1/20	≥0.67	7
中等:一般与以前时有失效发生,但不占主要比例的过程相似的工艺有关	1/80	≥0.83	6
	1/400	≥1.00	5
	1/2 000	≥1.17	4
低:很少几次与相似过程有关的失效	1/15 000	≥1.33	3
很低:很少几次与几乎完全相同过程有关的失效	1/150 000	≥1.50	2
极低:失效不大可能发生。几乎完全相同的过程也未有过失效	≤1 500 000	≥1.67	1

(6) 确定探测度(D)

探测度(D)是指在现行的过程控制中,零部件离开制造工序或装配工位之前,缺陷有可能被发现,并阻止失效发生的可能性。缺陷越容易发现,其消除的可能性越大,风险就越小。这些控制方法可以是像防错夹具之类的过程控制方法,或者统计过程控制(SPC)。评价准则如表6所示。

表 6 探测度(D)评价准则

探查性	评价准则：在下一个或后续工艺前，或零部件离开制造或装配工位之前，利用过程控制方法找出缺陷存在的可能性	探测度级数
几乎不可能	没有已知的控制方法能找出失效模式	10
很微小	现行控制方法找出失效模式的可能性很微小	9
微小	现行控制方法找出失效模式的可能性微小	8
很小	现行控制方法找出失效模式的可能性很小	7
小	现行控制方法找出失效模式的可能性小	6
中等	现行控制方法找出失效模式的可能性中等	5
中上	现行控制方法找出失效模式的可能性偏上	4
高	现行控制方法找出失效模式的可能性高	3
很高	现行控制方法找出失效模式的可能性很高	2
几乎肯定	现行控制方法几乎肯定能找出失效模式，已知相似工艺的可靠的探测控制方法	1

(7) 计算风险顺序数 RPN 并寻找纠正措施

计算风险顺序数(RPN)和建议纠正措施。风险顺序数(RPN) = 严重度数(S) × 失效产生频度数(O) × 探测度(D)。风险顺序数是 FMEA 分析中的一个重要参数，RPN 越大，说明所产生缺陷的影响就越大。

对失效 RPN 值排序，应首先对排列在最前面的关键项目采取纠正措施。如果失效模式的后果会危害制造、装配人员，就应采取纠正措施，通过消除或控制其起因来阻止失效模式的发生，或者明确规定适当的操作人员采取保护措施。事先花时间很好地进行综合的 FMEA 分析，能够容易、低成本地对产品或过程进行修改，从而减少或消除因修改而带来的更大损失。

2. PFMEA 在 JinYi 的具体应用

根据 FMEA 的步骤，JinYi 公司召集相关生产、工程、质量、物流等部门，由质量部门牵头，对林肯公司的新项目 P/N: 92147 Shaft 进行了 FMEA 的分析。该产品所使用的原材料为 1215 号钢，产品需要进行表面渗碳处理，同时该产品有 NPTF 特殊密封螺纹需要加工，入库前需要做防锈包装处理。根据产品的特性，结合 JinYi 的加工实际情况，确定了工序流程为：(1) 进货检验。(2) 机加工。(3) 热处理。(4) 防锈包装处理。(5) 出货检验。针对每个流程，结合上面介绍的 7 个步骤，进行分析，得出下面的 FMEA 报告（见表 7）。

表 7　JinYi FMEA 报告

项目名称	Shaft	PFMEA 编号	FMEA－001	核准	胡旭
车型年/车辆类型（或产品型号）	Pump Tube	过程责任部门	生产部		
		关键日期	2007.9.20	编制	张勇进
核心小组	技术部 陈乐飞　品质部 胡旭　采购部 丁红霞　生产部 王勇	PFMEA 日期 2007.6.25			
		版本	A\0	修订日期	

过程功能/要求	潜在失效模式	潜在失效后果	严重度S	级别	潜在失效起因/机理	频度O	现行过程控制预防	现行过程控制探测	探测度D	风险顺序数RPN	建议措施	责任及目标完成日期	措施结果：采取的措施	措施结果：严重度S	措施结果：频度O	措施结果：探测度D	措施结果：风险顺序数RPN
01 进料检验	01.1 不合格材料入库	生产产品不合格	7		未检出不合格材料	2	建立自检，每批材料要求供应商提供材质证明	检验员严格按检验规程检验	2	28							
02 机加工	02.1 加工产品 NPTF 螺纹不合格	生产产品不合格	7		检验器具失效	3	确认计量校验单位	质保部定期对检验器具进行检验	3	63							
			7		螺纹丝攻使用磨损	4		定期检查丝攻磨损状况	4	112	过程巡检检查产品螺纹是否合格	10.15					
	02.2 产品粗糙度过大	产品不合格	7		车削后工件未经过磨床磨	4	建立工序卡，并让工序卡跟随工件一起流转	过程巡检检查工件是否都随附工序卡	2	56							

续表

02 机加工			7		粗糙度仪失效	3	确认计量校验单位	质保部定期对检验器具进行检验	3	63							
03 热处理	03.1 热处理后硬度不符合要求	生产产品不合格	7		错误选择热处理参数	4	确认批量热处理的参数与样品制作阶段的参数一致	热处理前对热处理参数进行确认	4	112	对每个新产品试样阶段的热处理参数进行归档保存	09.30					
	03.2 热处理后产品碰伤	生产产品不合格	7		热处理时未采取必要的保护措施	4	热处理之前将产品放置在专门制作的装置中	目测	2	56							
	03.3 热处理后产品变形，尺寸不合格	生产产品不合格	7		机加工时未考虑热处理变形	4	机加工之前与热处理厂沟通，了解变形量	制定工艺卡，调整加工尺寸以保证热处理后尺寸符合要求	3	84	过程巡检检查工艺卡和产品尺寸，进行尺寸SPC控制	10.15					
04 防锈包装处理	04.1 产品放置短时间后生锈	生产产品不合格	7		错误使用防锈油	4	必须使用规定的 EO-237 防锈油		2	56							

续表

05 出货检验	05.1 未能检查出不合格产品	不合格产品到客户手中	8		检验人员对成品检验标准不明确	3	制定详细的成品检验指导书	按照成品检验指导书的要求进行检验	4	96	对检验人员进行培训并经过考核合格方可进行出货检验						

通过对产品 P/N:92147 Shaft 的 FMEA 分析，使得 JinYi 在批量生产该产品之前对可能产生的问题进行了考虑，并制定了相应的纠正预防措施。这样可以提前避免一些问题在批量生产时产生。同时，林肯公司在该产品正式批量生产的时候，去 JinYi 进行了现场确认，该公司的确执行了 FMEA 中所提到的措施。同时抽查了部分成品，符合林肯公司的质量要求。

（三）MSA 控制

前文中的供应商 Cathay 和 Kingdom 由于检测设备使用不当，从而导致错误的测量，最终因产品不合格而未能准时交货。因此，林肯公司决定在 Kingdom 推行关键测量系统 MSA。

1. MSA 的理论基础

MSA（Measurement System Analysis）是测量系统分析的简称。测量系统是一系列量具、标准、操作、方法、装置、软件、人员、环境和假设的结合体，用于对给定的特性的量化单位赋值或评估，取得测量结果的完整过程。

评价一个测量系统时，必须考虑以下三点：

（1）测量系统必须显示足够的灵敏性。分辨力（或等级）在设计时确定，并在选择一个测量系统时作为基本出发点。“十份制”就是典型的应用示例，它规定了仪器的分辨力应能将公差（或过程变差）分成十份或更多份。分辨力是选择检测设备时的一个非常重要的考量点。通常情况下分辨力应当为容限公差的 1/10，即 1:10 经验法则。当我们在做测量系统分析时，如果发现极差图中仅出现 3 个或者以下极差值，或者四分之一以上的极差都为零，这个时候就表明所选择的量具分辨力不够，要更换量具以获得足够的分辨力。

（2）测量系统必须是稳定的。在重复性的条件下，测量系统变差只归因于普通原因，而不是特殊（不规则的）原因。

（3）统计特性（误差）在预期的范围内一致，并足以满足测量的目的（产品控制或过程控制）。

测量系统研究的目的就是获得测量系统与其环境相互作用时，有关该系统测量变差大小和类型的信息，用于分析测量系统对测量值的影响，从而评估测量系统的质量。

测量系统误差可以分成五种类型：偏倚、重复性、再现性、稳定性和线性。测量系统分析也就是对这五种误差进行分析。

偏倚是同样零件的同样特性，其真值（基准值）和观测到的测量平均值的差值。

稳定性是测量系统在某一阶段时间内，测量同一基准或零件的单一特性时获得的测量总变差。换句话说，稳定性是偏倚随时间的变化。

在设备的预期操作（测量）范围内偏倚的不同被称为线性。线性可以被认为是关于偏倚大小的变化。

重复性是由一个评价人，采用同一种测量仪器，多次测量同一零件的同一特性时获得的测量变差。它是设备本身固有的变差或性能。重复性一般指仪器的变差（EV），尽管这样容易使人误解。事实上，重复性是从规定的测量条件下连续试验得到的普通原因（随机误差）变差。当测量环境是固定的，并且被规定了（即固定的零件、仪器、标准、方法、操作者、环境和假设）时，对于重复性最好的术语是系统内部变差。

再现性通常定义为由不同的评价人，采用相同的测量仪器，测量同一零件的同一特性时测量平均值的变差。手动仪器受操作者技术影响常常是实际情况，然而，在测量过程（即自动操作系统）中操作者就不是主要的变差源了。为此，再现性被看做是系统之间的或测量条件之间的平均变差。

以上五种误差分析，就是对测量系统的 MSA 分析。而通常情况下，对于一个测量系统，并不需要对所有的五种误差都进行分析，最常用的误差分析是对重复性和再现性进行分析，也就是通常所说的 GR&R（Gauge Repeatability & Reproducibility）分析法。当计算结果 GR&R 值 $<30\%$ 时，则表明该测量系统符合要求；当计算结果 GR&R 值 $>30\%$ 时，该测量系统不可接受，必须改进。

2. MSA 在 Kingdom 的具体应用

以产品 P/N：90554 Bushing 为例。该产品内径公差要求为 $12.801_{0}^{+0.0020}$ mm。用千分尺作为测量工具时，就会发现，千分尺的测量分辨率为 0.001mm。根据上面介绍的 1∶10 经验法则，所选取的量具分辨率应该为 0.000 2，千分尺显然不满足该要求。在 GR&R 分析中，通过极差图，也能明显看出千分尺作为该测量特性的量具是不合适的。为了更方便地进行 GR&R 分析,林肯公司制定了 GR&R 分析的作业指导书,其操作步骤如下:(1) 在测量系统使用者中选出 2~3 人;(2) 抽取 n(10 或者更多)个零件,以此代表实际或者期望的过程变差;(3) 把零件从 1 到 10 编号,但号码不为被评价人所见;(4) 由评价员 A 随机对 n 个零件做测量,由一个观察员记录测量结果;(5) 由其他评价员重复第四步,隐藏其他评价员所获得的读数;(6) 重复第四步和第五步,用不同的随机组合测量;(7) 使用均值极差法,将数据记录在表格中;(8)计算极差并进行重复再现性分析。

根据前面所介绍的方法,首先用千分尺对该产品进行测量,并进行 GR&R 分析(见表 8)。

表 8 为三个检验人员按照 GR&R 分析操作指导书的要求进行的数据测量收集,根据表中的数据,可以得出下面的极差图(见图 9)。

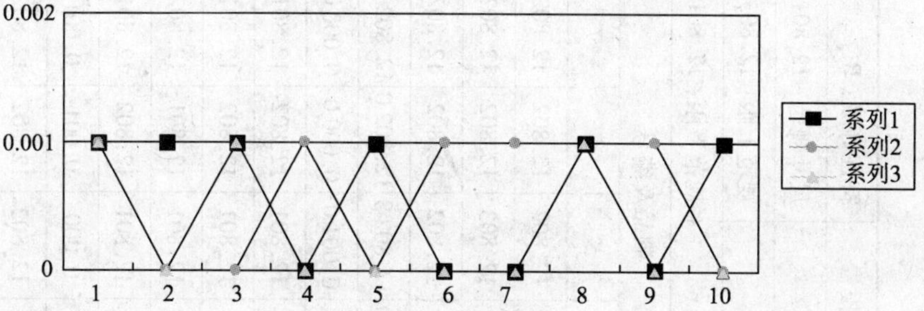

图9　极差图

从该极差图中可以看出,仅出现了 2 个极差值,且超过四分之一的值为零,根据前文介绍的判定准则,可见,千分尺作为该测量特性的检测设备是不合适的。下面将表 8 的数据进行计算,得出 GR&R 报告如表 9 所示,可以得出 GR&R 数值为 77.36%,远远大于 30%。

表8　千分尺 GR&R 数据表

报告编号：MSA001－2007　　　　测量日期：2007.10.15

零件名称	Bushing	MSA 报告	双性分析报告	特性等级：B	评价者 A：高明
零件图号	90554	型式规格		尺寸规范：12.801mm	评价者 B：吴献伦
量具名称	千分尺	量具编号	KJ007	规范上限：12.803mm	评价者 C：陈小妮
测量范围	0～25mm	测量精度	0.001mm	规范下限：12.801mm	批 准：朱法明

评价人数		制品及编号										评价人	平均值
测量次数		1	2	3	4	5	6	7	8	9	10		
1.	A1	12.801	12.801	12.802	12.801	12.802	12.802	12.802	12.802	12.801	12.802		12.801 6
2.	A2	12.801	12.802	12.801	12.801	12.803	12.802	12.802	12.801	12.801	12.802		12.801 6
3.	A3	12.802	12.802	12.801	12.801	12.802	12.802	12.802	12.801	12.801	12.801		12.801 5
4.	平均值	12.801 3	12.801 7	12.801 3	12.801 0	12.802 3	12.802 0	12.802 0	12.801 3	12.801 0	12.801 7	A(Xa)＝	12.801 6
5.	极差	0.001 0	0.001 0	0.001 0	0.000 0	0.001 0	0.000 0	0.000 0	0.001 0	0.000 0	0.001 0	A(Ra)＝	0.000 6
6.	B1	12.802	12.802	12.802	12.802	12.801	12.802	12.801	12.801	12.802	12.801		12.801 6
7.	B2	12.803	12.802	12.802	12.801	12.801	12.802	12.801	12.802	12.801	12.801		12.801 6
8.	B3	12.802	12.802	12.802	12.801	12.801	12.801	12.802	12.802	12.801	12.801		12.801 5
9.	平均值	12.802	12.802	12.802	12.801	12.801	12.802	12.801	12.802	12.801	12.801	A(Xb)＝	12.801 6
10.	极差	0.001	0.000	0.000	0.001	0.000	0.001	0.001	0.001	0.001	0.000	A(Rb)＝	0.000 6
11.	C1	12.802	12.801	12.802	12.802	12.802	12.802	12.802	12.802	12.801	12.802		12.801 8

续表

零件名称		Bushing		MSA 报告		双性分析报告		特性等级：B			评价者 A：高明		
零件图号		90554		型式规格				尺寸规范：12.801mm			评价者 B：吴献伦		
量具名称		千分尺		量具编号		KJ007		规范上限：12.803mm			评价者 C：陈小妮		
测量范围		0～25mm		测量精度		0.001mm		规范下限：12.801mm			批 准：朱法明		
评价人数		制品及编号										评价人	平均值
测量次数		1	2	3	4	5	6	7	8	9	10		
12.	C2	12.801	12.801	12.803	12.802	12.802	12.802	12.802	12.801	12.801	12.802		12.801 7
13.	C3	12.801	12.801	12.802	12.802	12.802	12.802	12.802	12.801	12.801	12.802		12.801 6
14.	平均值	12.801	12.801	12.802	12.802	12.802	12.802	12.802	12.801	12.801	12.802	A(Xc) =	12.801 7
15.	极差	0.001	0.000	0.001	0.000	0.000	0.000	0.000	0.001	0.000	0.000	A(Rc) =	0.000 3
16.	零件均值 $-X_P$	12.802	12.802	12.802	12.801	12.802	12.802	12.802	12.801	12.801	12.802	Rp =	0.000 8
17.	X_{DIFF}	Max[A(Xa,b,c)) - Min(A(X)] =				0.000 1	评价系数表			MSA 双性—说明事项			
21. 22. 23.	DA(R) UCLR LCLR	(Ra + Rb + Rc)/(评价人数 3) = DA(Ra,b,c) × D4(2.57) = DA(Ra,b,c) × D3(0) =				0.000 5 0.001 0.000	见下评价系数表			见下说明事项			

评价系数表

n 次数	2	3
D4	3.27	2.57
D3	※	※
A2	1.88	1.02

根据测量次数选定系数※代表没有极差的下限

MSA 双性—说明事项

1. 数据必须从生产现场获得。
2. 由工作现场评价人进行测量。
3. 采用盲测法测量。
4. 选择零件尺寸须考虑 1/10 原则。
5. 根据极差图分析量具分辨率。
6. 必须根据分析得出结论。

表9　千分尺 GR&R 报告

测量单元分析		制程变异(%)
再现性—设备变异(EV): EV = DA(R) × K1 = 0.000 5 × 0.59 = 0.000 30	测量次数 | K1 2 | 0.89 3 | 0.59	$\%EV = 100 \times \frac{EV}{TV} = 100 \times \frac{0.000\ 30}{0.000\ 38}$ = 78.95
再生性—作业者变异(AV): $AV = Sqrt[(X_{DIFF} \times K2)^2 - (EV^2/nr)]$ = Sqrt(4.86E-09 − 2.91E-09) = 0.000 04	作业者人数 | 2 | 3 K2 | 0.71 | 0.52	$\%AV = 100 \times \frac{AV}{TV} = 100 \times \frac{0.000\ 04}{0.000\ 38}$ = 10.53 n = 零件数 r = 测量次数
再现性 & 再生性(R&R): $R\&R = Sqrt(EV^2 + AV^2)$ = Sqrt(8.73E-08 + 5.02E-10) = 0.000 30	零件数 | K3	$\%R\&R = 100 \times \frac{R\&R}{TV} = 100 \times \frac{0.000\ 30}{0.000\ 38} = 78.95 > 10$
零件变异(PV): PV = Rp × K3 = 0.001 × 0.31 = 0.000 31	3 | 0.52 4 | 0.45 5 | 0.40 6 | 0.37	$\%PV = 100 \times \frac{PV}{TV} = 100 \times \frac{0.000\ 31}{0.000\ 38}$ = 81.58
全变异(TV): $TV = Sqrt(R\&R^2 + PV^2)$ = Sqrt(8.78E-08 + 5.99E-08 = 0.000 38	7 | 0.35 8 | 0.34 9 | 0.32 10 | 0.31	

量具再现性和再生性	决定测量系统
%R&R < 30%	可接受
%R&R > 30%	不可接受

综上所述,从三个方面可以看出千分尺作为该测量特性的测量设备是不合适的:(1) 1:10 经验法则,千分尺的分辨率只有 0.001,而该测量特性要求的分辨力为 0.000 2。(2) 极差数值判定,实际测量数据整理后,极差值只有 2 个,不符合大于 3 个的要求。(3) GR&R 判定,GR&R 结果为 77.36%,远远大于 30% 的规格要求。

鉴于上面的分析结果,林肯公司要求供应商更换检测设备,改用气动量仪测量该尺寸,气动量仪的分辨率为 0.000 1mm,满足 1:10 经验法则。同样,林肯公司对气动量仪测量数据也进行了 GR&R 分析(见表 10)。

表 10　气动量仪 GR&R 数据表

报告编号：MSA002－2007　　　　测量日期:2007.10.17

零件名称	Bushing	MSA 报告	双性分析报告	特性等级:B	评价者 A:高 明
零件图号	90554	型式规格		尺寸规范:12.801mm	评价者 B:吴献伦
量具名称	气动量仪	量具编号	KJ007	规范上限:12.803mm	评价者 C:陈小妮
测量范围	12.790～12.810	测量精度	0.000 1mm	规范下限:12.801mm	批 准:朱法明

评价人数		制品及编号										评价人	平均值
测量次数		1	2	3	4	5	6	7	8	9	10		
1.	A1	12.802 5	12.802 5	12.802 0	12.802 9	12.801 9	12.802 1	12.802 3	12.802 0	12.801 2	12.802 1		12.802 2
2.	A2	12.802 2	12.802 4	12.801 8	12.802 7	12.801 6	12.802 3	12.802 4	12.801 9	12.801 2	12.802 2		12.802 1
3.	A3	12.802 2	12.802 0	12.801 6	12.802 9	12.801 7	12.802 3	12.802 3	12.801 7	12.801 5	12.802 2		12.802 0
4.	平均值	12.802 3	12.802 3	12.801 8	12.802 8	12.801 7	12.802 2	12.802 3	12.801 9	12.801 3	12.802 2	A(Xa) =	12.802 1
5.	极差	0.000 3	0.000 5	0.000 4	0.000 2	0.000 3	0.000 2	0.000 1	0.000 3	0.000 3	0.000 1	A(Ra) =	0.000 3
6.	B1	12.802 3	12.802 1	12.802 2	12.802 9	12.801 7	12.802 0	12.802 3	12.801 9	12.801 1	12.801 9		12.802 0
7.	B2	12.802 4	12.802 0	12.802 0	12.802 8	12.801 9	12.802 0	12.802 6	12.802 0	12.801 0	12.801 7		12.802 0
8.	B3	12.802 1	12.802 3	12.802 4	12.802 7	12.801 6	12.801 8	12.802 5	12.802 0	12.801 0	12.801 9		12.802 0
9.	平均值	12.802 3	12.802 1	12.802 2	12.802 8	12.801 7	12.801 9	12.802 5	12.802 0	12.801 0	12.801 8	A(Xb) =	12.802 0
10.	极差	0.000 3	0.000 3	0.000 4	0.000 2	0.000 3	0.000 2	0.000 3	0.000 1	0.000 1	0.000 2	A(Rb) =	0.000 2
11.	C1	12.802 4	12.802 2	12.802 0	12.802 7	12.802 1	12.802 1	12.802 2	12.802 0	12.801 0	12.802 1		12.802 1

续表

零件名称		Bushing	MSA 报告	双性分析报告		特性等级:B				评价者 A:高 明			
零件图号		90554	型式规格			尺寸规范:12.801 mm				评价者 B:吴献伦			
量具名称		气动量仪	量具编号	KJ007		规范上限:12.803mm				评价者 C:陈小妮			
测量范围		12.790 ~ 12.810	测量精度	0.000 1mm		规范下限:12.801 mm				批 准:朱法明			
评价人数		制品及编号										评价人	平均值
测量次数		1	2	3	4	5	6	7	8	9	10		
12.	C2	12.802 5	12.802 2	12.802 5	12.802 7	12.802 0	12.802 1	12.802 5	12.801 8	12.801 2	12.802 0		12.802 2
13.	C3	12.802 6	12.802 2	12.802 0	12.802 9	12.802 0	12.802 1	12.802 2	12.801 8	12.801 0	12.802 0		12.802 1
14.	平均值	12.802 5	12.802 2	12.802 2	12.802 8	12.802 0	12.802 1	12.802 3	12.801 9	12.801 1	12.802 0	A(Xc) =	12.802 1
15.	极差	0.000 2	0.000 0	0.000 5	0.000 2	0.000 1	0.000 0	0.000 3	0.000 2	0.000 2	0.000 1	A(Rc) =	0.000 2
16.	零件均值 $-X_P$	12.802 4	12.802 2	12.802 1	12.802 8	12.801 8	12.802 1	12.802 4	12.801 9	12.801 1	12.802 0	Rp =	0.001 7
17.	X_{DIFF}	Max[A(Xa,b,c)) − Min(A(X)] =				6.7E−05							

21.	DA(R)	(Ra + Rb + Rc)/(评价人数 3) =	0.000 2
22.	UCLR	DA(Ra,b,c) × D4(2.57) =	0.001
23.	LCLR	DA(Ra,b,c) × D3(0) =	0.000

评价系数表

n 次数	2	3
D4	3.27	2.57
D3	※	※
A2	1.88	1.02

根据测量次数选定系数
※代表没有极差的下限

MSA 双性—说明事项

1. 数据必须从生产现场获得。
2. 由工作现场评价人进行测量。
3. 采用盲测法测量。
4. 选择零件尺寸须考虑 1/10 原则。
5. 根据极差图分析量具分辨率。
6. 必须根据分析得出结论。

表 10 为三个检验人员按照 GR&R 分析操作指导书的要求进行的数据测量收集，根据表中的数据，得出下面的极差图（图 10）。

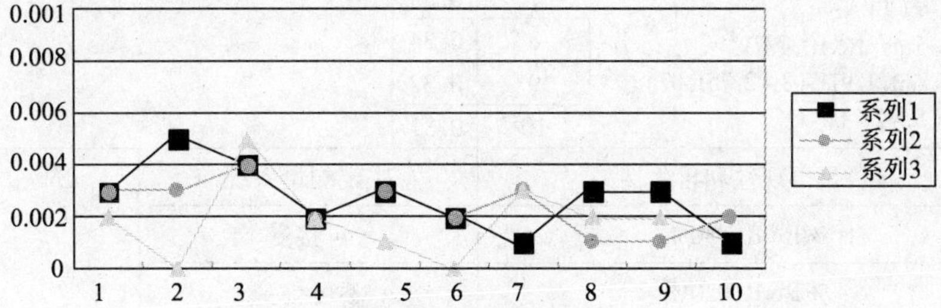

图 10　极差图

从图 10 中可以看出有 5 个极差值，符合上面谈到的大于 3 个极差值的要求。将上面的数据进行计算，得出下面的 GR&R 报告（见表 11），可看出 GR&R 的值为 25.47%，符合小于 30% 的要求。

表 11　气动量仪 GR&R 报告

测量单元分析	制程变异（%）
再现性—设备变异（EV）： EV ＝DA（R）×K1 ＝0.000 2×0.59 ＝0.000 12 测量次数 | K1：2 | 0.89；3 | 0.59	$\%EV = 100 \times \frac{EV}{TV} = 100 \times \frac{0.000\,12}{0.000\,54}$ ＝22.22
再生性—作业者变异（AV）： AV ＝Sqrt[（X_{DIFF}×K2）^{2} －（EV^2/nr）] ＝Sqrt（1.22E-09 －6.15E-10） ＝2.46E-05 作业者人数 | 2 | 3；K2 | 0.71 | 0.52	$\%AV = 100 \times \frac{AV}{TV} = 100 \times \frac{0.000\,02}{0.000\,54}$ ＝3.70 n＝零件数 r＝测量次数
再现性 & 再生性（R&R）： R&R ＝Sqrt（EV^2 ＋AV^2） ＝Sqrt（1.85E-08 ＋6.01E-10） ＝1.38E-04	$\%R\&R = 100 \times \frac{R\&R}{TV} = 100 \times \frac{0.000\,14}{0.000\,54}$ ＝25.93 ＞10
零件变异（PV）： PV ＝Rp×K3 ＝0.002×0.31 ＝0.000 62 零件数 | K3：3 | 0.52；4 | 0.45；5 | 0.40；6 | 0.37	$\%PV = 100 \times \frac{PV}{TV} = 100 \times \frac{0.000\,62}{0.000\,54}$ ＝114.81

续表

<table>
<tr><td colspan="3">测量单元分析</td><td colspan="2">%制程变异</td></tr>
<tr><td rowspan="4">全变异(TV):
TV = Sqrt(R&R^2 + PV^2)
= Sqrt(1.91E-08 + 2.75E-07)
= 5.42E-04</td><td>7</td><td>0.35</td><td colspan="2" rowspan="4"></td></tr>
<tr><td>8</td><td>0.34</td></tr>
<tr><td>9</td><td>0.32</td></tr>
<tr><td>10</td><td>0.31</td></tr>
<tr><td colspan="2">量具再现性和再生性</td><td colspan="2">决定测量系统</td><td rowspan="3"></td></tr>
<tr><td colspan="2">%R&R < 30%</td><td colspan="2">可接受</td></tr>
<tr><td colspan="2">%R&R > 30%</td><td colspan="2">不可接受</td></tr>
</table>

综上所述,从三个方面可以看出气动量仪作为该测量特性的测量设备是合适的:(1) 1:10 经验法则,气动量仪的分辨力为0.000 1,而该测量特性要求的分辨力为0.000 2,符合要求。(2) 极差数值判定,实际测量数据整理后,极差值有5个,符合大于3个的要求。(3) GR&R 判定,GR&R 结果为25.47%,符合小于30%的规格要求。

根据两个测量设备 GR&R 的对比,结合上面的分析,供应商 Kingdom 能清楚地知道如何根据测量特性选择合适的检测设备,并有针对性地检查其他检测设备,确认所有的检测设备都能满足检测特性的要求。

(四) 文件控制

前文中的供应商 KangDa 由于文件控制管理比较混乱,需要受控保存的文件未能保存,从而影响了生产。因此,林肯公司针对 ISO9001(2000)体系中对文件和记录控制的要求,并结合供应商 KangDa 的具体情况进行了相关知识的培训。

1. 文件及记录控制理论基础

根据 ISO9001(2000)的要求,文件及记录控制必须建立程序文件,并严格按照程序文件执行,可见,文件及记录的控制对于一个公司的质量管理是非常重要的。对于文件的控制,ISO9001(2000)要求对以下方面作出规定:(1) 文件发布前得到批准,以确保文件是充分与适用的;(2) 必要时对文件进行评审与更新,并再次批准;(3) 确保文件的更改和现行修订状态得到识别;(4) 确保在使用处可获得适用文件的有关版本;(5) 确保文件保持清晰,易于识别;(6) 确保外来文件得到识别,并控制其分发;(7) 防止作废文件的非预期使用,若因任何原因而保留作废文件,则对这些文件进行适当的标识。对于记录控制,ISO9001(2000)作出如下规定:记录是阐明所取得结果或提供所完成活动的证据的文件;记录虽然是文件,但记录是一种特殊的文件;对于记录控制,必须对记录的标识、储存、保护、检索、保存期限和记录的处置作出规定。

2. 文件记录控制在 KangDa 的具体应用

前文述及供应商 KangDa 因为热处理参数和电镀钝化液这两方面的文件记录丢失,从而错误地选择了热处理参数和钝化液,最终导致不合格产品的产生。林肯公司发现,KangDa 虽已建立了文件及记录控制程序,但是没有清楚地定义哪些文件需要保存,同时对保存周期也没有定义。特别是对于这些外协厂的文件记录,没能很好地控制外来文件,甚至根本就没有定义这些外协厂的文件记录该如何保管,由哪个部门保管。根据 KangDa 的现状,林肯公司制定了一套整改措施,以加强其对文件记录的控制:

(1) 每个部门对自己部门所管理的文件记录列出一份清单,并根据需要制定保存期限。

(2) 质量部门负责重新修订文件及记录控制程序,程序中要加上对外来文件的管理控制。

(3) 质量部门负责整个公司的文件控制,包括新文件发放、受控以及过期文件的回收。

(4) 所有正在使用的有效文件都必须加上文件受控章,公司不允许有未受控的文件在流通使用。质量部门的过程巡检人员不定期抽查文件,以确保所使用的文件都是受控的。

(5) 对于外协厂,一定要求其每次都提供样品试制时的工艺参数,并统一由工程部保管此文件。

通过以上措施,林肯公司希望能改善 KangDa 的文件管理现状,使其能更符合 ISO9001(2000)的要求。

三、改善后效果确认及经验总结

项目小组通过近半年的调查以及供应商的辅导,并结合供应商出现的问题进行有针对性的改善,同时在每次对供应商的访问时都会跟进订单的完成状况,做到有问题早发现早解决,避免到出货前才发现问题。其收效是显著的。表 12 是 2007 年 12 月供应商交货状况的统计。

表 12　中国区供应商准时交货统计表(2007 年 12 月)

供应商名称	要求交货批数	实际交货批数	准时交货率	延迟交货原因
KangDa	11	10	91%	原材料不合格,重新采购周期较长,未能及时获得原材料
Cathay	8	6	75%	NPSM 螺纹不合格 1 批;产品尺寸第三方抽检不合格 1 批
JinYi	7	7	100%	/
Savis	3	2	67%	铸件中心有气孔,质量不合格
Kingdom	6	5	83%	产品订单未能及时安排生产
总计	35	30	86%	

可以看出,供应商交货准时完成率已经有很大幅度的提高,从 45% 提高到了 86%,同时交货质量也明显好转。

林肯公司通过近半年时间,和国内许多机加工供应商进行了充分的合作,获得了一些值得借鉴的经验:

(1) 对供应商进行质量体系审核。在供应商的选择初期,必须到供应商现场进行质量体系审核,而不能仅仅关注投标价格的样品质量。

(2) 对供应商的质量体系给予适当的激励,以确保供应商的质量体系不仅仅停留在书面文件上,流于形式,而是确保其质量体系能够有效运行。

(3) 对供应商的质量进行必要的辅导和支持,如知识上的培训、人员交流等,供应商质量水平的提高不仅对本公司有利,也对供应商有利,对提高中国机械工业的整体质量水平有利,是一个双赢乃至多赢的举措。

(4) 要建立一个供应商质量评估体系,以持续激励供应商改善质量水平,并通过适时监控,对出现的质量问题能够尽早发现、尽早处理。

讨论与思考

1. 供应商(供应链)管理与企业内部管理有何区别? 什么样的企业才有可能实施供应商管理?

2. 实施供应商管理的企业对供应商所使用的管理策略、手段和措施有哪些? 实施供应商管理的企业向供应商输出的主要是什么?

3. 结合本案例,说明企业拥有一定数量的技术性员工的重要性以及稳定技术性员工的意义。

SM 公司供应链管理的实施方案

周卫放　赵建新

案例提要　本案例以 SM 公司为研究对象，以它实施的供应链管理方案为描述主体，从质量目标、部门绩效指标、人员效率、财务指标、管控措施以及实施效果这五个方面来分析评价 SM 公司的供应链管理实施方案。通过对本案例的研究，为同类企业实施供应链管理提供参考。

一、企业的经营概况

SM 公司是香港 M 集团全资附属公司。M 集团于 1975 年在香港成立第一家工厂——HM，经过 30 多年的发展，M 集团目前在亚洲、欧洲和美洲已拥有 19 家子公司。

HM 成立之初只是一个 100 多平方米的小厂，主要从事小商品，如电子表、收音机和塑料制品等的零件和模具制造。到 20 世纪 80 年代，随着计算机技术的快速发展和普及，计算机接口设备的零件需求量大，加上塑料、电子等行业订单纷纷涌至，为 HM 提供了一个发展的台阶。20 世纪 90 年代，有不少国外厂商把生产线搬到国内，订单需求量较大，HM 抓住商机，跟随客户把厂房搬到东莞，于 1991 年建立了 DM，使得 M 集团实现了第一次飞跃。产品范围从原来的电子、塑料扩展为办公自动化设备、IT 设备，并逐渐成为公司的支柱产品，M 集团从此开始了在中国大陆的业务拓展。

如今，M 集团业务涉及模具制造、金属加工、机械组装，业务遍布珠江三角洲及长江三角洲，并在荷兰、捷克和美国建立了子公司。集团员工总数超过 8 000 人，占地面积超过 23 万平方米，在所从事的金属制造业中具有举足轻重的地位。集团总裁 T 先生因此被任命为香港工业总会理事、香港金属制造业协会会长、香港模具协会会长、东莞市及凤岗外商协会副会长和苏州模具工业协会副理事长。

在全球油价不断上涨、劳动力成本不断上升的情况下，M 集团抓住商机，果断决定调整产品结构，于2004年起涉足利润空间较大的汽车行业以及销售前景广阔的平板电视，挑战技术难度，赢得市场。2005年，仅平板电视的金属零件销售就占集团总销售额的40%以上，成功地进入了平板电视金属零件的制造行业，实现了M集团的第二次飞跃。

SM公司于2002年年底在苏州新区枫桥工业园建厂，投资金额1 600万美元，厂房总面积为3万多平方米。SM公司自2003年正式投入生产以来，经营业务已发展成金属模具、金属冲压件的制造以及金属零部件的喷涂、丝印；主要产品领域为OA（办公自动化）设备、IT以及家电类产品的金属零部件的冲压、喷涂、喷粉和丝印；主要客户有佳能、雅玛哈、施乐、健伍、东芝、柯尼卡、罗斯蒂、哈曼等知名企业。这些客户原本就是M集团的客户，出于对M集团的信任，将华东地区的业务交给SM公司。从某种意义上讲，SM公司就是为了配合这些客户在华东地区的业务发展而建立的。有了业务量的保证以及集团公司的支持，SM公司建厂后迅速奠定了在整个华东地区的竞争优势。

近几年来，SM公司业务量增长迅速，2005年销售额达1.04亿元，2006年销售额达1.68亿元，增长幅度达60%；2007年预计销售额达2.35亿元，预计销售增长幅度为40%（见表1）。由于发展前景良好，集团公司多次追加投资金额，购入大量设备，2007年投资额将增加到2 800万美元。

表1　SM公司历年销售额

项目＼年份	2003	2004	2005	2006	2007（预测）	2008（预测）
销售额（万元RMB）	1 350	6 200	10 485	16 800	23 500	35 000
增长比例（%）	-	359.26%	69.11%	60.23%	39.88%	48.94%

资料来源：SM公司市场部。

为配合集团公司的战略调整，SM公司在保证OA和IT领域竞争优势的基础上，于2005年开始涉足汽车产品零部件和平板电视的零部件生产。目前，已成功开发西门子、BDT、威廉姆斯、莱顿、弗吉亚等多个汽车零部件客户和夏普、冠杰等平板电视生产商。经过多年努力，SM公司已确立了自己的品牌知名度，并于2003年通过了ISO9001:2000质量管理体系认证，2004年被评为重合同守信用企业，2002年至2005年连续荣获明星华资企业称号。公司为了能立足于汽车行业，于2007年10月开始了TS16949的认证。

为谋求在苏州地区的长期发展，M集团于2006年年初在苏州高新区浒墅关国际模具城购买了 100 亩地，准备建造 10 万平方米的新厂房，使 SM 公司跃上一个新台阶。

二、SM 公司组织架构及业务流程

SM 公司和 M 集团其他各子公司一样实行总经理负责制，财务上自负盈亏，客户自行开发。但集团内各厂会相互介绍客户，虽然没有明确规定，只是考虑到运费、退换货、分选、返工等多方面因素，基本上客户开发还是按区域划分，如果客户有其他区域的业务则会介绍到相关区域的子公司去。例如，华东地区的业务由 SM 公司负责，其他各子公司如有华东地区客户或客户在华东地区设厂则会介绍给 SM 公司；而华南地区的业务由 DM 负责，东北的业务则由大连子公司负责，依此类推。但也有例外，如 SM 公司开发的长春西门子，即由 SM 公司接单负责，所以对客户的区域划分也只是个大致约定。

在实施供应链管理前，SM 公司总经理下设置五个职能部门和三个生产车间，每个部门（或车间）各设一名部门经理（或车间经理），三个生产车间又统称为生产部。实施供应链管理前 SM 公司的组织架构如图 1 所示：

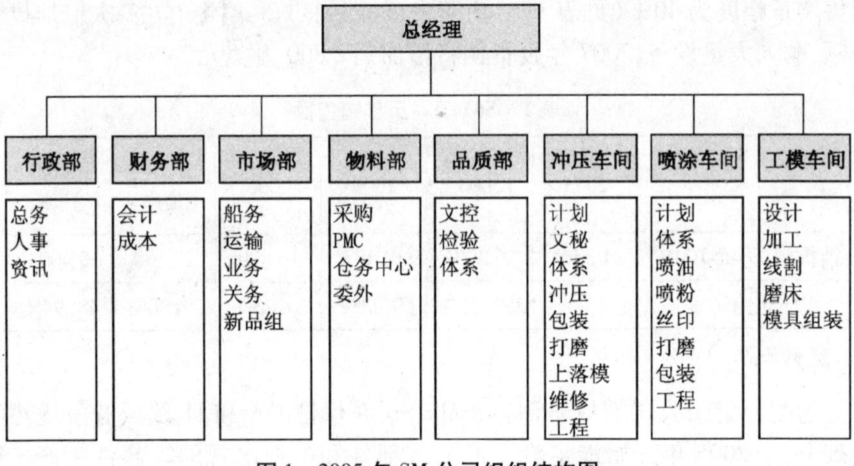

图 1　2005 年 SM 公司组织结构图

资料来源：SM 公司行政部。

三个生产车间中，冲压车间的人员及生产能力都占全厂人数及产能的较大比例。以 2005 年为例，冲压车间生产产品的销售额大约占公司总销售额的 76% 左右（见表 2），其计划执行能力和执行结果对公司的整体运营影响较大。

表2　SM公司2005年销售额分类统计表

类型	季度	第一季度	第二季度	第三季度	第四季度	合计
冲压	销售额(元)	14 446 546	20 795 425	20 945 334	23 844 520	80 031 825
	比例(%)	85.6%	82.5%	72.7%	70.2%	76.3%
模具	销售额(元)	2 424 194	4 405 651	7 850 035	10 136 611	24 816 491
	比例(%)	14.4%	17.5%	27.3%	29.8%	23.7%
合　计		16 870 740	25 201 076	28 795 370	33 981 130	104 848 316

说明：由于喷涂车间于2005年4月才开始试生产，销售额小，可忽略，故不单独统计。
资料来源：SM公司财务部。

如果冲压车间的计划能够紧跟物料计划和出货计划，则整个公司的反应速度将会有很大改善。而喷涂是SM公司的新增业务，业务量较小，所以喷涂车间的计划对公司影响不大。工模车间主要是模具设计和模具制造，虽然销售额也要占到20%以上，但其业务内容比较简单，人员也只占公司总数的6%左右。工模车间的技术含量较高，所以公司让其独立运作，操作方法和另两个车间有所不同。

行政、财务属后勤部门，与工厂的营运相关度不高；品质部虽然与日常运作有着直接关联，但品质部的作用主要是品质保障，也不属于直接的运营部门。其他直接运营部门的主要职能简单描述如下：

市场部：下设船务、运输、业务、关务和新产品小组共五个组别，分别负责：(1) 船务：接收客户订单并制作内部销售订单，制订出货计划，客户对账，申请开票；(2) 运输：安排车辆送货，返程货物运输；(3) 业务：开发新客户，客户关系维护，价格谈判；(4) 关务：报关业务；(5) 新产品小组：新品试模打样。

物料部：下设采购、PMC、仓务中心、委外四个组别，分别负责：(1) 采购：选择、评核及管理供应商，执行采购活动；(2) PMC：制订物料计划并申请购买，制作并下达生产工单；(3) 仓务中心：仓库收发料及日常存储管理，执行盘点；(4) 委外：制订并执行外发计划。

冲压车间：下设计划、生产文秘、体系、冲压、包装、打磨等组别，分别负责：(1) 计划：制订并下达冲压生产计划；(2) 生产文秘：生产工单跟进，损耗确定，补料申请；(3) 体系：制定程序文件并监督执行；(4) 冲压、包装、打磨：完成生产任务。

SM 公司的主要业务流程如图 2 所示:

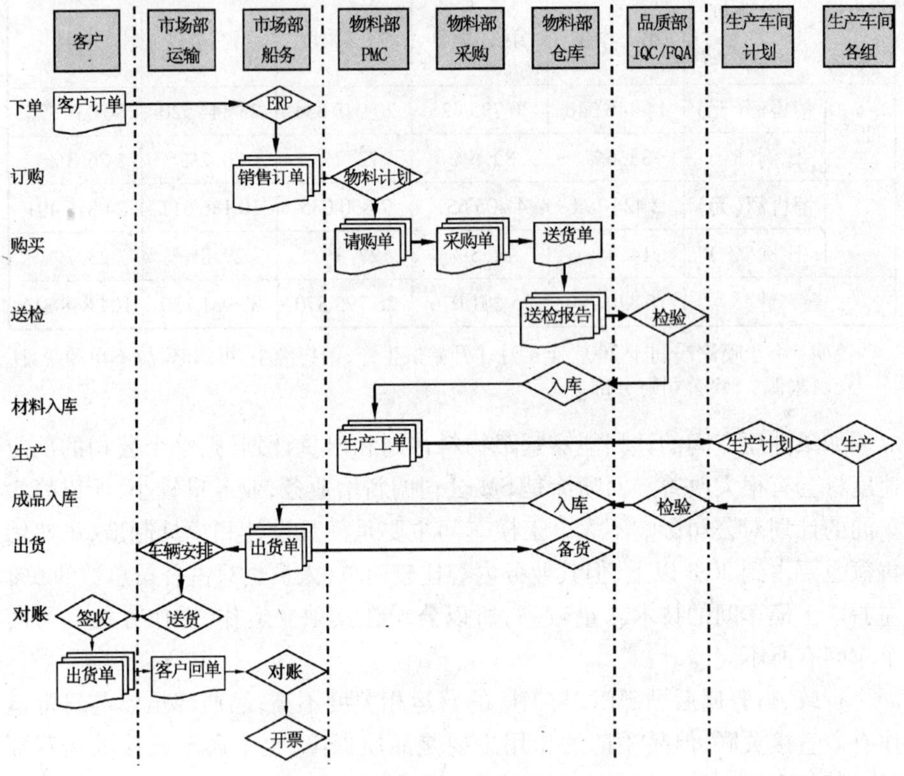

图 2　2005 年 SM 公司业务流程图

资料来源:SM 公司供应链管理部。

(1) 下单:市场部业务与客户谈妥产品和价格,客户下单给市场部船务,船务根据经验放大客户订单数量或提早交期,输入 ERP 系统,生成内部销售订单。

(2) 订购:市场部船务将内部销售订单下达给物料部 PMC,PMC 按 ERP 系统中 BOM 表及库存、在途数量计算所需物料,制作物料请购单,交给物料部采购。

(3) 购买:物料部采购制作采购订单,发给供应商。若是新产品,则需要向两家或两家以上供应商询价。

(4) 送检:物料回厂后,物料部仓务中心原材料仓收货,开具送检报告,通知品质部进料检验(IQC)。

(5) 材料入库:品质部检验合格后,仓务中心更新系统库存,同时通知物料部 PMC。

(6) 工单：物料部 PMC 开具生产工单，下达给生产车间计划组。

(7) 生产：生产车间计划组收到生产工单，按出货日期先后制作生产计划，并下达生产计划；生产车间冲压、包装、打磨各组执行生产计划。

(8) 成品入库：生产出的成品经品质部成品检验（FQA），合格后入库；物料部收到成品，更新系统库存。

(9) 出货：市场部船务制作出货计划，并通知物料部仓库备货，同时通知市场部运输组安排运输车辆。

(10) 对账：市场部运输组送货，将客户回签单据交到船务，船务与客户月底对账，申请开具发票。

在信息化方面，SM 公司于 2003 年启用了金蝶财务软件，首先在财务方面运用系统管理，借助信息系统实现成本核算，大大提高了财务核算的准确率以及财务人员的工作效率。随着业务的发展，SM 公司又于 2004 年引入了用友 ERP 软件，启动了财务会计、管理会计、供应链管理、生产制造等模块（见图 3），全面推行 ERP 系统软件的实施。之后又进行了两次版本升级，为实施管理变革奠定了信息化基础。但在实施供应链管理前，由于组织架构以及职能的设置，供应链管理模块中的销售管理、采购管理、委外管理和库存管理由市场部、物料部分别操作。

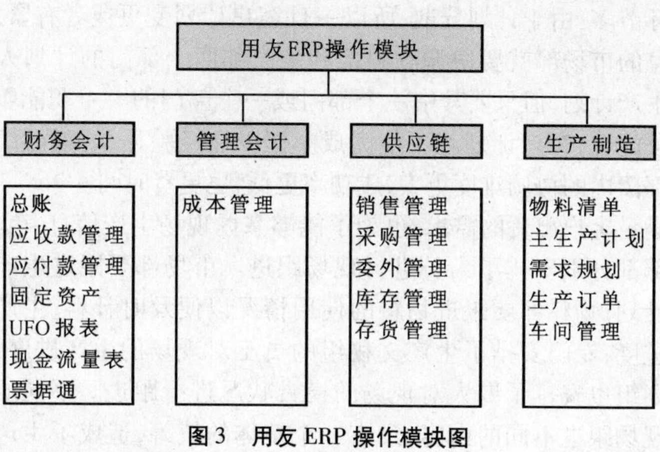

图 3　用友 ERP 操作模块图

资料来源：SM 公司资讯科技部。

三、供应链管理实施前面临的主要问题

上述业务流程全部从 DM 引入，看似规范顺畅，在理想状况下也可以顺利

完成运作,但它当时是根据DM的需求制定的。由于DM客户订单量大、批次少,所以上述流程运作多年来一直没有大的问题,但是它忽略了SM公司小批量、多批次的订单特点,也忽略了华东地区与华南地区商务环境的差异,以致这些流程不能适应近年来华东地区客户不断提升的服务要求。

SM公司经常会收到客户发出的紧急订单,按上述流程,一份订单要经过三个部门的计划才能到达生产现场。一旦客户下达紧急订单,各个部门间的沟通就显得费时费力,很难及时、准确地落实到各个环节。为了满足客户的需求,SM公司不得不花费大量人力一环环跟进,以免中间出现脱节。长期下来,其供应链的多环节沟通、反应不够快捷的缺点就暴露出来了。这些问题具体反映在以下几个方面:

(一)计划与沟通困难

计划分散:物料计划、生产计划、出货计划分别由物料部、生产部和市场部三个不同的部门来负责,各个部门由于在不同的楼层办公(生产部在一楼,市场部在二楼,物料部在三楼),彼此间基本通过电话或电邮沟通,经常发生在电话中争吵或电邮满天飞的现象,而问题没有解决。层层汇报层层落实也使得计划的执行度下降,一旦出货计划调整或生产环节出了问题(例如,模具损坏),其他计划很难马上跟着调整,前后计划的一致性较差。

沟通环节多:由于计划分散,所以一旦客户计划变更或者有紧急订单,收到客户信息的市场部就要协调物料部和生产部两个部门的计划人员调整物料计划或生产计划,但只要其中一个部门或一个部门的一个职能组别出现问题或者无法配合,客户计划就不能完成。据以往经验显示:跨部门的协调往往比同一部门内的协调难度更大,成功率更低,也更费时间。

为了满足客户出货的需求,也为了能够掌握现场生产信息,市场部、物料部和生产部都分别安排了人员进行现场跟进。市场部要跟进生产的进度以便作出货计划;物料部要跟进物料的使用情况以便及时补料;生产部要跟进工单完工进度,专门安排了生产文秘组的员工对现场的生产进度进行跟进;而冲压计划组也安排了专人对现场的模具状况进行跟进。不同的部门或组别在同一现场跟进不同的内容,没有一个整体的统筹,造成了生产现场忙乱的现象,也浪费了大量的人力。

(二)库存失控

市场部接收客户订单,各担当为了使自己负责的客户能够按时获得所需产品,往往会加大订单量,形成内部销售订单,而各人又是按照自己的经验加大订单量,没有一个统一的标准;PMC在开具工单时会根据以往的损耗加大工单量,以避免缺料现象;生产部在生产时也会有意识地多生产一些,以补足生产过程中的不良品,同时也为了应付由于模具问题或其他问题造成的急单。多个环节的计划人员按照自己的意志自由放大订单或工单或实际生产数量,这些工作又是凭各人的经验来做,没有统一的标准,累积下来就造成了库存积压。另一方面,由于市场部和物料部计划人员都是按客户分工的,大家为了各自的需求经常会盯着生产部的计划人员要求调整生产计划,生产计划人员很难判断哪款是真正的急货,有时生产出来的产品放在仓库里,而没生产的又造成欠货,这同样也造成了生产紧张和库存积压。

(三)降低成本的压力

SM 公司的各主要客户均明确提出每年降价的要求,部分客户将降价条款写入合同中。例如,SM 公司最大的客户佳能就明确提出每年降价 7%,并把这作为履行次年供货合同的先决条件。而国家公布的员工最低工资却逐年上升,近两年上升比例加快。为吸引员工,SM 公司制定的员工最低工资每年都会高于国家公布的最低工资标准 50 ~ 100 元,而且每个员工都能享受每年十天的带薪年假。另一方面,SM 公司最重要的生产资料——金属材料却随着市场价不断攀升,几乎每个季度都会调整价格,市场部却不可能每个季度去与客户谈判销售价;在包装材料方面,由于 SM 公司是生产金属零部件的,所以除少量直接出口海外的使用一次性包材外,其余 85% 的产品都使用周转包材,这些周转包材需要客户整理后回收使用。由于客户需对应多个供应商,所以很难配合周转包材的回收工作。市场部在报价时以 40 次周转来分摊包材费用,但实际上几乎所有的内包材都无法回收,部分外包材也只能使用一次,回收率相当低,包材丢失严重。人力成本和物料成本的双重压力使得 SM 公司面临着沉重的成本负担。

(四)客户和供应商众多,管理成本高

由于 SM 公司是一家新建企业,它采取的销售策略是先进入后择优。所以只要有订单就接,没有进行订单评审,也不去和客户谈条件,如起订量、交期等。盲目追求销售额的增加,造成了客户数量不断增长,从 2003 年的 12 家客户增加到 2005 年的 102 家,产成品型号达 975 个,主要原材料有 852 种规格,再加上配件、包材、辅助材料等,总的物料款数超过了 8 000 款,供应商更是超过了 400 家,其中 35% 是客户指定供应商。

经过统计发现,SM 公司 20% 的客户创造了超过 80% 的销售额,另外 80% 的客户只创造了不到 20% 的销售额。这 80% 的小客户却占据了不小的资源,如订单处理成本,处理 100 万元的订单成本和处理 1 万元的订单成本是一样的，要花费同样多的时间和人力，有时小订单由于款数多而造成订单处理成本更大。

（五）员工流失率过高

SM公司的员工大多是外地人，这些员工受结婚、生子或家里老人身体状况或亲戚变换工作地点等因素影响，流失率较高。以2005年为例，平均每月有32人离职，全年离职率高达51%（见表3）。员工年度离职率有多种计算方法，这里采用的是：

$$年度离职率(\%)=\frac{全年离职员工数}{(年初在职员工数+年末在职员工数)/2}\times100\%$$

表3 2005年SM公司员工离职率统计表

项目＼月份	1月	2月	3月	4月	5月	6月	7月	8月	9月	10月	11月	12月	年度
离职员工(个)	19	28	19	39	28	30	53	49	40	24	24	31	384
在职员工(个)	690	717	739	711	709	710	742	768	765	803	817	817	754
离职率(%)	2.75	3.91	2.57	5.49	3.95	4.23	7.14	6.38	5.23	2.99	2.94	3.79	51

资料来源：SM公司行政部。

其中，54%的员工是因为回家，排在离职原因第一位，而由于试用不合格或其他原因遭公司解雇的只占到13%，明细如表4所示：

表4 2005年SM公司员工离职原因统计表

排名	离职原因	人次(个)	比例
1	回家	208	54%
2	身体状况	65	17%
3	试用不合格/公司解雇	50	13%
4	自动解除合同	61	16%
合 计		384	100%

资料来源：SM公司行政部。

（六）重点客户的压力

市场竞争的激烈使得SM公司的客户也面临着成本压力。众所周知，产品售价是由市场价来决定的，客户为了保持自身的利润空间，会将部分成本压力转移到供应商身上。而管理手段的创新以及信息技术的发展，使得供应链上的企业分担风险、共享信息成为可能。在此情况下，SM公司的一些重点客户均提出实施 JIT,以减少自身的库存,加快周转速度。

客户实施 JIT 并不意味着作为供应商的 SM 公司可以降低库存。实施 JIT 的客户均明确要求供应商备库存。例如,佳能提出要供应商备 1 周的库存,以应对它不断调整的生产计划,其他实施 JIT 的客户也提出了备 3 ~7 天库存的要求,而明基更是提出要求供应商备 15 天的库存。这些客户要求供应商每天将库存报表发送过去,一旦报表显示供应商未按要求备库存,会给予处罚。一些新客户,如施乐也在合作初期就重点考察了 SM 公司的 JIT 能力,以此作为选择供应商的重要条件之一。

SM 公司面临的上述问题,使得 SM 公司自 2002 年成立以来一直处于亏损状态。

四、供应链管理的实施方案

SM 公司在 2005 年 7 月决定将供应链管理的实施立项,经过上报集团公司以及与苏州工厂各部门经理的沟通,于 2005 年 9 月正式启动实施项目。公司决定将原市场部所属船务、运输,原物料部所属 PMC、采购、委外和仓务中心,原生产部所属生产计划和生产文秘从各所属部门划分出来,成立新的供应链管理部(Supply Chain Management Department,简称 SCM Dept.),由供应链管理部来具体负责 SM 公司供应链管理的实施。

考虑到公司属于加工企业,受客户影响较大,而且公司自身客户和供应商数量也比较多,物料款数也非常多,经过和公司高层领导的多次沟通,最终确定了整个实施方案分两步走:

第 1 阶段:花一年的时间,整合计划功能,将分散于物料部的物料计划、市场部的出货计划和生产部的生产计划先行整合,以强化计划的功能,减少沟通环节,与客户的供应链相衔接。

第 2 阶段:同样用一年的时间,将采购整合进供应链管理部,与供应商的供应链衔接起来,使供应链管理部能真正协调从采购订单到客户订单的各环节业务,完善供应链的功能,进一步提高效率,降低成本。

明确了实施步骤后,公司决定先成立供应链管理实施专案小组(以下简称专案小组),由供应链管理部 Z 经理担任专案小组组长。专案小组由物料部 PMC、仓务中心,市场部船务,生产车间计划组、生产文秘组共三个部门五个组别的主管组成,吸收了新的供应链管理部涉及的所有职能组别的主管,以便充分考虑各方面因素的影响,并能提早制订解决方案,同时让这些主管能更早地参与到方案的制订与实施中来。专案小组经过近 3 个月的准备,向各部门员工发放调查表收集意见，与上述各组人员个别交流听取想法，与各部门经理多次沟通确定职能与流程，以及每周两次固定的小组会议讨论后，向公司递交了供应链管理第一阶段的实施方案，并召开了供应链管理实施方案发布会，邀请全厂管理人员参加。供应链管理实施方案包括以下内容：

（一）陈述了 SM 公司实施供应链管理的必要性，以取得共识

（1）市场竞争环境的改变；（2）客户需求的变化；（3）成本的压力。

（二）分析了公司面临的内部及外部问题，陈述实施变革的紧迫性

（1）计划功能分散；（2）沟通环节多；（3）库存高，周转慢；（4）呆滞物料比例高，库存结构不合理；（5）连续亏损；（6）客户和供应商数量多，物料款数多。

（三）提出了实施供应链管理的目标

（1）降低成本，提高效率；（2）增加柔性，提高应变能力；（3）加快库存周转，降低库存风险；（4）减少内部沟通环节，强化计划功能。

（四）公布了供应链管理的实施过程

（1）成立方案实施小组；（2）流程整合优化；（3）人员集中培训；（4）成立供应链管理部；（5）各部门职能及人员转移。

（五）公布了实施供应链管理的时间表（见表 5）

（1）注明了各时间段的任务；（2）注明了各项任务的起始时间以及每项任务需要花费的时间。

表 5　SM 公司供应链管理计划实施表

年份	2005 年												2006 年	
月份	9 月				10 月			11 月			12 月		1 月	
项目	1日	9日	10日	30日	10日	20日	30日	10日	20日	30日	14日	15日	28日	29日	1日	10日
成立专案小组																
流程整合优化																
人员集中培训																
人员及职能转移																
供应链管理部成立																

资料来源：SM 公司供应链管理部。

其中，方案宣布了新的供应链管理部将于 2006 年 1 月 1 日正式成立，也对大家关心的人员集中培训的内容以及时间安排作了详尽说明(见图4)。

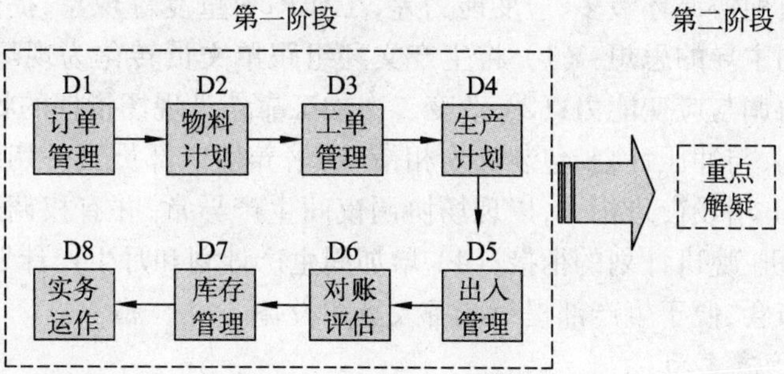

图4　SCM 培训计划图

资料来源：SM 公司供应链管理部。

(六) 提出了实施供应链管理后新增的一些管控措施

1. 在订单管理方面

针对目前物料库存高、呆滞物料比例高、下单频繁、急单插单多的特点,提出以下几点管控措施:(1) 取消内部订单,按客户真实订单数量及交期输入系统,禁止人为放大订单数量或提早交期;每月出具 FCT(销售预测)和 SO(销售订单)以及 SO 和 DO(发货单)两份对照表,与客户确认后修正订单数量,并关闭 FCT。(2) 对发出的商品进行管控,建立客户信用评估机制,设定客户信用额,超信用发货需经 SCM 经理和财务经理共同批准,并提出将发出商品视同库存管理。(3) 试行小订单管理。提出单张订单总量在以下范围之内(见表6)的视作小订单,仍需将客户订单真实数据录入系统,但在开具生产工单时按一定原则放大生产数量(见表7),以减少生产频率,减少上下模次数,降低生产成本,同时也能满足少量换货或补货要求。

表6　小订单范围放大原则

铜料	≤1kg
铝料	≤3kg
不锈钢	≤1.5kg
铁料	≤30kg

表7　工单放大原则

货品类别	放大至(片)
小货(单重小于或等于0.01kg)	500
中货(单重大于或等于0.01kg,小于0.1kg)	200
大货(单重大于或等于0.1kg)	100

资料来源：SM 公司供应链管理部。

2. 在生产计划方面

针对目前协调环节多,应变能力差,工作内容重复等现象,提出以下措施以树立计划主导的思想:(1) 将生产文秘组跟单文员转化为现场计划员,以提高现场协调与应变能力;(2) 改变二次加工靠人员现场指挥的状况,增加二次加工计划,与冲压计划、包装计划相衔接,培养生产部员工一切跟着计划走的观念;(3) 增设夜班担当,以现场协调夜间生产异常,并有权调度人员及设备,实现白班、晚班计划的衔接;(4) 增加周生产计划和月生产计划,并召开生产计划发布会,便于生产部提早准备人员和设备。

3. 在物流方面

树立为内部及外部客户服务的思想,本着配合生产的宗旨,实施以下措施:(1) 改领料制为发料制,增加备料计划,与生产计划衔接,将生产物料提早备好并发放至生产现场,提早做好生产前的物料准备工作;(2) 成立外勤组,将跟车员工转化为外勤人员,并按不同的客户要求分别制订培训计划,固定与客户的对应窗口,提供传送发票、收取汇票等延伸服务。

4. 在其他管理方面

考虑到员工的流动性,以及原有的师傅带徒弟的方式会造成作业不规范,工作适应期长等情况,制定了以下措施:(1) 建立培训机制,实行岗前培训,改变以往传帮带的习惯,规范操作,降低人员流动的风险;(2) 编制重点客户操作指南,以满足客户需求为目标,提供客制化服务;(3) 成立 JIT 实施小组,制订请购、采购、送货、生产操作规则,要求供应商按 JIT 排程交货,以降低原材料库存,同时能配合客户的 JIT 计划。

由于方案公布前已同公司领导有过多次沟通,所以这个方案得到了公司管理层的认可,也得到了参会人员的一致同意。

此方案经过近一年的实施,初见成效,公司决定执行第二阶段的实施计划,并于 2006 年 12 月 1 日正式公布将采购纳入供应链管理部。

经过四个月的观察(中间经过一个春节)以及与各主管的交流,发现采购存在如下问题:(1) 供应商多且分散,至 2006 年 12 月供应商已超过了 600 家,部分供应商业务量较小。(2) 材料供应商受金属市场价格波动影响,经常提出价格调整,而包材类和辅材类供应商自引入后不管其业务量大小均未有过价格调整。(3) 采购内部职能设置缺乏监管作用,采购员自己寻找供应商,自己调整价格,自己下单,自己管理订单和供应商。(4) 与供应商之间的互动不够,除了下单与对账外,几乎没有什么其他正式的交流。(5) 对供应商每月有评估,但评估结果不足以反映供应商的真实情况,也没有有效利用评估结果。

针对上述问题,供应链管理部于2007年4月1日公布了新的采购组织架构,实现了采购内部监管(组织架构与职能在下文作详细介绍),并且逐步采取了以下措施:(1)对现有供应商进行分类分析,提出将供应商按类别分类整合优化,改变供应商分散、大家都吃不饱的状况;确立重点供应商,培养战略合作伙伴。(2)对整合过后的包材类、辅材类、配件类及委外类供应商提出降价要求。(3)向供应商通报SM公司每一阶段的发展计划及长期规划。(4)改变供应商评估方法,真实反映供应商现状。利用评估结果,每年评选优秀供应商,作为SM公司的长期供应商及新项目优选供应商。(5)每月召开供应商会议,重点检讨品质状况和供应商评估未合格项,公布公司的一些要求及操作流程,听取供应商的意见,实现双方互动。

经过近两年的时间,SM公司的供应链管理实施方案基本按计划完成。

五、供应链管理部的组织架构与职能

成立供应链管理部后,SM公司的组织架构如图5所示:

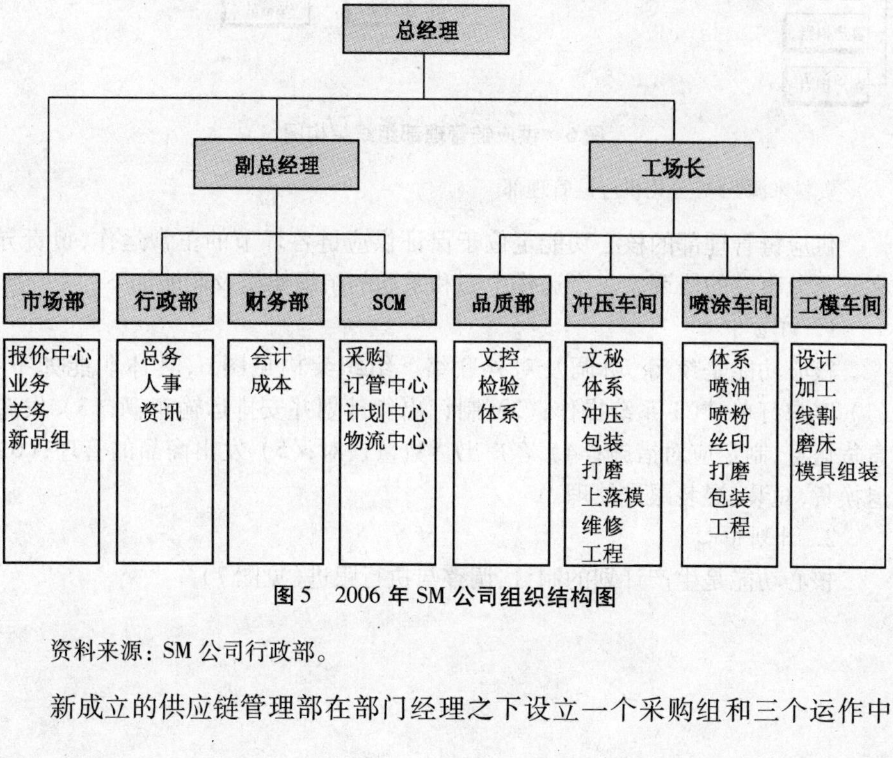

图5　2006年SM公司组织结构图

资料来源:SM公司行政部。

新成立的供应链管理部在部门经理之下设立一个采购组和三个运作中

心，采购组又分设资源、购买、数据和体系四个小组。三个运作中心分别是订单管理中心（简称订管中心）、计划中心和物流中心（见图6）。考虑到每个客户的送货要求不同、下单频率不同，为实现个性化服务，也为了方便员工操作，订管中心实行担当负责制，按客户分工，每位担当配备助理担当一名，以实现人员互为备份。计划中心增设夜班担当，以现场协调夜间生产、调度生产计划。物流中心成立外勤组，并对外勤人员进行专业化培训，以规范客户对应窗口的职能。采购资源组设三名工程师，采购购买则实行担当负责制，按不同供应商分工。

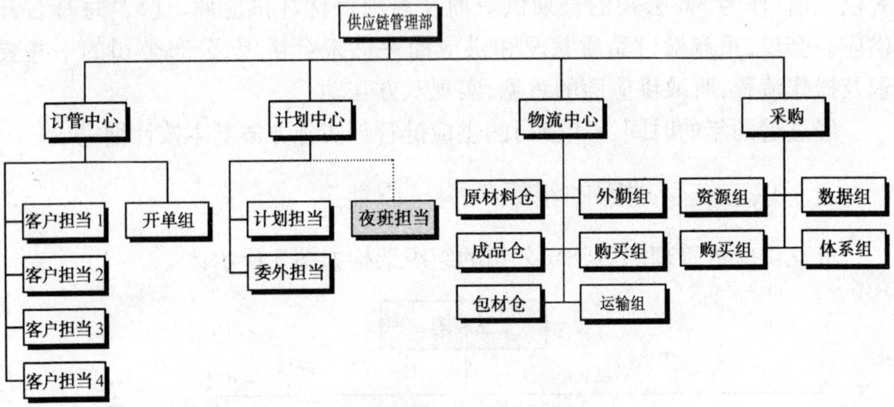

图6　供应链管理部组织架构图

资料来源：SM公司供应链管理部。

供应链管理部的核心功能定位于保证供应链各环节的正常运作，负责异常或紧急事件的协调。三个运作中心和采购的组织架构及职能如下：

1. 订管中心

核心功能是统筹、协调及对外联络。组织架构见图6，具体职能如下：(1) 客户订单、FCT系统操作；(2) 制订出货计划并安排运输车辆；(3) 发布急货信息，制定应对措施；(4) 客户出货数量核对；(5) 发出商品的管理；(6) 退换货，短装、混装跟进处理。

2. 计划中心

核心功能是生产计划的制订、调整与执行跟进（见图7）。

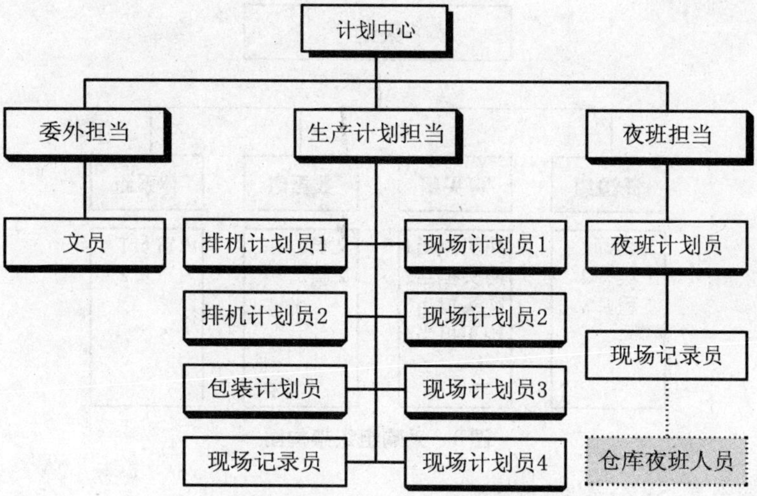

图7　计划中心组织架构图

资料来源：SM公司供应链管理部。

计划中心职能如下：(1) 制订生产计划、二次加工计划、包装计划、委外计划和备料计划；(2) 现场开机率及机台状况记录；(3) 生产工单现场跟进及工单关闭；(4) 生产工单损耗统计分析；(5) 不良料以及损耗的现场确认；(6) 负责夜班生产的安排以及SCM部夜班人员的统一管理及调度。

3. 物流中心

核心功能是物流后勤保障，具体职能如下：(1) 仓库的收发料及库存管理；(2) 原材料、配件的备料；(3) 回收包材整理、清洁；(4) 盘点安排与执行；(5) 送货车辆以及送货人员安排；(6) 返程运输。

4. 采购

核心功能是供应商开发和管理，执行采购活动，控制采购成本。采购改组后分为资源、购买、数据和体系四个小组(见图8)。

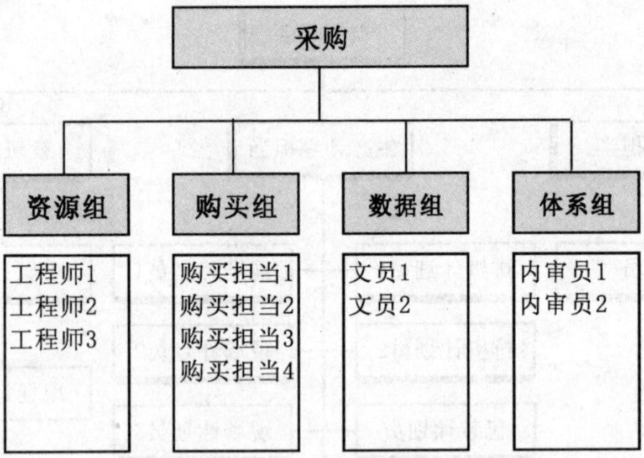

图8　采购组织架构图

资料来源：SM公司供应链管理部。

采购四个组各自的职能如下：

资源组：（1）开发供应商，寻找合适供应商；（2）合同及价格谈判；（3）供应商现场评审；（4）新产品打样送样。

购买组：（1）采购订单下达；（2）物料购买跟进；（3）供应商交期与绩效管理；（4）不良料退换及扣款处理；（5）对账清款。

数据组：（1）报价系统维护；（2）ERP系统维护；（3）采购订单制作及审核；（4）出入库数据更新。

体系组：（1）供应商年度审核计划制订及执行；（2）部门培训计划制订及执行；（3）执行内部稽核。

采购通过上面的内部组织结构调整，实行了内部职能划分与相互监督。

六、供应链管理实施后的绩效分析

为了评价SM公司供应链管理方案的实施结果，在供应链管理部成立时就确定了实施目标并制定了具体的绩效指标。绩效指标共分两类：一类是集团公司统一制定的，列为每个子公司必须达成的质量目标；另一类是SCM为了内部管理及考核员工制定的部门绩效指标。这些指标分配到SCM各组，作为考核各组的KPI指标（见表8）。经过近两年的供应链管理，部分绩效指标有了明显改观。

表 8　SCM 绩效指标列表

指标类型	序号	指标名称	责任组别
质量目标	1	库存控制	SCM 各组
	2	DO 达成率	订管中心
	3	供应商合格率	采购
部门指标	1	呆滞料比例	订管中心
	2	运费比例	物流中心
	3	库存准确率	物流中心
	4	工单达成率	计划中心
	5	生产计划达成率	计划中心
	6	采购成本控制	采购

资料来源：SM 公司供应链管理部。

以下先简要介绍一下这些指标：

（一）质量目标

质量目标由集团公司统一制定，一共有 14 个指标，其中与 SCM 有关的是三个：库存控制、DO 达成率和供应商合格率。

1. 库存控制

由于金属材料的订购周期较长，一般需一个月时间，有些特殊材质的还需要订期货，所以集团公司允许各子公司为完成下个月销售而准备一定数量的库存。这里的库存包括生产产品所必须的原材料以及在制的半成品和已经入库的成品，不包括辅助类材料如包材和配件。集团公司统一制定的库存控制计算公式是：

$$本月库存控制(天)=\frac{上月原材料库存+上月成品库存+上月在制品库存}{本月销售金额/本月天数}$$

集团公司制定的库存控制目标是 23 天，而 SM 公司 2005 年库存控制指标是 31 天，远远超过集团目标。SCM 成立后第一年，库存控制指标就下降到 26 天，虽然仍没有达成目标，但已使全年每月平均库存下降了 5 天，第四季度达到了 19 天（见表 9），对新成立的 SCM 来说很受鼓舞。

表 9　2006 年库存控制指标

指　　标	2005 年度指标	2006 年度指标	2006 第一季度	2006 第二季度	2006 第三季度	2006 第四季度
目标值(天)	23	23	23	23	23	23
库存量控制(天)	31	26	29	31	24	19

资料来源：SM 公司供应链管理部。

2. DO 达成率

DO 达成率是考核客户订单完成情况的指标。DO 是发货单，以实际发货到客户处的数量以及客户所下订单的比值来计算 DO 达成率：

$$\text{DO 达成率}(\%)=\frac{\text{当月实际发货数量}}{\text{当月客户订单数量}}\times 100\%$$

这个指标在 2005 年是 97.4%，在 2006 年是 98.0%（见表 10），虽然只提高了 0.6 个百分点，但可以说明 SM 公司没有因为实施供应链管理而给客户造成长时间不良影响。从表 10 可以看出，这个指标在第二季度起就已达成目标。

表 10　2006 年 DO 达成率

指　　标	2005 年 年度指标	2006 年 年度指标	2006 年 第一季度	2006 年 第二季度	2006 年 第三季度	2006 年 第四季度
目标值(%)	98.0%	98.0%	98.0%	98.0%	98.0%	98.0%
DO 达成率(%)	97.4%	98.0%	94.6%	99.0%	98.7%	99.5%

资料来源：SM 公司供应链管理部。

实施供应链管理后第一季度 DO 达成率偏低，是由于第一季度中间有春节，外地员工都要回家过年，劳务市场上人员短缺，直接影响了生产产能，并影响到出货，每一年的春节都是生产最紧张的时候。

3. 供应商合格率

供应商合格率是考核供应商的一个重要指标，从这个指标可以看出 SM 公司选择的供应商的合格程度：

$$\text{供应商合格率}(\%)=\frac{\text{当月合格供应商数量}}{\text{当月全部供应商数量}}\times 100\%$$

这个指标达成情况一直很好，在实施了供应链管理之后，这个指标在上半年没有达标，主要原因是更改了评估方法。这个指标从第三季度起达到目标值,年度指标也达到了目标值(见表11)。

表11　2006年供应商合格率

指　　标	2006年年度指标	2007年年度指标	2006第一季度	2006第二季度	2006第三季度	2006第四季度
目标值(%)	97.0%	97.0%	97.0%	97.0%	97.0%	97.0%
供应商合格率(%)	99.5%	97.0%	93.9%	95.6%	99.4%	99.1%

资料来源:SM公司供应链管理部。

(二)部门指标

部门绩效指标公司没有明确要求,它是在SCM成立后为了给员工一个明确的目标而制定的。这些指标的制定也是经过了内部讨论,制定时先研究了过去一年的运作,结合一些新的管控措施,认为经过努力是可以达成的,在指标下达时对员工进行了说明和讲解。由于SM公司的供应链管理是分两个阶段进行的,所以部门KPI也是分两个阶段制定的,2006年制定了呆滞料比例、运费比例、库存准确率、工单达成率和生产计划达成率五项指标,2007年又增加了采购成本控制指标。

上述KPI是在公布供应链管理实施方案时一起制定的,实施供应链管理后各项指标达成情况如表12所示。

表12　SCM部门指标达成情况

序号	指标名称	2005年达成	2006年目标	2006年达成	是否达成
1	呆滞料比例	25%	15%	13%	达成
2	运费比例	3.94%	2.50%	1.94%	达成
3	库存准确率	96.83%	98.00%	99.56%	达成
4	工单达成率	60%	65%	55%	未达成
5	生产计划达成率	72.34%	75.00%	76.72%	达成
序号	指标名称	2006年达成	2007年目标	2007年达成	是否达成
1	采购成本控制	73%	68.0%	67%	达成

资料来源:SM公司供应链管理部。

从上述指标达成情况来看,除了工单达成率这一指标外,其余五项指标均已达成。

除此之外，在 SCM 成立的两年间，销售额增长了 157%，但供应链人员却没有增加，2005 年是 112 人，2006 年采购部并入 SCM 后，经过内部岗位调整，供应链管理人员数量下降到了 96 人，人员比例从 13.22% 下降到了 9.31%。2007 年由于业务量的增加，订管中心增加了一组担当/助理担当（2 人），物流中心为配合客户 JIT 需要增加了 9 人，采购通过内部改组，减少了 1 人，计划中心也通过整合减少了 1 人，所以 SCM 总人数仍保持在 105 人，人员比例进一步下降到 7.5%，工作效率不断提高（见表 13）。

表 13　2005～2007 年供应链人员

项目＼年份	2005	2006	2007（预测）
销售额（万元 RMB）	10 485	16 800	23 500
SCM 人员数量（个）	112	96	105
公司总人数（个）	847	1 031	1 400
人员比例	13.22%	9.31%	7.50%

资料来源：SM 公司行政部。

综合上面的分析，可以知道，SM 公司实施供应链管理以来，总体运作情况良好，在订单、计划、物流、采购等方面都有不同程度的改善，人员的工作效率也有了较大幅度提高。

讨论与思考

1. 许多企业都在实施 JIT 或精益生产，就你的经验和体会，在实施 JIT 时怎样克服员工的季节性波动问题？

2. 在实施 SCM 过程中，遇到原材料或产成品价格波动时，特别是遇到通货膨胀或外汇汇率大幅度波动时，应如何处理？

S(苏州)公司的供应链优化

吉浪　陆旦

案例提要　电子制造服务(EMS)是电子产品制造业中常见的生产运营模式。它的突出特点是交货及时和低库存。这一运营模式较好地适应了快速多变的市场需求。本案例对从事电子制造服务的S(苏州)公司的供应链进行了描述,包括供应商管理库存、准时制采购、采购提前期的缩短,并同时改善MRP参数设置和引入闭环的MRP模拟技术等措施。通过这些改善措施的实施,取得了令客户和企业都比较满意的效果。

一、产业背景

(一)产业特征

20世纪70年代初期,当企业界开始提倡企业核心竞争力,商业模式从垂直分工走向垂直整合和水平分工时,电子制造服务(EMS)业务就此拉开了序幕。许多电子制造服务企业在美国应运而生。20世纪末,随着全球制造基地开始向低成本地区转移和更多的原始设备生产商(OEM)聚焦核心业务而把制造业务转向外包,电子制造和设计服务提供商势必在电子产业链中发挥更加重要的作用。同时,随着电子制造服务(EMS)产业在中国的飞速发展,电子制造服务商(EMS)、电子合约制造商(CM)、电子设计制造商(ODM)与品牌厂商(OEM)以及上游元器件供应商之间彼此分工、合作、协同的产业模式在中国已发育成长起来。

原始设备生产商(OEM)是指拥有自己的产品或产品理念,对产品设计和品牌具有所有权的公司。原始设备生产商(OEM)有时会在开发或制造某些产品时将部分电子组件,甚至成品的设计、制造工作外包给电子制造服务商。电子制造服务(EMS)是按照与原始设备生产商(OEM)签订的电子制造服务合同所提供的设计、组装、生产和测试电子零件、组件或者成品的服务的总称。电子制造服务商(EMS)是指那些为原始设备生产商(OEM)提供上述服务的公司。一些电子制造服务商(EMS)专门从事短周期的设计阶段产品原形的制造和测试,有的还提供小、中、大量的生产。电子装配件的原料可以直接从供应商采购、从客户采购或者由客户提供原料进行委托加工。设计服务主要为概念产品开发建议和机械、电气及软件设计辅助。测试服务包含内部电测试、功能测试、环境测试、标准及规范测试以及分析性实验室测试。

据专门从事电子制造服务业研究的市场调查机构的内部报告,2006 年全球电子制造服务的行业总值已超过 2 000 亿美元。电子制造服务商为原始设备生产商,如思科、戴尔、爱立信、摩托罗拉、微软等企业提供设计、策划、制造、测试以及物流管理等全套系列服务。这种外包模式是一个复杂的流程,使电子制造服务商可以对项目实施从产品构思、设计、产业化、制造到部署的全过程管理。

(二) 行业竞争关键因素

在电子制造服务行业,原始设备制造商(OEM)客户最关注的是三个方面:质量、交货及时率、成本。及时交货给客户带来的竞争优势包括:

(1) 原始设备制造商(OEM)对终端客户有稳定可靠的交货期,能帮助原始设备制造商提高竞争力,提高客户满意度,同时获得更多的市场份额。

(2) 可靠稳定的可预测的生产计划,带来更低的运营成本和更好的产品质量。

(3) 因为电子制造服务商有很高的交货及时率,原始设备制造商不需要额外准备安全库存来防备因为电子制造服务商不能及时交货的风险,从而进一步降低了供应链的库存总量,也带来了更低的总成本。

同时,能以较低的库存水平来提供较高的交货及时率,又会给电子制造服务商(EMS)带来竞争优势:

(1) 因为电子制造服务商有很高的交货及时率,其也不需要额外准备成品安全库存来满足原始设备生产商预期的交货及时率要求,从而进一步降低了供应链的库存总量,也带来了更低的制造成本。

(2) 库存维持成本更低,其包括更精简的场地面积,更少的仓库管理人员,更少的搬运设备,更少的报废损坏和过时物料,更低的保险费。

(3) 更少的现金占用带来的更好的现金流,使企业有能力更有效率地进一步投资和扩张。企业的现金有获取成本和机会成本。如果企业的大量资金被占用成物料库存,则会降低企业经营效益,从而使企业丧失竞争力。

(4) 当企业有更低的库存成本和更好的现金流时,会使企业处在市场中更有利的竞争地位,从而会获得更多的订单。更多的订单又会给企业带来规模经营下的低运营成本的效应和更强大的对供应商的议价能力，这种优势足以把很多竞争对手远远地抛在后面。

二、S(苏州)公司[1]的基本概况

S公司总部位于美国加州硅谷，是一家高科技电子制造服务公司。它主要致力于高科技电子设备的装配、测试及系统集成，产品广泛应用于电脑资讯、网络通信、半导体工艺、医疗以及航空导航等领域。其主要客户包括众多国际知名高科技电子设备生产商，计150余家。

公司自1977年创立以来，一直以其高质量产品及管理技术服务于客户，并于1991年及1997年两次荣获美国总统颁赠之美国国家最高品质奖，成为唯一在12年内两次获此殊荣的公司。目前，公司已拥有近70个生产基地及分公司，足迹遍及中国、马来西亚、日本、美国、墨西哥、巴西、英国、法国、德国、瑞典、罗马尼亚和澳大利亚等国家和地区。2001财政年度公司营业收入达187亿美元，成为《财富》杂志评选出的“全美最佳公司”之一。

公司为适应其客户在亚太区业务的扩展，于1996年3月在苏州工业园区成立了独资子公司。S公司本着成为世界一流高科技电子制造与研发公司之宗旨，一直致力于电脑、电脑周边设备及通信与网络系统产品的印刷线路板及整机组装测试和销售，并不断投入资金用于厂房建设、高科技生产设备购置及新员工培训。至2006年6月，公司已有员工5 600余名，SMT生产线40余条，成为华东地区重要的电子生产基地。苏州也成为该公司中国区总部所在地。

S公司内部的运营目标不仅包含传统的财务指标，还包括与客户满意度息息相关的运营指标(如交货及时率、客户收货检验次品率等)，并在每个月进行客户满意度调查，以期达到客户、投资者、管理层和员工都满意的运营成果。

S公司的管理层在每周固定的时间会和项目经理及其团队进行项目评审。不但对本财季运营结果进行审核，还对下一财季的运营指标进行推测，同时采取各种措施来化解运营风险。

除此之外，管理层还定期(每月或每季度)和客户召开项目评审会，倾听客户的声音。

---

[1] 下文直接称为S公司。

三、S 项目简介

S 项目的客户是一家国际知名的名列财富 500 强的跨国公司，其在工业化领域、电力输送和工业控制产品领域位于全球领先地位，其产品主要包括电气开关、变频控制器、可编程逻辑控制器、触摸屏控制器、电气计量仪表等。为了保持公司在成本上的竞争力，公司实施了合并 EMS 服务商的策略，即从原来的由 10 多家小规模 EMS 服务商完成电子线路板组件的制造整合为由两个在 EMS 行业排前 5 位的跨国 EMS 企业来提供制造服务。与此同时，S 公司乘 EMS 供应商整合之机，将电子电路板组件的生产地点从西欧和日本等高成本国家向东欧和东南亚低成本国家转移。由此，迅速降低了采购成本，同时也大大降低了对 EMS 供应商的管理成本。但是，这给供应链管理带来了新的课题，即如何优化供应链来提高交货及时率，同时减低库存压力。

S 项目在苏州生产的电路板组件，根据用途分为 16 个系列总计 200 多个不同的产品，来满足 S 公司在中国、日本、韩国、法国、美国等子公司组装工厂的需要。制造这些产品所用的元器件达 2 500 多种，供应商达 300 家。

S 项目的业务量占 S 公司 20% 的年营业额，该项目给公司带来的年营业额超过 2 亿美元。该客户对 S 项目一直徘徊在 40% 左右的交货及时率非常不满意，并向企业的高层管理人员发出警告："如果这种状况不能得到及时扭转，将会把该项目转移给企业的竞争者。"

2006 年 9 月，该项目的月营业额为 122 万美元，交货及时率仅为 48%（见表 17）。年库存周转次数仅为 5. 19 次，库存金额高达 400 万美元，DOS 达到 86 天。这种状况对客户造成了不良的影响：(1) 由于不能及时交货，多次造成客户的生产线由于缺少电子线路板组件而停顿，给客户带来直接经济损失，同时，使客户的终端客户流失。(2) 原料库存量高，客户需要承担的库存费用也就比较高，因此客户投诉到 EMS 全球项目总监，要求企业采取措施改善这种状况。

S 项目存在的问题不但反映在 OTD 指标上，还反映在每月的客户满意度调查结果上。而 S 项目的客户是全球性客户，即其在全球不同的地区和 S 公司有密切的业务往来。年交易金额达到 20 亿美元之巨。如果失去这样的大客户，不仅会拖累公司的财务指标，还会在业界造成不好的影响。因此，公司管理层决定开展供应链优化项目。

表 1　2006 年 9 月项目运营指标统计表

2006 年 9 月项目指标报告（选载）		
项　目	单　位	数　值
营业额	万美元	122
物料成本	万美元	*
供应链成本	万美元	*
生产成本	万美元	*
税前利润率	%	*
库存金额	万美元	401.39
年库存周转	次	5.19
库存天数	天	86
交货及时率	%	48

* 财务数据保密

四、S 项目的供应链分析

2006 年 9 月，公司首先成立了以提升交货及时率为目标的优化团队。团队成员由项目经理 Ray、物料经理、供应链专员、物料计划员、生产计划员组成。以客户期望的交货及时率 95% 和 DOS 降到 30 天为改善目标。

（一）对交货及时率的分析

优化团队首先收集了 2006 年 9 月所有客户订单的完成情况数据，并针对每一个未能按期交货的订单分析原因。再对原因进行量化分析（见表 2）。

表 2　2006 年 9 月项目交货及时率分析表

S 客户	总订单行数	及时交货的订单行数	延迟交货的订单行数	预测订单流程			供应链流程			生产流程				物流流程	
				不满足提前期的订单	信息系统问题（Fax，mail，EDI…）	预测的差异（需求管理）	供应商未按期交货（可靠性）	其他缺料（灵活性）	原料质量问题	产能问题	计划拖延	产品不合格	物料过度损耗	货运延迟	仓库问题
A 系列	18	18	0												
B 系列	32	27	5			3					1		1		
C 系列	45	15	30				3	26				1			
D 系列	106	37	69			5	10	50	3					1	
Total	201	97	104	0	0	8	13	76	3	0	1	1	1	1	0
		48%	52%	0%	0%	8%	13%	73%	3%	0%	1%	1%	1%	1%	0%

未能按期交货的原因可归纳为四个类别：

1. 来源于预测订单流程

包括不满足提前期的订单、信息系统问题和预测差异。不满足交货提前期的订单是指客户下达采购订单的日期与要求的交货日期之间的间隔小于约定的订单提前期。在该项目中，约定的采购提前期为20个工作日，即一个月。信息系统问题是指由于信息系统故障导致电子制造服务企业未能及时收到客户的预测、订单等而造成的信息缺失。预测差异是指客户预测的精度低于所约定的指标。通常这个指标也是客户对电子制造服务企业灵活性的要求。在本项目中，客户要求为：当月 +/-0%，次月 +/-15%，接下来的月份分别为 +/-25%，+/-35%，+/-100%。

2. 来源于供应链流程

包括供应商未按期交货、其他缺料、原料质量问题等。供应商未按期交货是指企业按期下达订单后，供应商已确认订单并承诺了交货期，但最终没能按期交货。其他缺料是指企业由于客户需求变化后，供应链不能满足这些调整引起的缺料。原料质量问题是指在企业中从进货检验直到成品质量检查所发现的由于原料供应商生产流程管理问题而导致物料不符合规格要求的情况。

3. 来源于生产流程

包括产能瓶颈冲突、生产计划拖延、制程中产品不合格、物料过度损耗。产能瓶颈冲突是指由于某项生产设备或者工作中心的生产能力不足，造成未按期交货。生产计划拖延是指由于其他产品的生产中出现意外状况而致使本产品不能按期生产。物料过度损耗是指在生产过程中实际物料损耗超过了物料清单规定的数量而造成缺料，一般情况下是由于设备调试不当或者操作不当引起的。

4. 来源于物流流程

这是指由于货运过程中发生延迟或者仓库发生货损等原因导致不能按期交货。

从上面的数据中我们可以得到如下信息：预测订单流程问题占8%。供应链问题占总问题的88%，其中，供应商未能按期交货的影响也达13%。原料的质量问题也较为严重。所以确定了聚焦供应链改善的战略方向。

（二）对客户端的预测和订单管理流程进行分析和改善

针对存在预测差异的项目，与客户一起分析诊断预测和需求管理流程（见表3）。

表 3　客户需求预测和订单管理流程分析

		调　整　前	
	产品系列	B 系列	D 系列
客户预测和订单	国际/国内需求	国际和国内	国内
	需求来源(内部/外部)	内部	外部
	频率	每月	每月
	期段	10 个月	10 个月
	预测时段	月	月
	灵活性	无规定	无规定
	订单提前期	2 周	2 周
	制造提前期	1 周	1 周
	运输提前期	0.5 周	0.5 周
	订单和预测的评审周期	每月	每月
	系统运算逻辑	纯预测	纯预测
安全库存	数量	固定数量	固定数量
	调整周期	1 季度	1 季度
产　能		3 倍余量	3 倍余量
对 EMS 的预测和订单	频率	每月	每月
	期段	10 个月	10 个月
	预测时段	月	月
	灵活性	有约定	有约定
	订单提前期	4 周	4 周
	制造提前期	1 周	1 周
	运输提前期	1 天	1 天

研究发现,客户的预测和订单管理中有如下问题:

(1) 客户对 B 产品和 D 产品进行预测和预测评估的频率偏低。预测频率仅为每月一次。而以该产品为原料的最终成品的终端客户订单提前期仅为 2 周。由此可见,在当月中,终端客户订单量的变化没有被及时地反映到对电子制造服务商的需求中去,从而延迟了供应链对这种需求变化的反应速度。

(2) 客户端的 MRP 运算逻辑为纯预测,即在同时存在订单和销售预测的时候,系统仅仅将销售预测作为成品需求量。在当前订单量超过预测时,则会出现系统逻辑错误,忽略了这些超过原来预测的订单。

(3) 客户端的安全库存为固定数量的库存。系统参数的更新期间隔为每个季度,这样就会造成安全库存和实际需求的脱节。例如,原来每月需求为 500 单位,安全库存为半个月需求,即 250 单位,相应的灵活性为 250/500 =

50%。后来由于市场促销,每月需求为2 000单位。但是由于安全库存系统参数更新间隔为每个季度,则相应的安全库存没有调整,导致灵活性仅为250/2 000=12.5%,其仅为原来的灵活性的四分之一。

针对以上几个方面,在客户端进行了以下的改善(见表4):

表4　客户需求预测和订单管理流程改善

		调整前		调整后	
	产品系列	B系列	D系列	B系列	D系列
客户预测和订单	国际/国内需求	国际和国内	国内	国际和国内	国内
	需求来源(内部/外部)	内部	外部	内部	外部
	频率	每月	每月	每月	每月
	期段	10个月	10个月	10个月	10个月
	预测时段	月	月	周	周
	灵活性	无规定	无规定	无规定	无规定
	订单提前期	2周	2周	2周	2周
	制造提前期	1周	1周	1周	1周
	运输提前期	0.5周	0.5周	0.5周	0.5周
	订单和预测的评审周期	每月	每月	每周	每周
	系统运算逻辑	纯预测	纯预测	预测和订单	预测和订单
安全库存	数量	固定数量	固定数量	动态数量	动态数量
	调整周期	1季度	1季度	每周	每周
产能		3倍余量	3倍余量	3倍余量	3倍余量
对EMS的预测和订单	频率	每月	每月	每周	每周
	期段	10个月	10个月	10个月	10个月
	预测时段	月	月	周	周
	灵活性	有约定	有约定	有约定	有约定
	订单提前期	4周	4周	4周	4周
	制造提前期	1周	1周	1周	1周
	运输提前期	1天	1天	1天	1天
	订单和预测的评审周期	每月	每月	每周	每周

第一,客户对B产品和D产品进行预测和预测评估的频率调整到每周1次。即在每周的MRP后将更新的预测重新发布给电子制造服务商,使电子制造服务商尽快将更新的需求通过在线的需求共享网站发布给元件供应商。从而,元件供应商可以每周及时根据客户的需求变化来调整他们的采购、生产和物流环节来满足及时交货的要求。而原来,这些工作要等到1个月以后

才接到指令，往往已经来不及了。

第二，将客户端的 MRP 运算逻辑优化为条件型算法，即在同时存在订单和销售预测的时候，当期段内订单总量小于销售预测时仅考虑预测，当期段内订单总量大于销售预测时仅考虑订单。这样一来，系统在每周进行 MRP 运算时，对超过预测的订单作出反应。而这个信息也会在每周发送给电子制造服务商的预测中得到反映。

第三，将客户端的安全库存优化为比例库存，其设定值为（过去一个月实际需求量＋本月计算需求量）/4，即相当于 50% 的灵活性。其优点是安全库存紧跟需求变化进行调整。避免了由于需求的急剧上升或者下降造成安全库存不足或者过多的情况，同时又保证了灵活性。

通过以上的优化，在接下来的几个月彻底杜绝了预测差异导致的延迟交货，取得实效。

（三）对供应链流程进行分析和改善

针对其他缺料的情况，对其供应商的订单提前期的分布进行分析（见表 5）。

表 5　针对其他缺料状况的提前期分布分析

提　前　期	缺料次数	比　例
1～20 个工作日	0	0.0%
21～60 个工作日	1	1.3%
61～80 个工作日	9	11.8%
大于 81 个工作日	66	86.8%
VMI	0	0.0%
JIT	0	0.0%

从以上分析可以得出：

提前期与缺料概率呈正相关趋势。大于 81 天提前期的元器件在缺料中所占比例最大。而且提前期越长的元件，对供应链灵活性的影响就越大。在采用 VMI 与 JIT 采购方式的元器件和提前期小于 20 天的元器件中，没有发生缺料的情形。所以，需要将供应商管理的目标方向调整为：缩短订单提前期，目标值为小于 20 天，同时，建立全面的信息平台和物流平台，支持 VMI 和 JIT 采购模式的推广。

为此，从 ERP 系统中导出了所有元器件的提前期数据，并进行分布分析，如表 6 所示。

表6　采购提前期分布分析

订货提前期	2006年9月	比　例
1～20个工作日	227	11.2%
21～60个工作日	1 353	66.6%
61～80个工作日	266	13.1%
大于81个工作日	187	9.2%
VMI元器件个数	19	0.9%
JIT元器件个数	125	6.1%
VMI采购额(美元)	152 000	
VMI采购额占比	14.5%	
每月订单数	4 326	
供应商总数	362	
元器件总数	2 033	

借助上面的数据,可以看出:(1) VMI和JIT供货的元器件比例很低,仅为7%。(2) 供应商的订货提前期普遍较长,大于4周的占89%。(3) 供应商总数很多,每月平均每个元件订货2.12次。

为了改善供应链的灵活性,同时又不增加库存成本,公司摒弃了全面实施安全库存的建议,把工作的中心放在供应商管理和供应链整合上。

1. 大力缩短订单提前期,目标为20个工作日内

因为目前客户的订单提前期为20个工作日,如果将供应商的订单提前期也缩短到20个工作日,则供应链的灵活性将得到很大的提升。具体采取的措施如下:

(1) 改善对供应商的需求和预测信息的共享。从对供应商的问卷调查中发现,供应商普遍反映对公司的需求和预测缺乏透明度。原因是公司仅在向供应商要求报价的时候提供全年的需求预测。之后,根据订单提前期下订单采购,往往造成供应商原料准备不足,但是他们又不敢准备太多的原料,因为供应商担心工程更改会使原料被替代。因此,公司将原来给JIT和VMI供应商使用的需求信息共享系统作了调整,使其能够兼容普通订单采购的需求预测发布,并给每个供应商提供专用的账号密码和系统使用的培训。通过这个改进,有400多个供应商做到了提前期缩短到20个工作日。

(2) 针对提前期超过60个工作日且业务量不足以实施JIT和VMI采购的供应商,派遣供应链专家和精益生产专家进行流程优化工程研究,帮助他们优化流程,减少环节中的时间浪费,达到缩短提前期的目的。

2. 推广 VMI 采购模式

推广 VMI 的目的是提升供应链的灵活性,特别是提升供应链面对客户需求上升的情况下对需求的满足。在实际工作中,要求供应商具备在 4 小时内根据“拉动信号”要求将货物送达电子制造服务商指定的工厂。在与供应商实施 VMI 采购前,需要双方签订 VMI 合同和 EDI 交易伙伴协议书。同时和 VMI 物流中转站签订三方合作协议。VMI 的具体流程是这样安排的:

(1) 电子制造服务商将 MRP 中的预测的需求通过 EDI 或者电子邮件发送到元件供应商。

(2) 供应商将货物运送到 VMI 物流中转站,同时会收到中转站发出的收货单。

(3) 电子制造服务商每天向 VMI 物流中转站发布“拉动信号”。

(4) VMI 物流中转站根据“拉动信号”准备好物料后向电子制造服务商发出送货通知单。

(5) VMI 物流中转站把货物运送到电子制造服务商指定的工厂。

(6) 电子制造服务商确认收货并发出收货确认通知到 VMI 物流中转站和供应商。此时采购订单也自动生成用来接收“拉动信号”规定数量的货物。同时此订单也被包含在收货确认通知中发给供应商。

(7) 供应商根据收货确认通知开具发票给电子制造服务商。电子制造服务商在协定的付款期给予付款。

(四) 对 MRP 系统设置的改善

(1) 主要是对没有采取 JIT 和 VMI 采购且提前期较长的元器件,根据系统中的 A、B、C 分类,在系统中设定一个动态的检验提前期,一方面保证有足够的时间进行进货检验,另一方面可以有一个动态的库存提前,来保证生产需要的元器件有一定的时间裕量。具体的设置为 A 类元器件 3 天,B 类元器件 1 周,C 类元器件 2 周。同时在采购量的设置中,将 A 类元器件的采购量设为 1 周量,B 类元器件设为 2 周量,C 类元器件设为 1 月量。与原来的设置相比,很大程度上增加了在库的 B 类和 C 类元件的裕量,减少了因此类元件短缺而导致的停产和对交货及时率的影响。同时没有大幅度增加库存,因为昂贵的 A 类元器件的库存量得到了更严格的管理和控制,反而减低了库存。经过这样的调整,每月订单数由原来的 4 300 多条降到 1 900 条。由此,采购人员的工作量和强度也得到了改善,对每个订单的跟踪也更为密切。对于需要提前和推后的订单调整的周期也从原来的 1 周大大缩短为 2 天。

(2) 模拟规划技术引入 MRP 流程中来,将原来的开环 MRP 变成闭环

MRP。具体流程如下：

在收到客户的每周新的需求预测时，不将其直接输入到 MRP 中去，而是把新需求预测输入到专门开发的模拟系统 SPEED 中去。

在 SPEED(迅捷计划)系统中，将新旧需求预测进行比较，确认其是否超过灵活性协定。如果超过，则需要和客户进行进一步确认，以保证数据的有效性。

对系统进行模拟 MRP 计算，针对上涨的需求，找出需要提前交货的订单。此时即要求采购员与供应商确认提前交货的可能性。若供应商确认可以提前交货，则该上涨的需求预测将作为输入 MRP 的数据。

若供应商不能按照需求提前交货，则采购员会在全球现货市场网络中去寻找这些元器件，如果仍然不能采购到这些元件，则会将以上情况通知客户，要求客户将预测调整到建议的可以实现的日期或者取消。这样做的目的在于避免由于某几个元件的短缺而实际导致其他物料的额外库存。

(五) 结果评估

经过一年时间改善措施的落实和供应链团队的努力，到 2007 年 8 月供应链状态有了巨大的改观(见表 7)。

表 7　改善后的供应链采购提前期

订货提前期	2006 年 9 月	比　例	2007 年 8 月	比　例
1~20 个工作日	227	11.2%	1 385	53.6%
21~60 个工作日	1 353	66.6%	1 036	40.1%
61~80 个工作日	266	13.1%	86	3.3%
大于 81 个工作日	187	9.2%	79	3.1%
VMI 元器件个数	19	0.9%	730	28.2%
JIT 元器件个数	125	6.1%	367	14.2%
VMI 采购额(美元)	152 000		1 836 000	
VMI 采购额占比	14.5%		61.0%	
每月订单数	4 326		1 943	
供应商总数	362		218	
元器件总数	2 033		2 586	

通过 VMI 和 JIT 采购的元器件比例从 7% 上升到了 42.4%。

提前期超过 60 个工作日的元器件从 22.3% 降低到 6.4%。

每月订单数下降到一半以下，供应商总数也有所减少。

由此而来的供应链灵活性和可靠性却大大增强。从财务报告来看，在

2007 年 8 月，该项目的月营业额为 350 万美元，交货及时率达 95.2%。年库存周转次数达 11 次，库存仅为 310 万美元，DOS 达到 30 天。整个改善达到了预期的目的。

（六）新的机遇与挑战

随着行业竞争态势的不断发展变化，尤其是电子制造服务业内部的不断兼并和整合，使整个行业的运营模式发生了巨大的变化。其中影响最大的是 2007 年 10 月 1 日处于行业第二的伟创力公司以 36 亿美元对行业第五的 S 公司进行全球收购，又借收购之机，对全球的制造资源进行了进一步的优化，并强化了供应链的垂直整合，即不仅为客户提供电路板组装的服务，还为客户设计和制造进行电路板组装所需要的元器件，如电路板、连接器、金属机械件、塑料件和各种功能模块。利用这种模式，将原来需要对外采购的元器件转为对集团内子公司的采购。这样一来，使整个供应链流程更为透明、可控、高效。内部协同效益能够有效地缩短采购提前期，提高应对供货时间和数量要求的灵活性，同时使公司获取了因制造元器件而带来的额外利润。

因此，合并后的新公司下一步的方向是：对供应链进行垂直整合。相应地，供应链管理指标也需要更新，这些可能的指标是：

（1）内购产品百分比 = 内购元器件种类/总元器件种类 ×100%。

（2）内购产品金额百分比 = 内购元器件金额/总元器件采购金额 ×100%。

（3）内购平均提前期改善 =［1 -（改善后平均提前期/改善前平均提前期）］×100%。

讨论与思考

1. 结合自己的工作实践，你认为 PDCA 循环对供应链改善有意义吗？本案例中，供应链改善小组是怎样运用 PDCA 循环的？

2. 精益化供应链管理（Lean Supply Chain）和零库存的区别和共同点是什么？

3. 除了 VMI 和 JIT，还有哪些供应链改善方法？它们和 VMI、JIT 的共同点、区别和局限性各是什么？

4. 供应链垂直整合的利弊和取得垂直整合成功的关键因素有哪些？新公司整合后会遇到什么问题？请你假设一下。

附录　电子制造服务企业的供应链模式

20世纪70年代初期，当业界开始提倡企业核心竞争力，商业模式从垂直分工走向垂直整合和水平分工时，电子制造服务业务就此拉开了序幕。许多电子制造服务企业在美国应运而生。20世纪末，随着全球的制造基地开始向低成本地区转移和更多的原始设备生产商聚焦核心业务而把制造业务转向外包，电子制造和设计服务提供商势必在电子产业链中发挥更加重要的作用。

针对客户的需求，电子制造服务商所提供的业务模式可分为四个方面：一是在从产品概念到原型机开发过程中帮助客户，这涉及设计、工程服务和整个前端的所有业务；二是传统的电子产品制造；三是履行订单和相关供应链服务，该项服务能及时向客户提供具有成本效益的产品；四是产品回收拆解服务，包括从收到旧机器到最后以符合环保要求的方式把它处理掉的整个过程。

传统的电子产品制造服务中，客户会在项目开始初期向电子制造服务商提供全套的BOM(Bill of Material)，即产品构成物料清单，AVL/AML(Approved Vendor List/Approved Manufacturer List)，即获批准的原料供应商、原料制造商清单，以及全套技术图纸，包含元件图、组装图、电路原理图、测试要求、技术规范和质量接受标准。

电子制造服务商根据BOM(产品构成物料清单)决定需要购买什么样的原材料部件，根据AVL/AML(获批准的原料供应商、原料制造商清单)决定向谁去买，再根据组装图指定工艺流程和测试方法，从而组织生产运营。电子制造服务商依据AVL/AML(获批准的原料供应商、原料制造商清单)向供应商进行询价和交易条件的谈判，并最终决定与供应商的交易条件。对于由客户控制的原料或者由客户控制的供应商的交易条件由原始设备制造商提供并传递给电子制造服务商。这些交易条件包含：价格、交货地点、订货提前期(Purchase L/T)、MOQ(最小订货量)、标准包装量、订单取消提前期、订单改期提前期，以及是否采用VMI(供应商管理库存)模式来供货。至此，电子制造服务商即具备了生产产品的基本信息，而生产数量则取决于客户的订单和滚动预测。

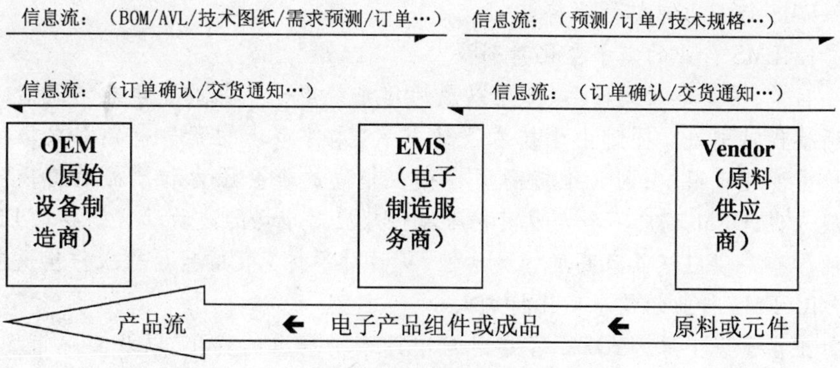

图1　EMS(电子制造服务业)业务模式图

EMS 产业最主要的吸引力在于成本控制，但并非仅仅是削减成本那么简单。通过提供设计、制造、后勤服务及与终端市场的紧密联系，EMS 厂商使 OEM 品牌厂商赢得优势：(1) 原始设备制造商(OEMS)可通过将本身产品的生产制造外包，以此来降低成本、减少员工人数及开支，包括必须为不断更新生产制造流程及设备而作的投资。(2) 原始设备制造商(OEMS)可利用电子制造服务商在生产制造各种产品时所积累的丰富经验，在不同的行业及领域内，运用各种不同的技术。(3) 原始设备制造商(OEMS)能快速提升本身的技术开发能力，强化新产品的推介过程，将供应链与优质的客户服务紧密结合起来，以此来提高自己对客户的支持能力。(4) 原始设备制造商(OEMS)能更好地利用因产品的制造外包而节省的开支及资源，专注于本身的核心业务及强项，如技术创新、市场营销及公司品牌的管理。

经过多年发展，EMS 已从最初的电路板装配进化到全面系统制造、供应商与库存管理，并正在向设计、物流和售后(维修)服务等方向迈进。随着 OEM 公司努力实现差异化，EMS 公司充当 OEM 供应链顾问的角色正在日益增强。

特别是在售后市场服务领域，不论是电信、计算、工业，还是消费市场中的 OEM 公司，他们都希望能在全球各地为其客户提供获得一致性服务，并希望能降低其售后服务环节中的支持服务成本，使越来越多的 EMS 公司涉足其中。

面对产业水平化、科技革新加快、产品生命周期缩短、市场波动加快、价值链分工细化、全球化的挑战，电子制造服务企业应加强其供应链协作能力，创新模式，增强核心竞争力，形成价值链上强有力的一环。

EMS 行业也有其行业特点：

1. EMS 行业的需求变化特别快

目前，民用电子消费品、工业以及通信系统电子产品的竞争非常激烈，且更新换代特别快。同时由于技术飞速发展，元件市场的竞争也异常火爆，元件价格变化也很快，因而维持高库存存在较高的资金压力和产品贬值风险。一般来说，OEM 客户不会大规模积压库存来应对市场的波动。这就要求 EMS 厂商和整个供应链具备高度的灵活性，从而对不断变化的市场需求作出反应。

2. EMS 行业的需求变化特别大

正由于以上原因，OEM 客户对短中期市场需求的变化，以及实际市场需求和原预测的差额将直接被反映到下一期的预测中去，因此加大了预测需求的波动。当前业内一般客户需求波动规则为 0～4 周冻结，5～8 周 +/−15%，9～12 周 +/−25%，13～16 周 +/−35%，17 周后 +/−100%。

3. EMS 行业的供应链供货提前期比较长，而客户端的订单提前期很短

当前，由于电子元件制造业的产业转移，亚太地区的产能偏紧，供应商供货提前期一般比较长。例如，PCB 厂商的供货提前期为 8～12 周，集成电路的供货提前期为 6～24 周。而客户端的订单提前期一般都在 4 周内，这样客户端的提前期和元件供应商的提前期就存在 4～20 周的差异。这就给及时交货带来了很大的困难。

在这种形势下，供应链管理就成为 EMS 企业进行比拼的核心领域。谁能够在低成本下提供更好的服务，谁就会赢得更多的订单，进而获得更大的市场份额来获得生存。这就要求 EMS 优化和整合供应链，提升服务（交货及时率、技术支持……），同时降低成本（供应链成本、制造成本、物流成本……）。

一、EMS 客户端的供应链模式

1. 客户端需求的产生

一般来说，客户端需求产生的来源有两种：来源于市场的独立需求和进一步深加工的相关需求。客户端的独立需求和相关需求通过客户端 MRP 系统的运算，其计算方法将对供应链产生重大影响。对于超过订单提前期的需求将转换成需求预测，一般预测的周期为每周或每月，预测时长取决于元件最长的订货提前期，等于订单提前期需求将直接被转换成订单发给 EMS。

2. 客户端的库存管理策略

在客户端，为了满足和防范终端客户需求的变化，及时抓住商业机会，一般都会根据本行业的特点及季节性变化趋势采取不同的库存策略：

固定数量库存法：这是指制定的额外备用库存数量在一定时间内基本不

变，其主要用来防范需求的非连续性的增加。这种方法比较适合需求波动不大的产品。

比例库存法：这是指制定的额外备用库存数量和实际预计需求成比例关系。这种库存量在计划周期内随时随预计需求变化。这种方法比较适合需求连续性增加或减少的情形。一般制定方法是根据需求波动特性将增加额定为周平均需求的倍数。

HUB支持的拉动需求：这是指EMS根据与客户签订的HUB管理协议向客户提供的供应商管理库存(VMI)的服务。在这种服务模式中，EMS根据预先设定的高低限库存水平并以此为信号在客户不断提货的情形下，合理安排供应量，使HUB库存水平始终维持在高低限之内。一般在这种模式下，货权转移仅发生在客户提货时。

二、EMS内部的供应链模式

在EMS行业，厂商都普遍采用了各种ERP系统来应对行业所独具的大信息量、需求变动大、变化快的特点(见图2)。而厂商将对ERP系统进行不同的参数配置，以达到各自所在的细分市场的战略目标。

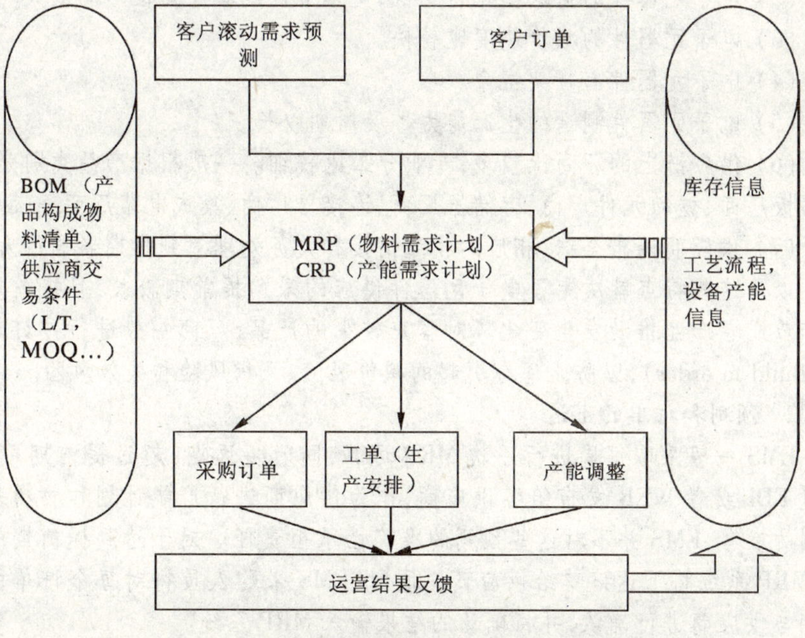

图2　EMS(电子制造服务业)ERP计划模式图

厂商将客户的滚动需求预测和已经收到的订单输入自己的ERP系统，系统将根据客户滚动需求预测和已经收到的订单,对比原料和成品的库存量以及已经下达给供应商的订单数量和交货期,向物料计划人员提供以下信息:

(1) 需要要求供应商提前交货的物料清单,包括物料号码、建议交货的时间和数量。

(2) 需要要求供应商延迟交货的物料清单,包括物料号码、建议交货的时间和数量。

(3) 需要要求供应商取消交货的物料清单,包括物料号码和数量。

(4) 需要下达给供应商的新订单的物料清单,包括物料号码、要求交货的时间和数量。

物料计划人员根据ERP系统提供的信息,开展与供应商的物料计划的改善和调整工作,并不断把最新信息更新到ERP系统中去,让整个组织都能共享信息,并根据这些信息作出更完善的计划,以帮助组织完成目标。

三、EMS供应端的供应链模式

1. 电子元器件供应的特点

(1) 电子元器件规格品种繁多,各品种之间的替换性较差。

(2) 电子元器件的需求变化特别快,受季节性或者产业性影响很大。

(3) 电子元器件的减价速度比较快。

(4) 电子元器件有货架寿命。

(5) 电子元器件制造的生产能力扩展周期较长。

(6) 供应链上的厂商比较多,专业分工比较细。一般根据产品类别分为:电路板厂商、被动元件厂商、存储器厂商、连接器厂商、集成电路厂商等。

(7) 供应商遍布全球,相应的物流衔接和关务处理对到货期影响很大。

以上这些特点就决定了电子元器件供应的采购提前期较长,且提前期会随季节或者产业推动发生变化。对客户较少的产品,厂商一般进行按订单生产(Build to order),以防止库存引起的减价风险、呆货风险和失效风险。

2. 预测和订单的下达

EMS一般采取每周进行一次MRP运算,同时将远期(超过提前期)需求通过EDI或者WEB发布给各供应商,作为供应商进行产能计划和物料采购预测的参考,EMS并不对这些预测的准确性承担责任。对于达到提前期的需求,MRP系统将下达订单给供应商。同时,EMS采购人员将对每个订单的交货期与供应商进行确认,并将确认的结果输入MRP系统。

VMI和JIT的采用,缩短了交货提前期,同时提升了对需求增长的交货响应。

诺基亚苏州工厂的流程改善

夏筱昉　周华明

案例提要　电信设备制造业在经历了高速增长之后，已进入成熟阶段，企业的竞争优势也随之发生变化。诺基亚作为一家领先的通信设备制造商，其生产流程也需要进行相应的调整。本案例描述和记录了2006年上半年诺基亚苏州工厂的流程改善活动过程。

一、背景介绍

诺基亚苏州工厂（以下简称苏州工厂）于1998年落户苏州工业园区，主要生产制造移动通信设备中的基站收发单元。在经历了大约两年时间的运营后，到2000年，苏州工厂逐渐脱离了芬兰母工厂的支持，开始了独立的生产经营。

2001年到2003年的经营中，由于受9·11事件的影响，发达国家市场需求低迷，母公司面临着巨大的赢利压力。成本控制逐渐自上而下地成为全公司关注的热点。生产只供中国国内客户基站收发单元的诺基亚北京工厂因运营成本过高在2004年年中被关闭，相应的机器设备等资源被运至苏州工厂进行整合。

到2005年6月，苏州工厂的整合得以完成。此时，工厂拥有的员工人数达800多人，拥有24小时不停运转的6条SMT全自动生产线，为全球150多家客户供应优质基站产品。产品种类跨越2G和3G技术，包括Talk Family、CT、UltraSite、ConnectSite、MetroSite和FlexiBTS。由于大量设备的涌入，导致工厂厂房拥挤，生产车间物料流向不甚通畅，不利于新生产线的添加，合并并未达到预期的运营成本优化的目的。尽管苏州工厂的生产线数量大幅增加，而产能却没有出现同比例的增长。

2005年以来，随着电信行业的回暖和通信科技进步的加快，电信设备制造商纷纷加速市场份额的扩张竞争，以期获得或保持两位数的营业利润的增长。整个市场伴随着不断涌现的并购整合浪潮，正在经历一场重新洗牌的历程。朗讯携手阿尔卡特、爱立信收购 Maconi，诺基亚、西门子各斥资 50% 组建新公司。全球电信设备供应市场呈现出三足鼎立的新局面。虽然短期内电信市场的分割尚未明朗，但是电信巨头们不约而同的大动作无一例外地暗示出市场竞争日趋白热化。而竞争的焦点之一就是售价。在优化供应链的基础上，谁的运营成本更低，谁就能降低售价来争取更多的订单而不会削减利润。

苏州工厂作为诺基亚全球运营组织的一部分，根据组织内的分工，直接对工厂运营成本负责，并需要承担相应的责任，为诺基亚的全球运营成本控制作出贡献。

另外，苏州工厂的管理层清楚地意识到：苏州工厂将发展成为诺基亚在亚太地区最大的基站设备制造基地，要达成这一战略目标，只有拥有竞争力的运营成本才能使苏州工厂避免重蹈北京工厂的覆辙，实现并保持制造基地的角色。

鉴于运营成本涉及的面相对较广，在对成本报表进行分析之后，管理层决定重点提高生产效率和产品质量，从而减少这方面的成本消耗。管理层将这一目标列入 2005 年下半年和 2006 年上半年的主要工作目标之一，分配给质量部完成。

二、项目目标的确定

受丰田公司的精益生产方法的启发，苏州工厂也专门从生产部的 SMT 线、手工装配线，工程技术部的工业工程小组以及物料部的原材料仓库等各个团队中抽调出骨干力量，由这些团队的带队经理侯文倩、任谷璋、朱杰、王炎等领衔，在工厂质量部门经理 Michael Wood 的领导下成立了一支 40 人的项目团队，在公司管理层的大力支持下，围绕质量改善和流程创新这一思想核心开展创造性的工作。

项目团队在项目初始阶段研究了苏州工厂的当前定位，即苏州工厂是一个纯粹的基站设备制造工厂，面临着严峻的财务成本控制的压力。苏州工厂必须提高自身的经营效率，才能跻身于日益激烈的竞争中。通过 SWOT 分析（见图 1），项目小组界定了项目的目标。项目目标包括以下四个方面：质量良知、流程改进、制造速度和灵活性。

Strengths	Weaknesses
● 技术领先 ● 资源全球化共享 ● 研发支持力强	● 成本控制概念未贯彻 ● 执行上缺乏纪律性 ● 员工质量主人翁意识淡薄
Opportunities	**Threats**
● 总公司全球范围质量竞赛 ● 质量部门重组 ● 亚太地区市场需求增长	● 客户打压售价 ● 产品返修率高于竞争对手 ● 满足客户额外订单的能力较低

图 1　苏州工厂 SWOT 分析图

质量良知旨在通过对员工的宣传教育，全面贯彻质量概念，使员工将自己的工作与广义的质量相挂钩，将质量意识融入到每位员工的工作中去。

流程改进是通过创新思维，对现有的相对成熟且标准化的流程提出质疑，着重挖掘影响效率提高和成本降低的重要环节，提出改善建议并付诸实施。

制造速度是基于现有的产品制造能力、制造技术的水平，在保持现有质量水平的前提下，研究如何减少不必要的时间消耗，从而提高单位时间内的产出率。

灵活性是除了计划、排班的准确性和有效性之外，对原材料供应能力的弹性提出一定的要求，确保对以订单拉动的需求作出灵敏反应的能力高于同类兄弟工厂。

与此同时，项目团队还记录了项目开展之前的相关绩效指标（KPI），并确定了预计达到的程度（见表 1）。

表 1　项目初始状态与目标值

指标	12 月数据	目标值
产能（每月）	8 000	+50%
制造时间（小时）	60.85	<24 hours
在制品库存（千欧元）	5 637	-50%
生产区域面积（平方米）	6 500	-50%
回流焊缺陷值（PPM）	67.5	30
累计一次通过产出率	72%	80%

三、项目实施过程

（一）项目计划与组织

由于项目团队的成员皆来自各个部门的骨干员工，相互之间合作已久，使得项目小组在成立之初便迅速进入角色。另外，工厂管理层为项目提供了充足的支援，更大程度地激发了小组成员的工作热情，很快制订出了项目里程进度表和主项目及分项目计划，并加以实施（见图2）。

该项目由三大部分组成，分别是制造时间的缩短、工厂整体布局调整以及质量概念及指标的贯彻。哪一个子项目出现延误都会直接导致主项目进程的减缓，而且子项目之间相互关联、相互作用，因而项目管理在整个精益生产模式试运行阶段显得尤为重要。

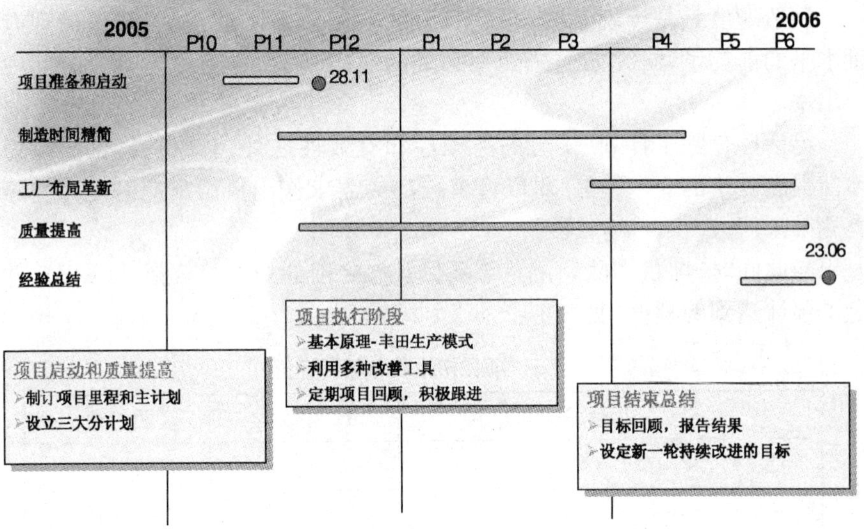

图2　项目实施计划与进度图

管理层的高度重视，加快了项目团队的建立。质量部部门经理 Michael Wood 接受这一目标任务后，生产部、工程部、物料部的部门经理马上推荐了工作能力突出的一线经理侯文倩、任谷璋、朱杰和王炎加入到该项目中去。再由这四位一线经理挑选经验丰富、责任心强且熟悉流程的业务能手，在短短的一周时间内，组成了 SMT、手工装配、产品测试和进料收货 4 个小组，共计

40人。其间,质量控制工程师和工业工程师横向分散到各个小组,帮助各小组成员采用合理的分析方法,采集精确的数据等来更好地开展工作。

Michael Wood在项目启动动员大会上向在场的所有成员宣布了项目的目标和意义,同时也告知了项目的例会制度,即每周项目进程例会,会议记录的记载和归档的规则,强调准时到会的会议纪律以及休假时的工作代理人制度,获得与会成员的普遍认同。

每周项目进程例会由主项目经理Michael Wood主持,各分项目带头人出席,按照既定的议程召开。各个分项目带头人按秩序分别陈述其负责的各项任务在当周的完成进度,一旦进度落后于计划,主项目经理会仔细询问改善措施,了解当前的困难,并列出他需要寻求的来自工厂管理层的支持。会后,除了将会议纪要上传至公司网上文件中心,方便关心项目进展的人员阅览外,项目经理还会把主要情况向项目委员会汇报,并确定提供支持的管理层人员,为受阻的任务提供了足够的推动力。这一方式非常有效地监控项目状态、预警风险、查漏补缺,保证了项目正常健康地推进。

(二)制造时间的缩短

项目组成员通过对生产线整个工艺流程(见图3)的研究,发现半成品的制作及等待时间占整个制造时间的50%以上,可以大幅度缩短。是什么原因使得半成品一直处于等待状态呢?很快,项目组找到了生产流程的瓶颈,ICT测试仪器的产能较SMT生产线和手工组装生产线(HA组装)的产能都低,经常会出现SMT生产线流下的半成品排队等候测试,而手工线往往等着下一批

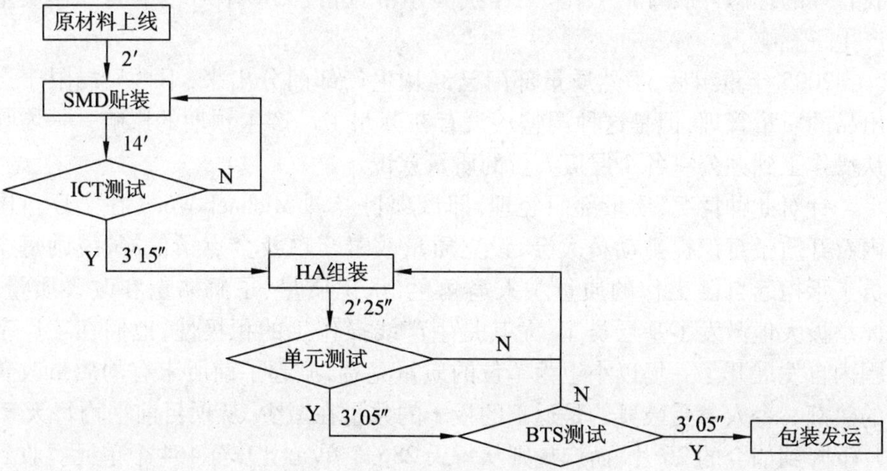

图3　生产制造流程图

半成品上线的问题。面对这种浪费,分项目 SMT 线带队经理侯文倩立即召集经验丰富的 QC 工程师们,采用脑力激荡法,群策群力,探寻解决的方案。

显然,工厂不能通过增加测试设备来缓解测试瓶颈,因为本次项目的目的就是精简,管理层是不会批准额外的投资或费用的。但是项目小组通过群策群力,还是找到了解决的方法。测试仪器经过测试工程师的重新调试,不仅测试能力获得改观,而且测试仪器检修次数减少,停机的时间也相应减少。另外,测试工程师由原来白班、中班两班改为 24 小时轮班待机,即公司专门为测试工程师配备 2 部值班电话。白班时,工程师就在生产线附近的办公区域办公,以便及时检修;中班和晚班时不用再在办公室值班,生产线可以拨打值班手机,值班的测试工程师在接到电话后 20 分钟内赶到并进行维修。人事部会同测试经理还对测试工程师的报酬机制作了适当调整,通过订立顾客服务协定和以顾客满意度为主的绩效衡量,规范了测试工程师的服务意识和态度,也在一定程度上激发了测试工程师的工作热情。

测试的瓶颈解决以后,半成品排队等待测试的现象不复存在,但又冒出了其他问题。SMT 生产线的产能不及手工线,手工装配的员工还是有相当一段时间没事可做,表明整个制造的产能还能更高,单位产品的制造时间可以缩减得更短。SMT 机器的调试工程师大胆对现有的 SMT 运行程序进行修改,使自动流水线和手工装配线的生产能力相平衡,提高了产出率。

(三)质量的加强和贯彻

在母公司“以人为本”企业文化的熏陶下,苏州工厂的各级员工都本着自我管理的理念开展日常工作,工作氛围非常宽松,无形中对员工的工作质量产生了影响。

2005 年重组后,虽然质量部门已经从生产部门分出来,不再只局限于产出品的质量管理,但是这种调整还没有在苏州工厂产生预期的影响——增强从操作工到办公室各个层级人员的质量意识。

针对此种情况,质量部门经理,即该项目经理 Michael Wood 在全厂范围内召开质量意识提升动员大会,设立质量改善奖项及金点子信箱,鼓励每个员工承担起自己工作的质量主人翁角色,认识质量、了解质量和改善质量。此举极大地激发了基层员工,尤其是生产线操作工的积极性,他们在工厂范围内自发展开了一场以小组为单位的质量竞赛,掀起了前所未有的质量改善的热潮。令人备受鼓舞的是返工的板子的数量在减少,从项目前平均每天 57 片下降到如今的 26 片,而产量则从每天 286 个单元上升至 464 个单元。收到的金点子也越来越多,如生产换线时间缩短和原材料缺料模拟报告等都在事后推广到各个兄弟工厂,有不少班组和个人都获得了奖励。

质量的加强和贯彻还充分体现在制造时间缩短的子项目中。测试仪能力的提高不仅对缩短制造时间有很大贡献,也提高了测试工程师的业务水平。同时,SMT工程师通过与欧洲研发工程师的合作,运用鱼骨图的分析方法(见图4),找出程序编排中影响速度的关键因素——贴装程序缺乏灵活性。针对未设定元件间距、卷带槽宽度的公差范围引起的SMT机器报警等待,将相关公差范围定义进程序,然后通过反复调试和改进,终于提高了吸枪的自动识别范围,提高了SMT机器连续不间断工作的能力。另外,SMT工程师们还大胆调整了吸枪工作的速度,从原有的中级上升到高级,加快了吸枪工作的频率,节省了贴装单位板子的时间消耗,从而加快了SMT贴装的速度。

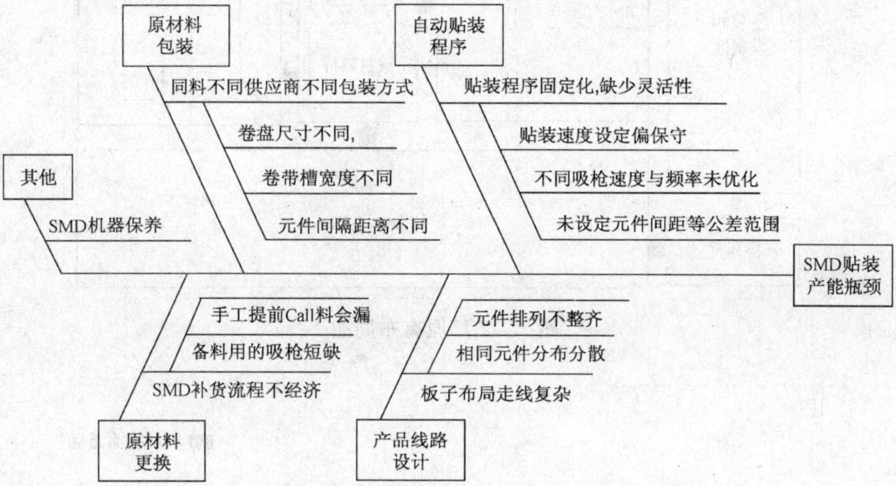

图4　贴装产能的因果分析图

而工程师们也受益匪浅,从中积累了宝贵的经验和掌握了调试技巧,为以后新产品的产出奠定了知识和能力基础。更为关键的一点是,这是苏州工厂第一次真正迈开了创新的步伐。伴随着质量的不断攀升,单位产品的制造成本开始下降。

(四)工厂布局革新

制造时间的缩短相应地引发了对生产制造流程的重新审视和再造。在质量更优、成本更低的指导思想下,项目小组的成员借鉴丰田生产模式,按照物料流向最合理、搬运最省时的流向重新规划了原材料收货仓库、SMT线、手工装配线、成品储藏和发货的位置和区域,削减了在线备用库存的数量和存放的面积,以及在制品的堆放区域面积。通过这些变化,物料的流动不仅路程缩短了,而且需要人工搬运的时间和路程都分别减少到改善前的32%和54%,直接对单位产品制造时间的缩短起到了推动作用。同时,由于人工搬运的减少,也降低了搬运过程的意外和损耗,如物料被砸坏或人员受伤等,也对提高质量提供了良性反馈(见图5、图6)。

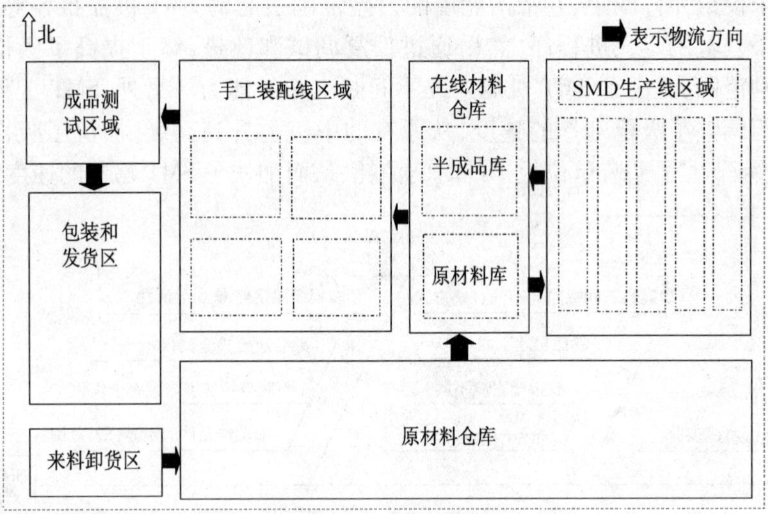

图5　工厂原有布局图

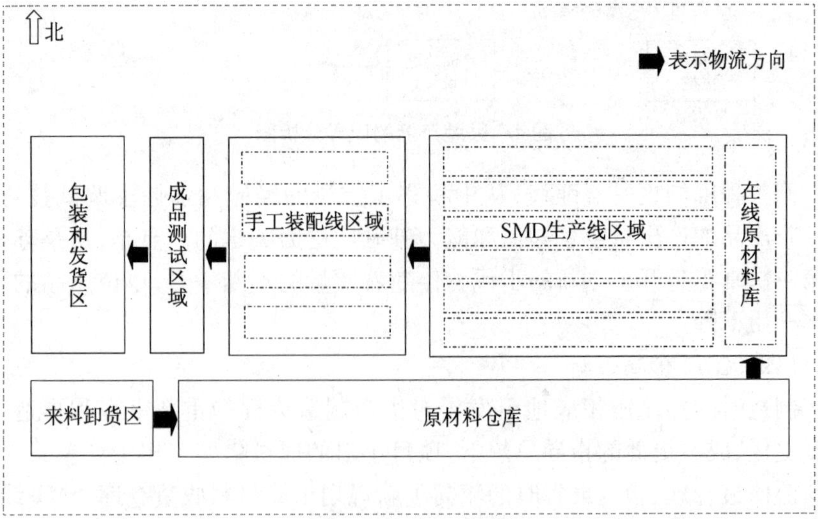

图6　改进后的布局图

四、项目总结

通过全体项目小组成员的不懈努力，三大子项目如期按质量完成。在主项目的经验总结会上，项目小组向项目委员会报告了丰硕的成果（见图7）。

指标	12月（项目前）	6月（项目结束时）	改善幅度
产能（每月）	8 000	13 000	63%
制造时间（小时）	60.85	15.15	75%
在制品库存（千欧元）	5 637	3 199	43%
占地面积（平方米）	6 500	2 900	55%
劳动力（每班）	83	67	24%
回流焊缺陷值（PPM）	67.5	32.7	52%
累计一次通过率	72%	81%	9%

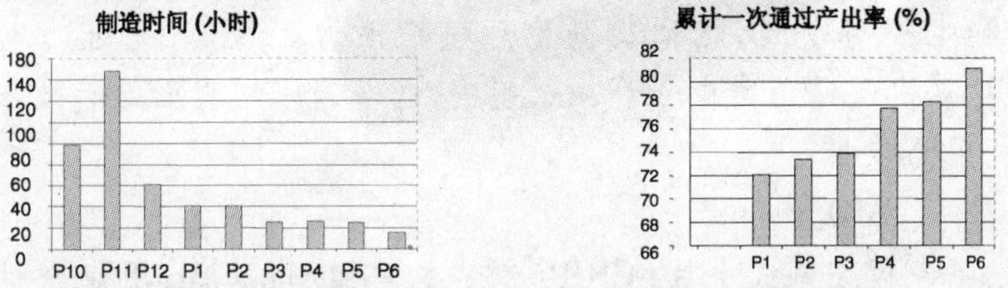

- **将近50万欧元的资产转移给兄弟工厂或预留给下一个新产品，总共节约成本约1 300万欧元**
- **持续改善的目标纳入指标，下达落实给各个业务部门**

图7　项目成果一览

小组成员们表示，与兄弟公司、供应商和合作伙伴分享最优表现开拓了项目小组的视野和思维，管理层的鼎力支持激发了小组成员的自信心，骨干专家组成的跨部门的多功能团队带来了很多新思路，营造了团结一致、众志成城的工作氛围，帮助该项目取得了辉煌的成就，给苏州工厂的发展史添上浓墨重彩的一笔。

讨论与思考

1. 本案例中，诺基亚苏州工厂的流程改善与产业竞争或产业发展阶段有什么关系？其制造流程的关键绩效指标有哪些？

2. 项目团队（多功能团队）的成员构成具有什么特点？本案例中的改善团队是怎样展开工作的？

3. 请你设想一下，项目改善成果的维持中会遇到什么问题？如何维持改善成果？

4. 本案例中，改善过程与全面质量管理中的 PDCA 循环或六西格玛的 DMAIC 过程方法以及 TOC 中的聚焦五步骤有什么不同？你认为有哪些值得改进的地方？为什么？

附录　SMT 生产线介绍

SMT（Surface Mount Technology），SMD（Surface Mount Device）表面贴装技术：一种现代电路板组装技术，是将 SMT 专用电子零件经由焊接媒介（EG：Solder Paste）或接着剂（Adesive）焊接于电路板上的技术。此技术于 20 世纪 60 年代末发展起来。它实现了电子产品组装的小型化、高功能、高可靠性、高密度、低成本和生产自动化，进而提高生产制造能力。目前，先进的电子产品，特别是在计算机及通信类电子产品组装中，已普遍采用表面贴装技术。

SMT 相关用品包括：

1. SMT 零件（SMD）

主要是以陶瓷板切割成小片（CHIP）制成的电阻、电容等，用媒介材料如锡、松香等组成的 SOLDER PASTER 以及热硬化胶（Adhesire）将零件焊接于电路板上。

2. 着装机具（MOUNTER）

（1）中、高速机：可着装一般的 SMD。如 CHIP 电容、电阻、IC 等。

（2）泛用机：可着装异形的 SMD 元件。如接线座，大型 IC，其他异形或大型零件。

（3）印刷机：可将红胶印刷在电路板（PCB）上。

（4）回焊炉：可将红胶（Paste）、锡熔化，松香挥发，将 CHIP 焊接于 PCB 上。

3. SMT 设备的组成

送板机、印刷机、点胶机 、高速机、泛用机、回焊炉、收板机（见图 9）。

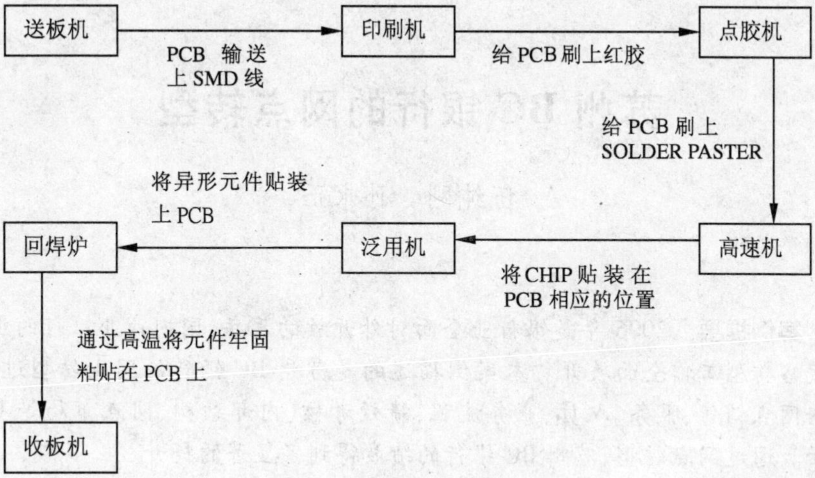
送板机
PCB 输送
上 SMD 线
印刷机
给 PCB 刷上红胶
点胶机
给 PCB 刷上
SOLDER PASTER
高速机
将 CHIP 贴装在
PCB 相应的位置
泛用机
将异形元件贴装
上 PCB
回焊炉
通过高温将元件牢固
粘贴在 PCB 上
收板机

图 8　SMT 生产流程图

苏州 BC 银行的网点转型

伍纯刚　孙永正

案例提要　2006 年是银行业全面对外开放的元年，国内商业银行的上市与战略转型工作全面展开。本案例描述的是苏州 BC 银行的网点转型过程。包括网点销售、服务、人员、业务流程、绩效考核、内部结构、网点布局等七个方面。通过网点转型，苏州 BC 银行的绩效得到了显著的提升。

2007 年 1 月，在苏州 BC 银行年度工作会议上，40 岁出头、年富力强的王行长正神采奕奕地总结 2006 年度重点工作之一的网点转型推进情况。此项工作虽然从思想理念上已初步得到全行的认同与共鸣，围绕网点提升对全行经营的贡献，在推行网点产品多样化销售方面已取得阶段性进展，但对照国外银行先进实践，对照自身工作规划蓝图，差距很大，进展缓慢，这里有银行内部体制机制尚未理顺、也难以理顺的原因，有包括 IT、HR、监管等各类资源投入不足、投入跟不上的原因，更有干部员工自身思维有框框、经验不足、方法欠缺，对既得利益现状缺乏打破的勇气等主观原因，因此，2007 年的网点转型工作进一步深入，更需银行全体干部员工正视不足、正视困难，勇于创新、勇于实践……

一、中国银行业商业化与转型背景

新中国银行业的商业化进程始自 20 世纪 90 年代初，即邓小平南方谈话后，我国开始全面推行社会主义市场经济时期。从那时起，国内银行业主要支柱——工、农、中、建四大银行开始由专业银行向商业银行调整转型，国内银行业进入新一轮大发展。这一时期国家也相应制定、颁布了一系列银行法规，集中的代表是《商业银行法》的颁布。随着市场经济的蓬勃深入发展，面临国内金融业全面对外开放，以及银行业自身竞争广度、深度和力度进一步提升，为了顺应历史潮流、实现可持续发展，国内银行业审时度势，比照国外银行业先进实践，确立了零售业务战略、中间业务战略，并以提升网点渠道贡献为主要路径之一，为此开始了新的转型之路。

二、BC 银行的介绍

截至 2006 年年底，苏州 BC 银行在苏州全市分布 170 家网点，其中，二级支行 104 家、分理处 66 家，就具体经营地域看，170 家网点分布在中心城区的商业街、社区、写字楼、学校或大小乡镇、工业区、港口、风景区等，170 家网点共拥有各类员工 1 300 余人，网点内员工岗位设置主要有网点主任（行长）、副主任（副行长）、客户经理、大堂经理、事中复核、柜员等（见图 1）。

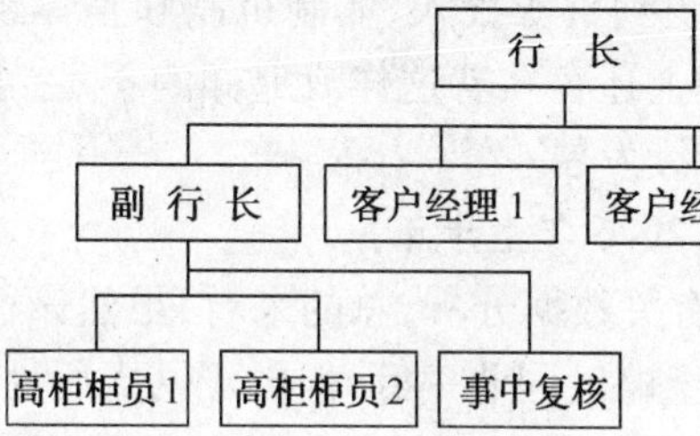

图 1

三、BC 银行的战略与目标

自进入 2000 年以来，苏州 BC 银行总行提出了大力发展零售业务的战略，包括积极发展消费信贷、银行卡业务，随后几年顺应历史发展潮流，又进一步强调发展个人投资理财业务、表外收费业务。零售业务具有低经济资本占用、稳定性好、风险权重低的特点，然而不同于以往的公司业务、企业金融业务，零售业务亦具有面广、量大、线长、点多等特点，对各级银行管理者提出了很高的驾驭能力、统筹能力要求。这里还需要网点作为银行的基本经营渠道与平台，在提高创利能力，提升对全行经营绩效贡献度方面发挥更大的作用。然而，传统的网点在物理条件、人员素质、经营理念、管理体系、销售模式等方面，都与此大方向相距甚远，为此，BC 银行应对新的发展挑战，从上述几个方面深入推进网点转型就成为历史的必然。

四、BC 银行网点经营管理绩效诊断

近年来，苏州 BC 银行根据上级行“大公司、大零售”战略以及“加快个人金融业务战略转型，不断提高对全行利润贡献度”的要求，加快发展、倍增发展以零售负债、零售贷款、个人中间业务、贵宾理财、中银信用卡为五大基本

板块的零售业务，取得了速度与质量、规模与效益和谐发展的良好经营业绩。截至2006年6月末，该行人民币储蓄余额占全行人民币各项存款余额的40.27%，新增占全行人民币各项存款余额新增的30.54%；零售贷款余额占全行人民币信贷资产余额的33.48%，新增占全行人民币信贷资产余额新增的26.94%；零售中间业务净收入4 846万元，占全行各项中间业务收入的22.88%；零售业务净收入42 565万元，占全行净收入的32.50%，比年初提升1.02%。

应该说，在零售业务的快速发展壮大上，作为银行基本经营渠道的网点发挥了举足轻重的作用，然而受到资源投入、体制机制和整体经营管理水平的限制，BC银行网点经营管理上还存在着这样或那样的不足，正在影响和制约该行零售业务快速健康可持续发展。

（一）网点经营数据现状（2006年上半年）

根据人民银行、银监局的有关数据分析，总的来看，虽然该行网点经营绩效在“网均、人均”等效率指标上略胜同业一筹，但由于网点所处市场环境、客户资源、内部人财物投入资源等客观情况不同，以及经营管理能力水平的主观不同，如其他银行一样，该行网点经营发展水平参差不齐。以2006年上半年数据为例：

表1　网点“营业利润”指标项下分布

营业利润指标水平	网点数	占比全部网点
1 000万元以上	1	0.6%
500～1 000万元	7	4.1%
300～500万元	10	5.8%
100～300万元	42	24.7%
50～100万元	40	23.5%
10～50万元	42	24.7%
0～10万元	11	6.4%
0元以下	17	10%

由表1可见，2006年上半年营业利润10万元以下微利或亏损网点占比较大，达到了16.5%，亏损面较大。与此同时，营业利润500万元以上高效益网点占比较小，仅占4.7%。这说明，该行网点目前仍主要为成本中心。

表 2　网点"人均营业利润"指标项下分布

人均利润指标水平	网点数	占比全部网点
100 万元以上	1	0.6%
50～100 万元	8	4.7%
30～50 万元	6	3.5%
10～30 万元	60	35.2%
5～10 万元	39	22.9%
0～5 万元	39	22.9%
0 元以下	17	10%

由表 2 可见,2006 年上半年人均利润 30 万元以下网点占比达 91%,占绝对多数。而同期全行人均利润为 33.9 万元,可以说,网点人均利润水平正在制约该行全行人均利润水平。

表 3　网点"每平米利润"指标项下分布

每平米利润指标水平	网点数	占比全部网点
30 000 元以上	2	1.1%
10 000～30 000 元	9	5.2%
5 000～10 000 元	18	10.5%
1 000～5 000 元	79	46.4%
500～1 000 元	26	15.2%
100～500 元	15	8.8%
0～100 元	4	2.3%
0 元以下	17	10%

该指标是一个快速衡量网点"投入产出"的简易绩效指标,也为国内诸多超市管理所运用。由表 3 可见,2006 年上半年该行网点"每平米利润"在 1 000～5 000 元这一段比较集中,占比达到 46.4%,以此为分野,1 000 元以下达到 36.3%,5 000 元以上则仅占 16.8%。总的来看,这一指标结果不是很理想。

表4　网点“中间业务收入占比”指标项下分布

中间业务收入占比	网点数	占比全部网点
10%以上	9	5.3%
5%～10%	34	20%
1%～5%	119	70%
1%以下	8	4.7%

中间业务收入作为衡量银行网点非利息收入水平的标志，反映着银行网点的综合销售能力。由表4可见，就“中间业务收入占比”这一指标看，2006年上半年该行几乎95%的网点该指标在10%以下，反映了该行网点中间业务类产品综合销售能力整体薄弱。

（二）网点经营数据诊断

这些数据背后反映着BC银行网点经营管理中存在的一些深层次体制机制问题。总的来看，苏州BC银行网点功能定位普遍以交易处理型为主，即网点的主要时间和精力在从事不产生或产生较少价值的存取款服务、简单收付等工作，网点作为客户关系经营维护、复杂金融产品销售的渠道作用、通路功能，并没有得到该行各级管理者的透彻认识和充分发挥。具体来看，目前该行网点经营管理存在以下问题：

（1）网点业务流程普遍以条线管理导向为主进行管理设计，致使员工操作便捷性不足，客户服务界面友好性与外资同业的先进实践相比，有很大差距，从而不但不能给客户提供现代、人性化的服务体验，影响优质客户的忠诚度和推荐率，而且也引起员工的较多抱怨，影响了工作积极性。以网点常见的业务授权为例，据该行总行外聘某著名管理咨询公司2005年6月在该行上海分行部分网点基线调查中发现，该行网点平均有58%的授权，属于10 000元以下的低风险业务，这些授权不仅占用了网点大量的时间、人力，也占用了网点客户的等候时间。相应地，当前银行网点一个突出的问题，就是客户排队现象普遍，特别是到了节假日前夕。

（2）网点员工技能普遍以操作处理为主，即强调计算器、点钞、外汇兑换等动手操作能力，员工服务理念亟待更新，需要从传统意义上的文明优质服务，转向以增强客户体验，有利于销售的营销型服务；员工知识结构亟待优化，需要从传统的了解储蓄、信用卡等知识，转向掌握包括零售贷款知识在内的各类大众理财知识；员工营销技能亟待充实，需要加快学习掌握心理学、消费者行为学以及客户关系管理等方面的一些知识。总的来看,网点销售型员工的数量、质量尚不能匹配较高需求的优质客户。

(3) 网点客户服务受传统服务理念"客户是上帝,只有客户选择银行,没有银行选择客户"的影响,无差异特性还是比较普遍的。然而,不区分客户的无差异服务,已不符合当前的价值取向,优质客户群由于偏弱的服务体验,感受不到银行对其的关注,影响了其对银行的评价,而且这也违反了经济效率原则,高成本的网点柜台人工服务成本没有得到合理的配置。据该行深圳分行 2004 年测算,一笔不产生任何直接收益的标准化取款交易,柜台服务成本每笔高达 10 元,因为需要把网点日常营运费用、人工费用及固定资产折旧都摊进去。

(4) 网点销售拓展普遍以产品为中心,受即期目标和即期利益驱动,产品销售导向远大于客户服务导向,没有从经营客户,获取客户终身价值的角度,围绕客户需求,因人而异地针对性配置产品,从而与先进银行客户关系管理水平存在很大差距。另外,更为突出的问题是,网点实际上真正面向客户用于销售的时间非常有限。据某著名管理咨询公司 2005 年 6 月在上海、南京等地抽样基线调查该行部分网点中发现,绝大部分网点时间花在非面向客户的后台工作上。据统计,网点平均每天只有 11% 的时间用于与零售销售的相关活动,而在此之中,也只有 3% ~4% 的时间用于主动销售。大部分时间用在了低价值活动上,如处理简单的电话咨询、复杂的开户流程等。

(5) 网点绩效管理普遍简单化、粗放化,没有充分认识到渠道的作用,也就没有把应分解到网点的绩效指标充分分解下去。与此同时,由于对网点作用和价值的理解和认知不一,不同管辖支行对网点绩效管理也就各不相同,个性化成分过多,共性成分太少,没有在尊重网点资源能力实际的基础上,实现相对统一规范,影响了该行整体经营意志的贯彻落实和全行一体化经营管理。从宏观绩效管理的角度看,网点考核的指挥棒、风向标作用也就极大地弱化了。

(6) 网点内部格局普遍以银行为中心,即更多考虑了银行服务提供者的方便和要求,而没有从客户角度,设身处地就如何更好地提升或改善客户服务体验出发,进行内部布局设计。而网点以封闭式柜台为主的设计,也是由银行网点传统上以提供存取款服务为主,安全性是第一考虑,标准化服务又不需要与客户进行太多沟通交流而导致的。而这样的"拒人千里之外"的设计,也不利于网点创造销售机会和优质服务维系提升。

(7) 网点网络布局普遍科学性与体系性不足,国民经济、地方经济发展水平是银行业能否取得成果的基础和前提条件，主动适应前者，才有银行健康持续发展的出路。具体到银行网点选址，其精髓之处，就是要善于谋势，要主动贴近贴紧地方政府城镇化建设、工业化建设进度。然而这方面又有一些现实难度，如何评价一个区域的前景，该区域是否实际具备与网点经营匹配的人流、商流、资金流，这需要有一些实际的数据来佐证。然而这样的数据，要么难以取得，要么取得的数据的真实性有待商榷，这就给银行网点选址造成了很大的难度。实际上，目前国内银行有关网点布局的决策，主要依靠直觉和经验，而缺乏可信赖的数据支撑和精确的量化分析。

五、西方商业银行的网点转型

网点转型变革思想的提出，在国内银行界引起了极大的反响和热烈的讨论。事实上，银行网点转型已经成为国际银行业 20 世纪 90 年代以来的一股潮流，并已有不少成功实践与案例。

西方商业银行环境改造中很流行的策略是将网点变成友好的邻家咖啡厅，以提高客户的停留时间和随意舒适感觉。一些银行自己经营咖啡厅。但多数银行都是寻找一个成熟品牌吸引客户和非客户。其中在世界各地有 7 000 多家店的星巴克咖啡厅连锁吸引力最大，邀请星巴克的美国大银行有威尔斯法格、Charter One 以及 Riggs。在英国，Abbey 国民银行与 Costa 咖啡连锁店联姻。另外，许多西方银行在网点认同与超市合作，因为超市人群密集、流动量大。店内网点的优势是成本比传统网点低，实现盈利更快。据估计，2003 年，美国就有 8 100 家店内网点，占全部网点的 10%左右，约 600 家银行在超级市场设有网点，一家名为威尔斯法格的银行自己就有 1 000 家店内网点。

美国的亚特兰蒂斯银行（Atlantico）自 2000 年以来，积极从不同角度推进网点转型再造，包括借鉴零售业态渠道经营管理模式，将传统银行网点改造成为商店式的外观，以吸引客户进入，同时有针对性地配置各类阶段性市场主题活动。截至 2003 年，该行个人信贷业务增长 233%，抵押贷款总额增长 165%，客户满意度提高了 15%，股票增长比整个 Portugal 银行业平均水平高 60%，市场占有率从 2.8% 上升到 6%，可以说，该行网点转型再造工作取得了相当丰硕的成果。

而具有很强的客户服务能力和创新传统的美国华盛顿互助银行（Washington Mutual）更是为网点转型再造倾注了大量心血。该行进行了为期两年的专门调查研究，全面分析掌握了客户对银行网点的偏好，制订了详细可行的转型工作时间表。在实际推进中，他们请曾经设计过迪斯尼主题公园的设计公司，为其改造银行网点，网点大堂经理手持康乃馨欢迎引导客户到适当服务区，并随时解答客户咨询；员工则穿着随意，为客户服务，音乐弥漫网点厅堂，刻意营造出一种开放舒适、便于沟通的环境。更有创意的是，一些网点角落还设有"WaMu 儿童游乐专区"，以服务带小孩的父母。华盛顿互助银行的网点转型再造工作同样得到了巨大回报，自 2000 年以来，该行股票价格几乎提高了 1 倍多，2002 年该行各项收入达到 130 亿美元，利润达到 39 亿美元，而截至 2004 年末，该行网点总量达 1 800 家左右，约是 10 年前的 8 倍。

而另一家拥有 604 个网点的加拿大银行在推行网点转型再造中，通过重新定义网点类型与标准，并研究按照客户类别和市场潜力来重新安排网点，极大地优化了该行网点网络布局，并明显节约了成本。除了占比 57% 的 345 家网点维持现状外，9 家网点从传统型网点转变为金融超市和枢纽网点，4 家网点从快速交易型网点转型为全功能型网点，新设 64 家网点，合计占比 13%，与此同时，彻底关闭 13 家网点，合并 69 家网点，减少 13 家网点的服务内容，将 87 家网点从全功能型网点转型为快速交易型网点，合计占比 30%。

六、BC 银行网点转型变革初步过程与成果

面对网点经营管理诊断中发现的问题，BC 银行决策高层在充分内部调研、积极外部引智的基础上，决定仿效国内外先进同业的做法，有计划有步骤地实施以解放和发展网点生产力、提升网点销售收入贡献为主要目标的网点经营管理转型变革。

（一）关于银行网点转型的理论与经验

2002 ~ 2003 年，思科、IBM 两家先进 IT 综合服务商根据自身在服务国际银行业方面的丰富经验和从 IT 角度对国际银行业发展趋势的长期思考，先后提出了"新网点主义"、"网点转型"的变革思想，其核心观点是银行网点按照"随需而变"的理念，从单纯提供存取款和结算服务，转向灵活提供多种个人金融服务的销售与咨询。在此过程中，银行网点将重新定位成银行多服务渠道的综合性门户，并针对交易渠道的不同特点和客户的不同类型，提出最佳布局和组合，重点突出网点建设中的功能分区和视觉营销效果，并认为成功转型后的网点将具备以下特征：

（1）物理网点具备良好的基础设施环境，包括营业场所和 IT 环境。

（2）以自助设备、网上银行为主的自助服务渠道与以柜台为主的银行物理网点渠道之间的渠道整合，将提升银行网点多维空间的客户服务能力，网

点转型的主要结果之一表现为柜台业务量的大幅下降。

(3) 网点巩固了竞争优势,赢得了客户忠诚度,由于网点突出其财富管理的职能,随着优质客户比例的不断上升,客户结构进而得到优化。

(4) 建立"前台分散受理,后台集中处理"的前后台分离业务模式,前后台分离达到最佳状态,业务流程进一步优化。

(5) 建立稳固的风险管理体系,有效防范网点业务操作风险。

(6) 对网点业绩评价更加科学合理,伴随着一整套公平合理、富有竞争力的员工考核激励机制的逐步建立,网点也逐步形成了网点核心管理团队,人员素质普遍得到提高。

(二) BC 银行网点转型的初步实践

1. 研究确定网点转型的总体管理思路与基本推进方向

网点转型虽然有着诱人的好处,也已经有成功的范例。然而,网点转型是一项相当复杂庞大的系统工程,除了需要解决技术方面的各种难题,如与网点转型相适应的 IT 基础设施改造、软硬件产品升级及日后的运营维护等,还会遇到业务流程中的诸多难题,如设计与适应网点转型相匹配的业务流程、优化人员配置、调整内部物理布局,更会遇到开展重大变革管理时可能碰到的观点、利益、情感、组织冲突等软问题。因此,推进网点转型是需要银行各级管理者都必须高度重视、精心组织、持续推动的系统工程。

基于这方面深刻的认识,苏州 BC 银行在推行变革之初,首先确定了变革领导、变革组织的总体管理思路,即网点转型变革要根据总行统一规划部署,在分行决策管理高层的组织领导下,在充分动员激励全行网点员工的基础上,坚持以科学发展观为指导,解放思想,与时俱进,反对不动与盲动,坚持以结果为导向,改革创新,真抓实干,不等不靠不拖,通过多管齐下,联动发展,机制创新,全面推进网点转型再造工作向纵深发展,组建新团队,缔造新布局,运用新技术,引入新流程,全面推动全行网点逐步从成本中心转向收入中心,逐步从交易处理型为主转向以服务营销型为主。

在网点转型基本推进方向上,该行则围绕促进网点功能定位更加清晰有序,有利于板块管理,有利于价值创造,有利于贡献提升,有利于解放和提高生产力,着眼于以下七个基本方向,即推动该行网点销售拓展更加贴近客户需求有利于价值创造,网点客户服务更加亲和友好有利于客户经营,网点人员配置更加合理良好有利于网点转型,网点业务流程更加高效便捷有利于服务提升,网点绩效管理更加精益合理有利于统一经营,网点内部格局更加合理优化有利于服务营销,网点网络布局更加贴近市场有利于长远发展。

2. 稳步推进网点转型变革

总体管理思路和基本推进方向明晰以后,苏州 BC 银行开始组织各方面力量,投入相当人财物资源推进网点转型,特别是专门成立渠道建设与网点转型委员会,按照过程控制、结果导向的原则,负责持续推进转型整体工作。具体来看,2006 年 7 月以来,该行主要做了以下工作。

(1) 网点对外销售转型:以产品为中心转向以客户为中心

客户资源是网点经营管理的根本,各行业的服务营销经验普遍表明,精耕细作维护老客户(即客户重复购买和推荐购买),所获得的投入产出回报,要远远高于拓展新客户所获得的投入产出回报。为此,该银行自 2006 年 7 月起开始全面导入 CRM 思想,并相应配置有关 IT 系统作为技术支撑,在实施客户细分的基础上,依托逐步转型提高的网点一线销售人员来开展多产品交叉销售、理财顾问咨询,特别是针对目标客户的精耕细作,不断丰富单一客户持有银行产品的种类数,不断提高客户在银行的钱包份额,使客户牢固地粘着在现有银行网点,提高客户"转换门庭"的机会成本,使优质客户难以流向同业,另一方面也提高了客户对银行的即期满意度和长期忠诚度。在此过程中,推动银行网点销售由产品驱动转变为客户驱动,从满足于单一产品的销售达成,转向依托多产品销售,实现客户在该行价值的长期最大化,与此同时,推动网点自身完成以产品为中心向以客户为中心的转变。

在具体工作中,该行还提出了要辩证处理好"经营产品"和"经营客户"的关系,银行网点产品销售结构的优化与同一产品销售量的提高,是网点经营客户的具体体现。反过来,网点经营好了客户关系,特别是优质客户关系,才能推动产品销售,并通过产品销售来提高客户对银行的贡献度。鉴于这样的认识,该行开始综合运用培训、管理与考核等手段,高度重视解决好网点零售贷款、黄金宝、个人网银、贷记卡、基金保险等大众型、跑量型产品网点"零计划"、"零开单"问题。在此过程中,推动网点以产品为纽带,切入对目标客户的拓展维护,循环往复,推动网点逐步朝着银行零售业务超市的方向发展。

(2) 网点客户服务转型:无差异服务转向差异化服务

现代服务业经济已进入体验经济时代,服务提供给客户的是一种互动式的体验,服务质量的高低,客户对服务的满意度,并不完全取决于服务者,一个满意的客户和一个不满意的服务者在一起,或一个不满意的客户和一个满意的服务者在一起,都不可能产生满意的服务,因为服务的独特之处在于,客户本身就是服务过程的一部分,他们实际上与服务者共同创造了其自身的体验。良好有力的服务体验,才能提高客户的回头率与忠诚度。

而传统的不分产品、不分客户流水作业型客户服务，已经不能适应当前客户的需要，也蕴含着极大的服务成本、管理成本浪费。为此，2007 年 7 月起，苏州 BC 银行开始推动网点客户服务围绕有利于促进销售，有利于提升优质客户服务体验，逐步走向分产品分客户，有利于产品销售、客户关系管理提升的营销型服务；从不计成本、不分对象的无差异服务，走向分级服务（大众客户提供标准化服务，中高端客户提供个性化服务和增值服务）；从不加筛选、不加过滤的高成本柜台服务，走向分渠道服务（通过大堂经理引导，简单业务通过电子渠道服务，非现金复杂业务通过开放式柜台服务，现金复杂业务通过封闭式柜台服务，专业理财咨询通过理财室理财中心服务），从而在整体上推动网点服务资源配置得以明显优化，初步实现“不同层次的客户，到不同的服务区域，享受不同的服务待遇”。

(3) 网点人力资源转型：以技能操作型为主转向以服务营销型为主

网点的转型，首先是网点人员的转型，这里有岗位结构的转型，也有人员质量的转型。2006 年 7 月起，苏州 BC 银行着眼于以下两个转型，做了以下工作：

① 网点岗位结构转型。苏州 BC 银行围绕推动网点人员结构配置从制约网点生产力的传统转向合理配置，即网点员工岗位配置偏重交易处理的金字塔型管理，转向有利于解放和提高网点生产力，有利于网点服务营销的扁平化配置。在此过程中，在网点人员数量基本不变或少量增加的前提下，在网点内开始有步骤地增设客户经理、大堂经理等客户营销、客户关系管理型岗位。同时，增设开放式柜台柜员，使更多员工走出封闭的现金区，使柜员在与客户面对面的交流中，创造产品销售机会。

② 网点人员质量的转型。该行积极倡导“尊重人、培养人、造就人”的人本管理思想，并综合采用培训辅导、绩效管理、内部岗位资格认证、激励约束等人力资源手段，来加快推动网点主任、网点柜员、网点大堂经理三支队伍的转型建设。

一是加快推动网点主任的转型。强化网点主任作为基层经营管理者，在新形势下经营管理知识技能的优化提升，特别是网点主任的绩效管理能力和团队建设能力的建设。通过率先推动网点 CEO 转型，来影响和示范网点一线员工的转型。

二是加快推动柜员队伍的转型。本着解放提高网点生产力，在依托自助渠道建设，进一步降低柜员交易处理型劳动负荷的过程中，推动柜员队伍快速向服务营销型转型。开始推动网点一线柜员从业务操作得快和准，转向产品卖得多(数量多而且品种多)、客户维系得好(与客户关系好而且客户质量好);从动手能力强(如计算器操作得快),转向动脑能力强(善于分析客户需求和营销商机,赚钱意识强)、动眼能力强(对客户观察得细、看得准)、动耳能力强(听得出客户的弦外之音、客户意图)、动口能力强(善于与客户攀谈交流)。

三是深入建设大堂经理队伍。大堂经理制在国际银行界被视同与客户经理制度并肩的现代银行管理制度。国外银行普遍认为,大堂经理是营业网点各功能服务区相互协作的枢纽,是网点发掘 VIP 客户、疏导和分流客户的具体执行人,是银行和网点的形象代表,是实行差异化服务的必备岗位。大堂经理制的推行,对于网点由业务管理转向客户管理,从以产品为中心转向以客户为中心,从提供一般化服务转向个性化、差异化服务具有重要价值,是实现网点转型再造的关键一步和重要推手。有鉴于此,BC 银行于 2006 年 7 月开始,在不同场合的重要会议上,反复向各级管理者强调大堂经理制的重要性,当前推进大堂经理制的紧迫性和现实意义,专职大堂经理人员数量开始得到初步补充。

(4)网点业务流程转型:高消耗低效率转向低消耗高效率(流程优化)

当前,国外主流企业管理思想认为,21 世纪,持续的竞争优势将更多地出自新流程技术,而不是新产品技术。国内外对流程再造公认的定义,是指对企业业务流程作根本性的思考和彻底性的重建,其目的是在成本、质量、服务和速度等方面取得显著的改善,使得企业能最大限度地适应以顾客(Customer)、竞争(Competition)、变化(Change)为特征的现代企业经营环境。可以说,对流程不断优化改善是银行当前的迫切之需。然而,银行网点是 IT 技术密集之地,重大流程优化离不开全行性的 IT 变革作为支撑和先决条件,但这并不意味着基层银行在网点流程优化方面无所作为。因为,网点流程中有牵一发而动全身的大流程,也有不影响全局的小流程;有需要 IT 支撑的流程,也有不需要 IT 或只需少量 IT 支撑的流程;有制度范围内不涉及风险,不需要审批的流程优化,也有需要制度突破或创新,涉及风险内控,但在银行可承受范围内的流程优化。

2006 年 7 月开始,苏州 BC 银行按照外聘管理咨询公司提出的 E、C、S、A(撤销、集中化、简明化、自动化)方法论,在组织 170 家网点投票产生现阶段最影响网点服务效率和客户满意度的 20 项焦点业务流程基础上,组织专业力量按照“流程诊断现状、理想解决方案、现实优化方案”的框架,在不突破现有风险内控制度,不涉及现有 IT 系统改造的前提下,对这 20 项流程,特别是其中的借记卡开卡流程、贷记卡还款流程、代发薪账户处理流程进行了初步优化,得到网点一线的欢迎,并明显提高了有关业务柜台处理效率。

(5) 网点绩效管理转型:粗放化分散化转向标准化统一化

绩效是网点转型的出发点和归结点,基于这样的认识,苏州 BC 银行从 2006 年 7 月开始,按照"体现网点经营定位,促进网点关键绩效提升;因地制宜,承认差异与分类指导、相对规范相结合;支行自主考核直接管理与分行统一指导加强管控相结合"的三项基本原则,对 170 家网点绩效管理框架统一确定为五大模块:一是财务效益模块,突出网点业务收入效率指标;二是产品销售模块,基本涵盖网点层面可以经营的重点产品;三是客户经营模块,突出对优质对公对私客户经营维护的考核;四是综合管理模块,突出对柜台简单业务的控制、厅堂服务的考核;五是附加类模块,由支行根据自身经营管理的需要,自行设计掌握。

同时在具体指标设定中,根据年初全行整体经营管理绩效考核办法,BC 银行制定公布了 30 项网点绩效管理指标库,内设 18 项指令性指标和 12 项指导性指标。指令性指标是由分行统一下达,所有网点原则上都必须进行考核的指标,指导性指标是分行推荐网点参考选用,但不作强制使用要求的考核指标,实际应用时可予以调整。通过对 170 家网点试行绩效统一评估、统一管理,"赛马而不相马",促进了网点销售能力的提高,初步实现了网点经营管理由产品销售指标、服务指标、客户指标及收入指标联合驱动,与此同时,使分行管理层对网点经营情况、网点管控水平更加明了,使有关网点的决策更加科学务实。

(6) 网点内部格局转型:柜台封闭式转向功能分区开放式

网点内部物理格局建设是实现网点转型再造的基础设施,两者之间有类似于"修路与致富"的关系。国外银行业在这方面投入非常大,也非常讲究,那些主要为贵宾客户服务的国外银行业网点往往像一间休闲的茶座或咖啡馆,以便为贵宾客户营造一种与专属客户经理舒适安心沟通的环境。为此,从 2007 年下半年开始,为匹配推进转型,该银行根据总行统一标准化的网点内部物理格局设计手册,结合网点不同经营定位,如全功能型、销售服务型、交易服务型,开始在网点物理建设中,试点摒弃以交易处理为主功能诉求,不利于与客户沟通交流,封闭式柜台一字排开,厅堂空间单调,区域面积配置不合理的传统思路,在兼顾实用性的同时,转向以客户为中心的网点功能分区,围绕有利于差异化服务和交叉销售的开展,实现大堂经理引导咨询区、自助服务区、客户休息区、营销信息发布区、封闭式柜台服务区、开放式柜台服务区、后台办公区等不同区域合理搭配，促进目标客户在网点的有效销售逗留。总的来看，第一批试点改造后的网点，将更大的空间留给了客户，用于与客户沟通交流和宣传营销，使客户充分体验新一代银行网点服务，并掌握更多的银行希望其了解的各类产品服务资讯。

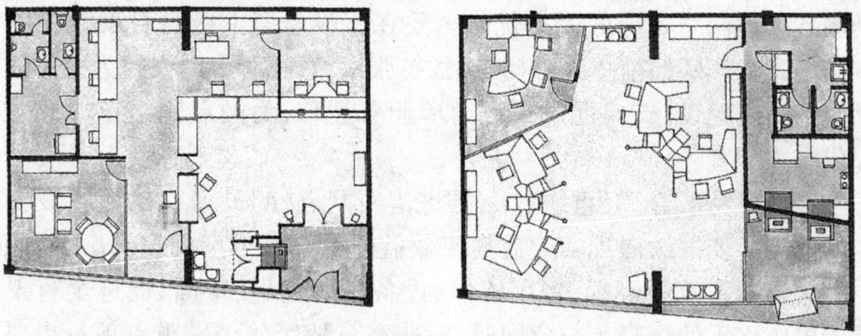

a. 传统网点只有 30% 的面积面对客户　　b. 转型后的网点有 70% 的面积面对客户

图 2

(7) 网点网络布局转型：粗放化投放转向精益化投放

当前，主要同业在苏州地区网点布局调整优化方面的工作力度很大，而中小银行跑马圈地扩张网点总量的势头也很猛，这给苏州 BC 银行网点建设造成了较大压力。而网点网络布局，如同下棋，善弈者谋势，不善弈者谋子。如何在财务资源有限的前提下，做好网点谋篇布局这篇大文章，使网点网络匹配地方政府的经济区域规划，匹配市场与客户的动态发展，促进 170 家网点对 BC 银行整体贡献度的提高，成为 BC 银行 2006 年下半年以来重点思考规划的战略性工作之一。为此，该行通过广泛讨论、务实调研，初步形成了一整套网点网络规划思想，即未来 2 年至 3 年，苏州 BC 银行要在积极关注解决本行低产低效网点"短板"问题，密切关注同业网点布局调整动向，进一步加快本行网点区域布局调整优化的同时，有计划、有策略地调整压缩网点总量，并配套加快 ATM 及自助银行等自助服务渠道作为战略性资源的总量投放，稳步提高依附式自助银行覆盖率，促进网点业务分流。

一是要加快全行网点网络布局调整优化，稳步推进网点总量策略性调整压缩，适应全行经营管理的战略转型。要坚持用前瞻性的视野，面向全局、面向未来，贴近地方经济发展走向，来统筹谋划网点网络布局的持续优化，支持促进全行经营管理战略转型。一方面继续积极追踪地方政府城建规划及落实进度，密切关注目标区域的成长性与成熟度，持续研究在目标区域内调整网点布局的可能。重点关注重要产业经济带，城市副中心和新兴城区，重点中心乡镇,有商圈支撑的重点中高档社区,重点大型、成熟专业市场等。另一方面,要跟上苏州地区城镇化建设进度,加快做好偏远乡镇和非中心乡镇网点关停并转工作。

二是要加快 ATM 等自助服务类设备的总量投放,并配套推进自助银行等自助服务渠道网络布局的调整优化。要在积极争取上级行自助设备资源投放继续向我行倾斜的前提下,继续迅猛扩张以 ATM 和自助银行为主体的各类自助服务渠道建设,支持促进柜台简单业务迁移,为网点网络布局的调整优化提供有力配套。

三是要坚持区分“轻重缓急”,推进落实网点、ATM 及自助银行发展建设规划的原则。要继续向现实效益高或效益前景明确可期的重点区域,倾斜支持有关渠道建设政策资源、费用资源、设备资源,以点带面,促进全行渠道建设管理整体水平的提高。与此同时,对非重点地区的个别重点项目也要进行个案处理。

此外,在快速加强和改善网点、ATM 及自助银行建设过程中,要坚持成本费用良好控制,促进建设实效的原则,既要严格坚持对网点、ATM 及自助银行建设实行费用总量的控制,防止“倒逼”全行成本收入比控制线,又要在具体单点建设上,讲究费用投入经济适度良好,防止片面控制短期局部成本,引起渠道建设成本长期整体浪费。

3. 苏州 BC 银行网点转型的阶段性成果

通过有计划有步骤地从规划研究、宣传引导、销售管理、流程优化、职能梳理等多方面入手,至 2006 年年末,苏州 BC 银行网点转型变革已初步取得了一些阶段性成果。

一是网点多产品销售能力明显提高:2006 年,170 家网点人民币储蓄新增 366 717 万元,对全行新增贡献率达 74.24%,同口径比 2005 年提高 4.87%;170 家网点纸黄金销售 6 829 公斤,对全行销售贡献率达 58.91%,同口径比 2005 年提高 24.19 个百分点;170 家网点基金销售 82 635 万元,对全行销售贡献率达 39.68%(填补上年基本零销售的空白);网点零售贷款(不含小额质押贷款)发放近 3 000 笔,金额超过 10 亿元,对全行发放贡献率达 12.24%(填补上年基本零销售的空白)。

二是网点及 ATM 产能结构继续优化:按照现行定义及标准,优质网点占比 47.54%,比年初提高 3.28 个百分点,低产网点占比 4.92%,比年初下降 0.54 个百分点;保本点以上(日均 100 笔以上)ATM 占比 67.21%,比年初提高 6.2 个百分点,绝对低产(日均 60 笔以下)ATM 占比 9.42%,比年初下降

8.52 个百分点。

三是各类渠道业务量继续放大但结构优化明显：网点柜台全年发生各类可量化采集统计的个人业务 1 257 万笔，比 2005 年新增 127 万笔，其中，网点柜台简单业务占比由 1 月份的 23.54%，下降为 12 月份的 22.6%；全行 182 台网点依附式 ATM 台日均交易量 174 笔，比 2005 年末提高 16 笔，较好地支持并促进了简单业务分流。

四是网点人员队伍质量有明显提高：依托省行、分行岗位资格认证体系和分支行积极细致的培训辅导考核，全行通过省行认证的网点专兼职消贷客户经理达 113 人，占比全行消贷客户经理总数的 52.56%；而通过当年主办 500 人次以上的专业培训，及出台规范大堂经理职责和考核模式，网点专兼职大堂经理队伍质量也得到明显改善。

七、BC 银行的下一步工作

尽管 2006 年下半年以来，取得了一些阶段性的成果，但对照大方向的目标要求，苏州 BC 银行网点转型变革仍然存在以下突出问题，亟待未来快速解决突破。

一是各级管理者对推动网点转型再造的重视程度有待进一步提高。中国式管理有一条重要经验，即领导重视程度与某项工作成功的可能性成正比。这主要是受到中国企业管理"人治"成分大于"法治"成分、大于"机制治"成分的影响。对比兄弟分行，苏州 BC 银行包括网点主任在内的各级管理者对网点转型再造的重视程度有待提高，相应地，对"网点为什么要转型，怎么转型，转型有什么好处，不转型有什么不利"的分析研究、学习领会有待深入，进而对此项工作的重要性、意义和好处的普及宣传有待加强。思路决定出路、态度决定高度，由于尚未全面彻底统一思想、统一认识，作为决定 BC 银行未来发展命运的网点转型再造工作，一定程度上有停滞搁浅的危险。

二是推动网点转型再造的分支行联动机制、分行部门前中后台管理协调机制尚未建立到位。国内银行是"部门银行"而非"流程银行"，而网点转型再造工作千头万绪，牵一发而动全身。由于种种原因，尽管转型工作已经开展了大半年，但到 2006 年年底有关管理协调机制、管理协作机制仍然缺位虚位，这使该银行自上而下管理推动网点转型再造的力量和资源投入受到很大限制，这就极大地制约了网点转型再造工作的实际推进速度和实效。

三是有关人员队伍的知识技能和综合素质还不能满足网点转型再造的要求。网点转型的出发点是人的转型，最终落脚点也是人的转型。然而由于现阶段适应新形势需要的银行人力资源管理与绩效管理尚未完全跟上，作为从不同角度配合与推动网点转型再造的网点一线员工及有关专业管理人员的知识技能和综合素质，尚不能适应网点转型的新形势和新要求，并集中表现为网点一线员工技能仍以交易处理型为主，营销知识、产品知识掌握不足，而有关专业管理人员由于未得到很好训练，包括沟通协调、绩效分析等管理技能和现代零售渠道知识，普遍仍停留在原有水平，影响了对网点转型再造的管理推动。

四是作为推动网点转型再造基础工程的网点物理建设进度差强人意。这方面有资源分配架构限制的因素，有网点转型项目管理协调努力程度的因素，但也有辖内部分支行网点建设有关管理决断过于迟缓的因素。对比建行网点快速转型再造的有关经验，特别要强调的是，没有专项费用资源的投入，不能快速推进包括网点搬迁与改造在内的网点物理格局转型，苏州 BC 银行的网点转型工作，就将因为缺乏物质基础而难以取得实效、长效。

总的来看，2006 年是苏州 BC 银行网点转型再造工作打基础的一年，2006 年取得了一些阶段性成果，但对比同业、对比目标，还有很多不足、很多局限，亟待在后续年度进一步努力突破，应优先解决以下三项工作：

1. 优化建立网点转型再造的全行性管理协调沟通机制

为进一步强化对网点转型再造的管理推动，促进此项工作早见成效、快见成效，拟近期正式成立“网点转型再造领导委员会”，并就此建立前中后台网点管理协调机制，并积极理清不同部门在网点转型再造中的职能定位和职责分工。

2. 摸索推进网点分类管理，为板块化管理做准备

目前，中国银行总行已基本研究确定网点按全功能型、销售服务型、交易服务型进行分类，并将有关比例控制在 2:6:2。下一步，BC 银行将依托网点 KPI 考评结果，结合本行实际，推进网点分类工作的细化，包括研究细化不同类别网点的资源配置标准和绩效评价标准等，特别是网点人力资源配置的标准化，将从摸索规范网点人员排班入手，通过优化员工劳动组合，提高网点在服务营销工作上的时间分配。

3. 进一步抓好网点人员的思想转型问题

人的思想转型是网点转型再造的先决条件，下一步，BC 银行将首先抓好网点主任的思想转型，讲清讲透网点转型再造的利害关系，并要求网点主任言传身教，将认识的转变传导给员工，落实到具体工作。其次是要做好网点员工的思想转型，要从人的发展、员工与银行的双赢出发，指导协助网点主任

做好网点员工思想转型工作。

银行网点转型是一项功在当前、利在长久的价值工程，也是一项头绪多、涉及面广的系统工程。这一工程能否最终取得实效，关系和决定着国内银行的全局和未来。BC银行的经验表明，网点转型难以一蹴而就，即便是启动开端也有相当难度。网点是国内银行机构设置的主体，网点员工总人数在银行员工总人数中占有很大比重，网点承载着银行绝大多数经营管理问题和业务资源分配矛盾冲突。因此，网点转型再造不可避免地将引起国内银行全行性的震动，包括思想震动、情感震动、利益震动，并一定会遇到或大或小、或明或暗的阻力。但减震、减阻的办法，不是不进行网点转型再造，而是通过有效的项目管理、变革管理方式方法来推进网点转型再造。在此过程中，特别要注意做好以下几点：一是要做到全行中高层管理者一致、明确、协调的领导与支持；二是取得网点一线的积极有效的理解与配合，实现管理层与员工的协调默契；三是组织一支高效精干，以结果为导向，具有丰富项目管理、变革管理经验的工作团队。另外，网点转型再造工作，还可按照“试点一个，成功一个，带动一批”这一已被证明行之有效的中国改革的一般性模式，遴选合适网点作为转型示范网点，通过转型示范网点的建设推广，以点带面、滚动推进全行网点的转型再造。

讨论与思考

1. 2008年新年伊始，苏州银行业网点员工周日休息制度开始实施，一时间导致市民议论纷纷。你认为，商业银行网点再造过程中，应如何平衡顾客需要和企业利益？

2. 根据案例，你认为苏州BC银行网点转型推进的基本思路是否客观可行，有无明显缺漏？请详述之。

3. 如果你是苏州BC银行负责网点转型工作的项目组长，对照案例，你认为还有哪些工作需要去做？

4. 转型后的网点有什么特点？如何运营现代信息技术适应未来社会经济的发展？

华硕电脑显卡开发制造部门的流程改善

施邦炜　陈卫东

案例提要　计算机制造业经历了高速增长之后，已经进入了成熟期的阶段，企业的竞争优势也开始发生了变化，台资企业华硕电脑17年来一直是一家领先的计算机设计与制造公司。但是在环境的变化过程中，为了保持竞争力，于2005年开始导入六西格玛的流程改善手法。本案例描述了2007年显卡开发制造部门所做的一个改善产品上市时间NPI(New Product Introduce)之群策群力(Work-out)项目。

一、公司基本情况介绍

华硕电脑股份有限公司——全球电脑主板机的领导厂商，于1989年4月在台湾地区成立，10余年致力于电脑主板机及其他相关产品的研发设计及制造，至今已成为全世界最重要的电脑领导厂商之一，其生产之华硕主板及笔记本电脑为屡次荣获奖项之产品。在美国《财富》杂志公布的2007年世界500强排行榜中，华硕电脑以172.247亿美元年营收列居第427位，成为最年轻的世界500强入围者之一。

华硕的产品线完整，覆盖至主板、显卡、笔记本电脑、网通、PDA、手机。公司创立10余年，将主板、显卡、无线网络产品都带至世界第一的宝座，笔记本电脑、光储存产品也做到了世界第四。

华硕电脑集团自1999年开始至苏州投产，成立全资子公司——名硕电脑。其后于2000年10月设立华硕电脑苏州科技园。目前，苏州工业园区内已成立名硕电脑、凯硕电脑、康硕电子及百硕电脑四家独资子公司，共占地1 500亩，总投资额近6亿美元。目前，苏州工业园区员工总人数已达85 000多人。

华硕电脑拥有遍布全球20多个国家与地区的分支机构，内地的大本营则是坐落在苏州新区的研发制造据点。

二、项目背景介绍

计算机行业的削价竞争、争取市场份额已经行之有年。持续降低成本已经不再是竞争的主轴了，因为持续降低成本（运营、人力、原材料等）最终总会在一定程度上影响到质量。微薄的利润也可能会因为对客户端不良品的重工而侵蚀掉。因此产业界发现，如要真正达到低成本与高质量并驾齐驱的唯一途径就是能够控制变异，控制变异需要经过三个阶段，第一是发现变异，第二是找出变异源，第三是找出解决方法，也就是控制变异。所谓变异，就是指不确定的因子，通俗的说法就是问题。如何能够控制变异，寻求成本与质量兼顾的平衡点是一个非常值得探讨的课题，最重要的一点就是需要对整个流程有非常深刻的了解。唯有了解流程才能优化它、增强它、扩展它，进而将它标准化。

为了做到控制变异，华硕电脑于 2005 年导入了通用电气（GE）的六西格玛（Six Sigma）流程改善手法。通用电气所用的六西格玛较其他一般业界所用的六西格玛手法不同之处，就是它会根据项目的复杂程度来选取适当的改善手法。如果对于异常发生原因的背景知识了解程度较缺乏时，会选择六西格玛 DMAIC 的手法，来抽丝剥茧，找出隐藏的答案。相反，如果异常发生的原因是显而易见的，或是根本没有发生重大异常，只是希望能够提高效率，或是对于自己目前的现状有更深刻与全面的了解时，则采用群策群力 D-Workout-C 手法，做到正视现实，找出更有效率的工作流程。群策群力 D-Workout-C 这种改善手法可以避免将简单问题复杂化，也避免为了做六西格玛而做六西格玛的错误观念。

NPI 项目藉由 2007 年显卡开发制造团队所开发的产品进行实验设计，从中寻找出合适的开发流程以及合理的开发时间，并在重要的流程衔接处设置控制点，以利于数据的收集，作为将来流程持续改善的基础。

华硕电脑显卡开发制造团队是由多媒体项目经理团队、多媒体研发部门、一分厂卡线工程、一分厂卡线 SMT、一分厂卡线制造、一分厂卡线品保所组成的团队。主要负责附加卡（Add-on Card）的开发与制造，而显卡为其最主要的产品。

三、项目过程

NPI 项目经历了四个阶段（见图 1），整个项目历时 8 个月，先由第一阶段的部门 KPI 制定开始，接着经过 D-Workout-C 手法的三个阶段，在

D-Workout-C中再根据其定义分别安排适当的项目进程。这包含了一个主项目与三个次项目,项目进程可由图2中看出,次项目与主项目逻辑上的关系与时间衔接上的关系,文中将分别做详细的介绍。

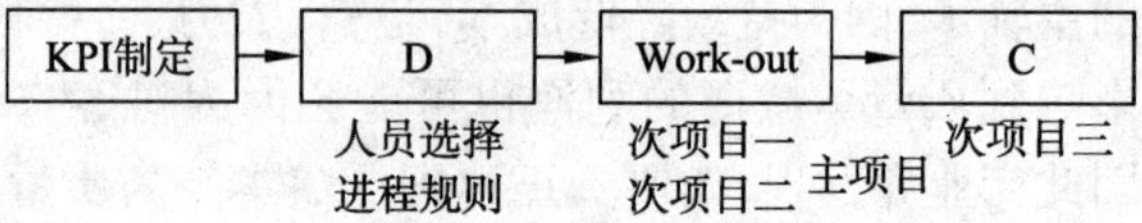

图1　项目过程图

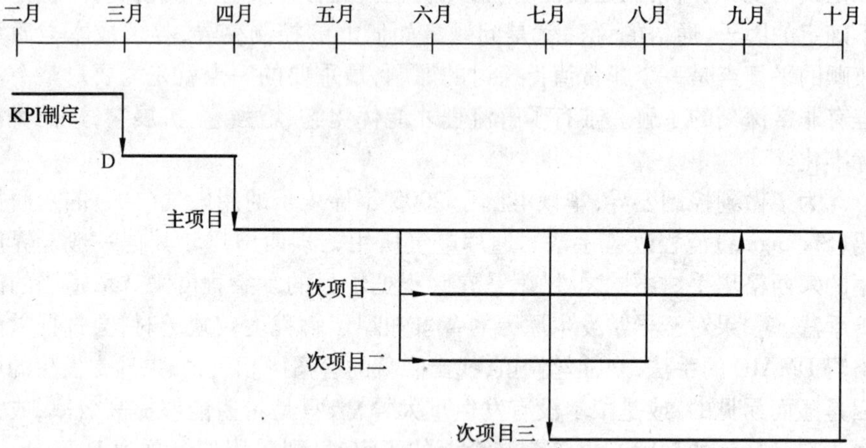

图2　项目进程甘特图

(一) 制定年度绩效指标(KPI)阶段

2007年春节过后,由业务团队、项目经理团队和显卡开发部门的总负责人举行了一个年度会议,会议的目的就是要由业务团队将客户的声音(Voice of Customer)传达给公司内部的经营团队,并藉由这些信息,结合企业的发展方向,找出年度的绩效指标。会上整理出重要客户的声音有以下几点:

(A) 新产品上市常常延误,一般来说大约是1周。

(B) 新产品上市较竞争者慢,在铺货方面,竞争对手已经大量上架了,但是我们还是只有少量的货源。

(C) 产品上市慢,影响产品毛利和品牌的能见度。

由这主要的三点,根据供货商的要求,评估了量产上架所需的时间,以及公司本身的能力,最后认为,将显卡开发流程缩短25%可以弥补上面提到的A和B两点,只要解决了A和B,则C点的问题也算是迎刃而解了,也因此将显卡开发流程缩短25%成了2007年的KPI。公司也安排了一位现任产品经理的黑带（许先生）和两位由研发部门出身的绿带（刘先生和施先生）成为完成这个 KPI 的主要骨干。显卡开发部门总负责人吴协理则是盟主（Champion），负责确保打通环节，以利于工作的开展。

（二）定义（D）阶段

既然总公司布置了缩短 25% 的显卡开发流程的任务，便要分析做这个项目将可以带给公司什么样的好处。在一个企业中，最好的指标就是金钱。先从了解显卡产业的特性开始，显卡是一个生命周期极短的产业，中高阶的显卡大约只有半年的生命周期，因为效能更高的显示芯片是以每半年更新一次的频率在推出。显卡也具有强烈的时尚气息，买气最旺的时间点就是上市的时间。对显卡的生态有了初步的了解后，会发现在这个产业中，产品上市的时间点是非常重要的，只要比竞争对手早上市 1 ~ 2 周就能够赚到巨额的利润。这种利润称之为潜在性的利润，而此利润的产生可以藉由下面的附图模型来协助了解（见图 3）。

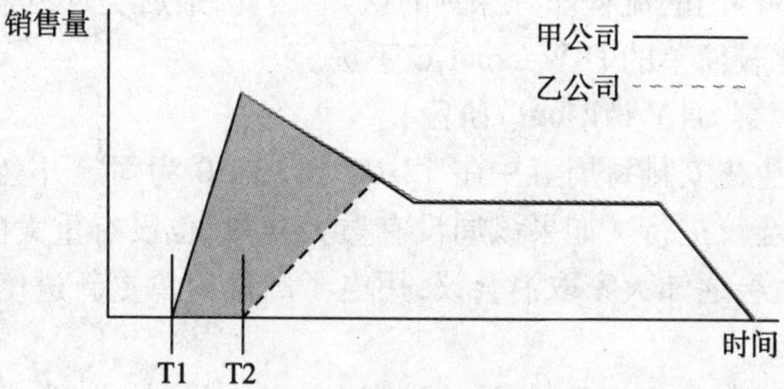

图 3　财务模型图

假设甲、乙两公司是开发制造与营销能力都相当的两家公司，且假设两家公司所开发产品的功能和质量也相当。甲公司比乙公司早上市，甲公司出货量会以一个较陡的斜率横扫整个市场直到乙公司产品上市为止，接着两家公司将开始平分整个市场，直到产品下市。而图中灰色的那块面积就是甲公司比乙公司多出来的出货量，这块面积的利润并非由产品优势或营销能力提供的，而是完全取决于产品上市的时间。

由上面的模型可以导出一个结论，就是缩短产品开发时间来赚取潜在性的巨额利润，这就是此项目的最终目标。对潜在性的利润无法有效计算出一个真实的数值，仅能用计算亏损的方式来倒推。我们统计了 2006 年所有新产品上市第一周的获利总和，得到的数值是 RMB420 万元，因此，我们可以假设显卡产品都晚一周上市，一年将会损失大约 RMB420 万元。RMB420 万元这个数字其实是损失的下限，它并没有考虑到在人有我无情况下因为市场份额的集中效应所造成的额外损失部分。反之，如果显卡产品都提早上市一周，是有机会获取 RMB 420 万元以上利润的。严格说来，这并非是一个非常科学的推理方式，但是可以给我们一个对做此项目价值上的感受。

目标确认之后，就要开始组织项目团队，评估项目所需时间和评估项目所要采取的手法。最后的成员是由一位黑带的主项目经理许先生负责执行，一位绿带的研发科长施先生负责支援该黑带，另一位绿带的研发副经理刘先生负责咨询。直接参与项目的人员另外还有项目经理三人，电机研发工程师两名，软件设计工程师一名，机构设计工程师两名，ICT 工程师两名，物控科长和采购专员一名。所选的这些人员都是平常跨部门合作的主要窗口，平时就已经有了合作的默契，而且这些身为跨部门沟通窗口的成员对其部门内部的流程也有极高程度的了解。此项目评估的进程是半年，这样可以收集一系列产品由开发、上市，直到下市的完整数据。因为参与项目的人员都是各部门的骨干，对于各部门的流程都有深刻的认知，因此，最后决定不采用 DMAIC 手法，而是采用比较简单的 D-Workout-C 手法。

（三）群策群力（Work-out）阶段

黑带许先生先安排每周五中午 12:00 到 13:30 为固定开会时间，台北与苏州则由视讯会议进行。如果该周没有重大异常，也没有重大的进度更新需要讨论，许先生会通知大家取消会议，用电子邮件简单更新进度即可，避免为了开会而开会。

显卡开发流程包含四个主要的阶段，分别为设计、打样、测试与试产阶段。在设计阶段的主要工作有原理图绘制、印刷电路板布线、机构件设计。打样阶段的主要工作有零组件备料、样品制造与样品功能确认。测试阶段包含兼容性测试、安全性测试与信赖度测试。试产阶段就是工厂进行量产的测试、数据收集和评估作业。

项目过程中最重要的就属前三次会议，开会的时间远远超过了预定的时间，前三周每个成员的工作是将各部门的工作流程图整理出来，这份工作并不是仅仅将 ISO 文件中的流程图找出来就完事了，而是要现地现物将实际发生的流程都找出来，更要找出 ISO 文件没有记录到的所谓的隐藏的流程。而会议中所做的事情就是将各部门间的流程衔接起来，最后藉由要径法（Critical Path Method）找出需时最长的两个流程作为改善方向。最长的两个流程分别是设计阶段与打样期间的备料阶段（见图 4）。

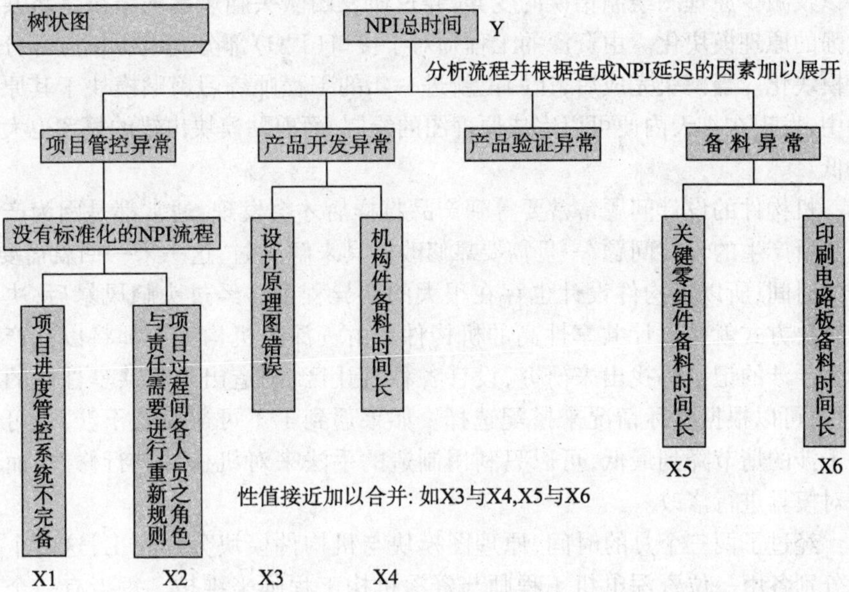

图4

第四次会议，成员们便针对研发阶段与开发时期的备料阶段进行了分项目计划的头脑风暴，经过成员间的相互讨论，制订出一个主项目和支持主项目完成的三个分项目计划，而第五次会议则是确认各分项目的里程进度表。

主项目：产品开发时间的标准化与人员角色、责任的定义。

次项目一：研发阶段原理图模块化与机构件模块化。

次项目二：开发阶段印刷电路板（PCB）备料流程的优化。

次项目三：改善产品进度管控软件系统。

1．次项目一：研发阶段原理图模块化与机构件模块化

研发阶段的流程经过探讨后并没有发现流程上的问题，但在数据的收集中发现时间变异最大的两个阶段分别是原理图的绘制与机构件的打样。原理图的绘制部分与工程师的经验呈线性关系，越有经验的工程师需要的时间就越短，越新进的工程师需要的时间就越长，变异的时间可以由2天完成分布到10天完成。同时，还发现一个很大的问题，就是原理图画错的问题，当工程师对于逻辑的理解有疏失造成原理接错，这种逻辑上的疏失并非是原理图软件侦错功能可以发现的，这会造成一直要到了打样（Sample Run）后才会发现。一但需要改版，整个进度的延迟将不是仅以天为单位来计算的了，这种疏失并不会因为工程师的经验多少可以预估的。为了减少绘制原理图时间的变

异以及减少原理图绘制错误的变异，经过研发团队头脑风暴的结果是将共享性强的原理模块化。由资深的工程师对于接口(I、O)部分和电源供应部分进行模块化。当模块完成后，让两位新进一年的工程师练习剪贴模块于其原理图中，发现在4天内便可以完成原理图的绘制，而剪贴模块出错的概率也大大降低。

机构件的设计问题常常要等到产品打样后才会发现，通常都是因为产品组装所产生的干涉问题，一旦需要靠修改模具来解决时，这一来一回就需要2周的时间，所以机构件设计也存在很大的变异程度。经过头脑风暴后，决定的解决方式就是设计共享性高的机构件。由资深的机构工程师将以往产品产生干涉的记录都找出来研究，设计各种避让区，制造出几款共享性高的机构件，可以根据实际情况来搭配选择。如果遇到了不可避免的干涉，也可以将干涉的情节降到最低，可以只利用制造的手法来对机构件进行修改，而不是对模具进行修改。

经过了两三个月的时间，原理图模块与机构件模块分别完工，这两个模块分别各由一位资深电机工程师与资深机构工程师来维护。每当有一个新的显示芯片推出时，就是要针对模块共享性进行修改确认的时候。

2. 次项目二：开发阶段印刷电路板(PCB)备料流程的优化

由开发阶段的备料数据发现，印刷电路板交期的变异最大，主要困扰是因为显卡开发制造部门对于PCB厂商交期晚几天并没有硬性的制裁能力，这是因为开发阶段拿到的PCB是免费的样品，既然是免费的样品还要求厂商不能晚交几天也是很不近人情的。最后制定了软性改善与硬性改善两条轨迹。

软性轨迹方面，因为对PCB厂家具有制裁能力的是公司的采购部门，而采购部门在公司内部是个大部，为了打通这个环节，项目经理向盟主寻求支持，经过盟主与采购经理的沟通后决议，显卡开发部门需针对PCB的交期制作了管控表，并且每2周都跟采购经理和显卡开发总负责人公告各个板厂交货状况纪录，其中的异常记录(收到日晚于确认交期日的天数)会与公司采购部门的绩效挂钩，也因此驱使采购人员对于PCB交货状况花更多的心思管控，进而控制变异。由图5可以看到在导入管控表之前的历史资料与导入管控表之后的数据相比较，百×与诺×有交期改善的迹象。百×是最好的板厂，一直以来几乎都有达到7天的期望交期。诺×整体看来是有改善的趋势。固×之前因为工厂重新规划的理由频频拒单，等到后期接单，发现交期都超过2倍的期望交期。经由数据的分析，促使采购决策层加入了新的供货商育×，至今发现育×交期虽超出期望值一天，但是还不很稳定，仍会对其做持续观察。此管控表的制作,可以让经营者在第一时间内快速决定,也可以在新一季度的采购计划中作谈判的筹码。

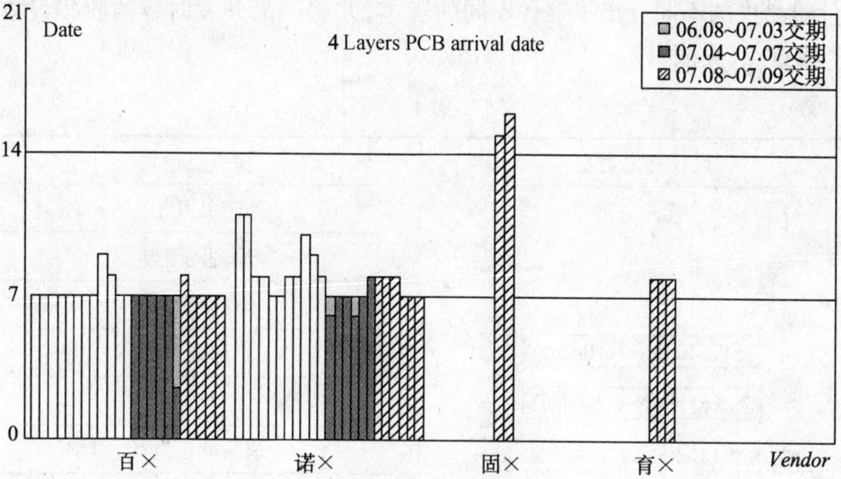

图5　PCB 交期管控图

硬性轨迹方面,为了确保重要产品的进度,显卡开发部门也与 PCB 厂家商谈导入 PCB 快洗流程,此流程是要付费的。导入 PCB 快洗流程的案子平均开发成本要上升大约 RMB10 000 元人民币,但是此流程除了可以缩短交期(平均缩短 4 天)外,还可以确定交期时间(减少因交期变异造成项目管控的困扰)。这项流程提供产品经理一个选择,在主导急需上市产品的项目时,此 PCB 快洗流程可称得上是及时雨。

3. 次项目三:改善产品进度管控软件系统

此部分是将一个现有项目管理的软件(VGA Milestone)这套网页系统做更人性化的改善与实用性的加强,在后段的控制阶段中会做更详细的阐述。

4. 主项目:产品开发时间的标准化与人员角色、责任的定义

此项目的第一个重心就是要将产品开发时间标准化,检视过往 NPI 所需时间的数据收集是我们一开始做的事情,但是随着数据收集,发现有很多数据前后矛盾,出现失真,后来发现很多都是因为提供数据或是收集数据的人员对于流程的定义与责任的划分并不清楚所致。有些流程因为时间推移的关系没有做修正,造成执行单位在为了完成任务的目的下出现了隐藏性的流程,造成了潜在的变异来源,这也会同时造成人员权责之灰色地带。所以,人员角色与责任之明确定义也成了第二个重点。在产品开发时间的标准化上,因为过去没有良好的数据收集流程,而且有失真的数据,因此我们采用了

DOE(实验设计)的手法,找当时新开的4个案子,身为黑带的产品经理与身为绿带的研发科长全程参与新产品的开发进程,从中收集数据。最后,根据设计难易度的不同分出了三种不同的版本,并将产品开发时程的收集设立了9个检查点(见表1)。

表1

设计开发类型	检查点设置
公板(Reference Board) 全新设计(New Design) 全板改版(Reference Board Modify)	产品开始
	原理图绘制
	电路板布局
	电路板制作
	打样
	研发验证开始
	研发验证结束
	质量验证开始
	质量验证结束

根据这4个实验设计,项目成员对于流程与时程有了更深刻的体认,也要开始为了KPI目标的达成进行瓶颈突破,进入了关键工序(要径)的处理(次项目一与次项目二),当要径处理到一个明朗的阶段后,相对的对于产品开发时间的定义也就越来越清楚了,这是一个采用此手法的必然结果。在汇合了两个次项目的结果,与经过几次跨部门的沟通后,最后分别为3个版本所需的9个检查点定出了产品开发时间的参考值,往后所有的新案子都会与这个参考值做对比,对于未达标的地方进行探讨,做到持续改善。

关于人员角色分配部分,此项目没有增加或裁减任何人员与对工作权责做大幅度的修改,只是将此群策群力项目中最重要的检查工作进行分配,增加的工作有:

(1) 项目经理对于进度的设计时,增加考虑是否需要导入PCB快洗。

(2) 项目经理要记录下开发阶段的PCB备料时间。

(3) 研发科长对于每一代新芯片出来时,要检查与更新标准原理图。

(4) 机构科长对于每一代新芯片出来时,要检查与更新标准机构。

(5) 项目经理对于产品量产后,要主持9个检查点时程的对比与分析会议。

（四）控制（Control）阶段

制定次项目三（改善产品进度管控软件系统）的原因就是为了要达到项目控制的目的，当主项目完成度达50%时，此次项目便展开了。这套软件系统（VGA Milestone）是从2002年开始使用的一套网页系统，经历了5年后，已有很多流程跟目前实际状况不相适应了。而这次的改版就是要将群策群力阶段的结果更新到此软件系统上。利用软件来控制流程，避免因为人员工作习惯的不同而有不同的隐藏性流程出现。而这次的改版又加入了电子邮件提醒的功能，只要产品的规格、进度、人员有修改，相关人员都会被电子邮件提醒到。避免之前时时要上系统查看的缺点，也达到了人员工作质量的改善。

四、项目总结

在追踪了2007年下半年4个实际显卡开发项目的结果发现，新流程的导入与以往的平均值做比较后的结果是缩短了25.35%，而增加PCB快洗流程的产品开发项目则可以缩短36.62%。此群策群力项目也移交给华硕精实六标准差推进室，档案编号为P722。此项目同时在华硕苏州获评为2007年度六西格码项目的第四名。小组成员也表示，经过此项目的参与，让成员对于公司导入六西格码从初期的怀疑与排斥，进而到了解与支持。对于公司推动的流程再造与个人的能力培养都有很大的获益。

讨论与思考

1. 六西格玛管理中的DMAIC过程方法是不少企业导入的一项改善工具，但许多企业并未在实践过程中获得预期成果。从本案例中，你可以得出什么经验与结论？

2. 明确岗位责任是ISO9000质量体系中的基础工作，然而这也是质量体系未能有效起作用的原因之一，你对案例中提到的隐藏性流程是怎样理解的？

3. 本案例中，新产品导入时间（NPI）是产品开发流程的关键绩效指标，请你考虑一下，在什么样的产品或产业竞争中，这一指标是普遍适用的？

4. 依据你的工作经验，谈谈群策群力（Work-out）这一方法的价值。

SCANIA · HIGER A90 客车的设计开发

王文霞　李燕军

案例提要　随着我国客运、旅游业的发展，客车需求大幅度增长，国内客车制造企业也获得了长足进步。本案例描述了苏州金龙客车在9年的发展中，以产品的设计开发为中心，广泛开展技术合作，获取企业快速成长的过程。

2007年3月，有"客车界奥斯卡奖"之美誉的BAAV年度大奖揭开帷幕。苏州金龙力夺含金量最重的"BAAV2007最佳客车制造商"大奖，并摘取了"BAAV2007最佳安全装备奖"和"BAAV2007最佳客车造型奖"两个热门奖项，成为获奖项最多的企业。

本届BAAV客车展上，全新亮相的多款海格客车不但将前瞻技术与精品配置完美融合，而且生动地再次诠释了苏州金龙"安全为本"的品牌主张：全承载式车身构造，发动机采用前后盘式制动和大扭矩液力缓速器，带有自动磨损报警和侧翻保护功能的ELC电控系统，TC + EBS + ABS辅助制动系统，八档手自一体智能换挡系统等。这些先进的技术配置大大增强了行车的稳定性，有力地提升了客车的安全性。

更为引人瞩目的是，苏州金龙再度获得"BAAV2007最佳安全装备奖"，连续第四年成功蝉联此项"安全"大奖。行业人士就此表示说，海格客车"安全"四连冠，既显示了中国客车的品质进步，也充分体现出企业的社会责任感，对于保障公民平安出行、创建和谐交通环境有着特殊的意义。

在世界制造基地加速向中国转移和汽车产业迅猛发展的背景下，苏州金龙着力打造世界知名客车品牌，立足国内市场，积极拓展海外市场，从量的积累到质的提升，从产品技术输出到品牌输出，海格客车在海内外市场上的销售和新品研发都取得了新突破。

在专家看来，成功夺取"BAAV2007最佳客车制造商"是对于苏州金龙近年来始终保持高速发展最好的认可。但苏州金龙高速发展的背后，是始终坚持创新的结果。追溯企业发展历程，苏州金龙自成立之始，坚持走产品创新之路，从罗莎到中巴再到大巴，从中低档到中高档，不断调整优化产品结构，成功实现了产品的战略转型。

一、苏州金龙联合汽车工业有限公司概况

苏州金龙——金龙联合汽车工业（苏州）有限公司，于 1998 年 12 月由厦门金龙联合汽车工业有限公司与苏州创元集团合资设立，注册资金 1.8 亿元。目前，苏州金龙已是中国国内最大的具有整车生产资质的客车制造企业之一，拥有客车产品 50 多类，300 多个品种。苏州金龙旗下海格 S 系、V 系、W 系、B 系、星系，覆盖 6 ~ 13 米全系列产品，满足旅游、客运、公交和团体等不同客户的需求，已成为中国客车市场的主流热门车型。

苏州金龙地处苏州，而苏州作为长江三角洲开放度最高、发展最快的地区之一，良好的投资环境、高效规范的亲商服务、一系列优惠政策等，为“苏州金龙”的快速崛起提供了前提条件。长江三角洲是我国最大的客车市场之一，尤其是江浙沪一带集中了众多的汽车整车和零部件生产企业，使苏州金龙外购部件配套半径基本上在 200 公里以内，每辆车的单台成本可降低 1.5 万元，从而增强了苏州金龙的市场竞争力。这使得苏州金龙既·贴近原材料配供地，又贴近用户消费市场，也赢得了一个良好的产业支撑。

苏州金龙工业园区新生产基地已于 2003 年建成投产，工程耗资 3 亿元人民币，占地面积 40 万平方米。新厂区采用了国际上先进的工艺装备，各生产环节的传输方式全面自动化；新生产线实现了专业化、规模化的制造模式，具备年产 1.5 万辆客车及底盘的生产能力。整个厂区是一座集底盘装配、整车生产、零部件安装及车辆检测于一身，融生产制造、科研开发、职教培训等多种功能于一体的现代化汽车工业园。新厂区的投产使用全面提升了苏州金龙的制造能力，成为苏州金龙进一步发展的强力后盾。

自 1998 年成立以来，短短 9 年时间里，苏州金龙的主打产品海格客车的市场销售额以年均 50% 的速度快速增长，年生产能力达 18 000 台，年销售额从 1999 年的 2.4 亿元迅速攀升到 40 多亿元，市场保有量突破 7 万台，跻身于中国客车行业三甲，成为中国客车行业发展最快的企业。2007 年 9 月，海格客车跻身于“中国名牌”，标志着苏州金龙在客车的研发、品质、营销等方面已经走在了全国同行的前列。下列数据见证了苏州金龙的飞速增长：

70 000 台：苏州金龙成立 9 年来，海格客车以年均 50% 的速度高速增长，占据中国高中端客车市场 20% 以上的市场份额，市场保有量已超过 7 万台。

16 090 台：海格客车 2007 年全年完成销量 16 090 台，同比增长 20.57%，成为中国客车行业年销量增长最快的品牌。

33.16%：海格客车 2007 年销售额 46.64 亿元，同比增长 33.16%，销售额一年净增 11 亿元人民币。

1 000 台：2007 年 3 月，海格客车在俄罗斯中国国家展上获 1 000 台出口大单，订单总额超 4 000 万美元，成为中国出口俄罗斯的最大一笔客车订单，这笔订单总额超过 4 000 万美元。

157.8%：2007 年 1～10 月，海格客车出口额突破了 11 亿元，同比增长 157.8%，出口额已跃升至行业首位。

1 218 平方米：2003 年，苏州金龙参加 BAAV 车展，当年只是提供了服务用车，之后 200 多平方米、400 多平方米、500 多平方米，直至 2007 年的 1 218 平方米。参展面积增长的背后，是苏州金龙在 BAAV 这个宽广的舞台上扮演着从配角到发展最快最好的主角的过程，BAAV 见证了苏州金龙的高速成长。

70.45 亿元：中国客车行业领军品牌“金龙客车”再次入围 2007 年“中国 500 最具价值品牌”排行榜百强之列，以 70.45 亿元的身价位列第 88 位。这是金龙客车品牌价值首次突破 70 亿元，并且连续四年排位和品牌价值都有大幅提升。

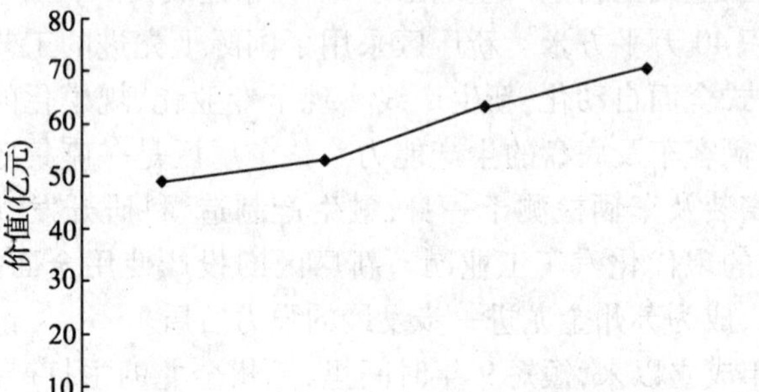

图 1　金龙客车品牌价值图(2004～2007)

二、苏州金龙的产品创新

在 9 年的市场征程中，苏州金龙秉持“海格客车，安全为本”的品牌理念，将“创新”成功植入研发、生产的每一个细节，从产品创新到技术创新、再到管理创新，多维、多层次的创新机制正使海格客车在国内、国际市场上形成差异化的竞争优势,形成独有的"全方位创新平台"。

2006年12月29日,在我国汽车行业最高规格的自主创新评选活动——"中国汽车自主创新成果大典"中,海格客车一举获取三项创新大奖,海格KLQ6118G氢燃料电池城市客车、KLQ6796客车、KLQ6128客车分别获集成创新奖,引进、消化吸收再创新奖,成为客车行业获奖最多的品牌。相关专家表示,这些都是在行业内具有标志性意义、对产品升级换代具有重大影响、在市场上具有较大影响力的创新产品,它们不仅是苏州金龙近年来不断致力于技术创新的最新成果,还代表了我国客车发展的主流趋势。

(一)顾客导向型产品开发机制

苏州金龙建立了先进的顾客导向型产品开发机制,走顾客导向型的产品开发之路,建立了先进的客户管理体系,根据客户的需求进行有针对性的产品开发,进行市场细分,满足顾客"个性化"需求。至2006年年底,海格客车产品数据库车型达813个,涉及客运、旅游、团体和公交领域,满足了不同类别客户的需求。

(二)产品信息化

在产品开发技术上,苏州金龙采用了二维、三维绘图,有限元分析,产品数据管理等计算机辅助设计,客户的特殊要求以及相应的技术改进均可在计算机上成形,并通过计算机联网传达到各生产基地和供应、销售等有关部门,使得客户的要求得以快速响应和实现。

(三)产品系列化

苏州金龙坚持推进产品系列化,从轻客罗莎到中巴再到海格大巴,从中低档到中高档,不断调整优化产品结构,成功实现了产品的战略转型和技术的不断升级,共推出300多个客车新品,覆盖旅游、客运、公交和团体车等领域。

(四)品质标准化

苏州金龙严格执行ISO/TS16949标准、国家强制3C认证,推行全员、全过程、全范围品质管理。在研发、采购、生产、销售、服务等每个环节建立严格的品质控制体系。在零部件供应上,对外协、外购部件,公司建立了供应商质量档案,定期对供货质量进行考核;在生产现场,实行点检和自检相结合的方式,推行全过程质量检验;为提高整车安全性,公司还成立了安全管理委员会,每周进行整体排查;公司还建立了整车检测体系,建设厂内试车跑道,全面保障客车产品的技术稳定性与安全性。每个环节都以"安全为本"作为导向,为海格客车的安全品质提供完善保障。

苏州金龙总经理吴文文表示,着眼未来的市场竞争,海格客车将不断引进国外先进技术,通过消化吸收,高起点发展高端产品;与国外设计公司联合开发,运用新技术、新工艺、新材料,赶超国际客车品质;加强产、学、研合作及博士后流动站工作,争取政府支持,进行基础性、前瞻性技术研究;建立试验室,配备整车性能方面的检测仪器或设备;建立整车及各系统的匹配集成设计平台;走出去学习交流,提高技术人员专业水平,加快从产品创新走向技术创新的步伐。

三、苏州金龙的技术创新

"国家今后会越来越重视对知识产权的保护。以后想随便拿人家的东西用,不那么容易了。"苏州金龙技术中心主任邱峰说:"因此,企业必须掌握自己的核心技术。"他介绍说,苏州金龙在技术创新方面正在实施的项目有全铝车身、降噪、全承载、新能源车型等。尽管这些项目的投入大,研发时间长,而且短期内不易看到效果,但对企业将来的发展却具有重要意义。他还强调,"苏州金龙的产品路线,是既要有旅游客车的时尚与细腻,又要有公路客车的结实与耐用,还要兼顾城市客车的经济与实惠,这对技术创新提出了很高的要求。而通过几年的实践,苏州金龙培养锻炼了一支年轻有为的技术队伍,这个团队的自主技术创新能力得到了很大的提高,企业抵御市场风险的能力也大大增强了"。

(一)自主开发

苏州金龙建立了新型高速客车研究中心、博士后科研工作站、省级企业技术中心、汽车性能检测中心等研发和实验机构,引进美国 Pro/E 软件进行主体三维设计,技术图纸资料均采用自主开发的 PDM 系统来管理,并加快运用国际领先的技术,在中国客车业率先采用盘式制动、配置 CAN 总线、电涡流缓速器、行车纪录仪解决 ECAS 系统之间的信号干扰;大巴车标配进口自动间隙调整臂、批量使用 ASR(防侧滑),并为 EBS 系统和 ESP 系统在客车上的应用作好储备,极大地提高了客车技术装备水平,成为中国客车企业技术创新的先锋。

苏州金龙自主开发出"海格"高速客车专用底盘,在底盘上率先采用了客车专用离合器、六气囊空气悬挂、前盘后鼓式制动器技术,并将 CAN 总线技术、ECAS 车身自动升降技术应用到海格 V 系列大型客车上,并在短短一年时间内,又实现了产品全面升级。苏州金龙力推海格 V92\91 系列客车、海格 V7\8系列客车、海格 V90 客车以及开发了两款低地板、低入口、环保型城市巴士。海格客车获得9项国家专利，海格混合动力客车、高速客车底盘、高档豪华大巴分别获国家火炬项目和重点科技攻关奖。海格系列新品成为引领中国客车市场的主流车型。

苏州金龙在技术创新方面投入大量资金，仅近3年就投入技术开发经费2.16亿元，以保证技术研发能力的不断增强。

（二）合作研发

苏州金龙开展广泛的产学研技术合作，与清华大学、吉林大学等高校院所建立了紧密合作关系，并与法国欧科佳、德国ZF、美国康明斯等国际大公司展开深层次合作。

2002年与国内著名动力企业山东潍柴组成新锐动力组合，在国内率先推出了360马力的强劲动力大型客车。

2003年与韩国大宇通力合作，打造具有"动力完美风暴"之称的大宇原装动力大型客车。

2006年3月，企业联合创元集团、上海交通大学、上海神力公司等单位，研制出氢燃料城市客车。

2006年以来，更是加大与国际先进客车制造商的合作力度，与公路之王瑞典斯堪尼亚共同构建产品研发平台，成为继伊利莎尔之后，斯堪尼亚在全球仅有的两个战略合作伙伴之一。联合瑞典斯堪尼亚推出SCANIA · HIGER A80、A90系列高档豪华客车，开启了苏州金龙进军高档客车市场的新纪元。

四、苏州金龙的管理创新

为了全面提升管理水平，近年来，苏州金龙苦练内功，不断加强精细管理。针对客车行业竞争趋于同质化的实际，提出"做深、求质"的经营思路，在"做细"的基础上"做深"；不单纯追求量的增长，更专注于质的提升，全面提高以产品品质为中心的工作品质、服务品质。苏州金龙采取以目标导向的绩效管理，加强执行力督查，优化关键流程，提高工作效率，严格控制配套件成本，加大营销体系管控力，建立健全培训体系，全面提升干部和员工的素质，通过塑造企业文化来凝聚人心，调动员工积极性。

（一）管理信息化

2006年，苏州金龙从产品链、供应链、营销链、服务链、人力资源管理、信息技术服务等领域入手，强化流程建设，形成428个流程清单，系统推进管理的信息化和标准化。引进美国Pro/E软件进行主体三维设计，研发、采购、制造、销售、服务均采用自主开发的PDM系统来管理，公司被评为中国企业信息化100强。在物料管理上,苏州金龙结合自身的特点,实施了先进的MRPⅡ系统,对物料、资金、技术、人力、设备等企业的制造资源进行有效的管理。对外协、外购部件,公司建立了供应商质量档案,定期对供货质量进行考核。通过市场驱动,实现动态的生产计划与组织,从而提高工作效率,大幅减少库存,加速资金流动,增强了企业对市场的应变能力。

(二)市场网络化

苏州金龙在中国市场的营销网点达412家,同时,推进全球市场网络建设进程,在东南亚、非洲、南美、中东和欧洲建立营销机构。苏州金龙被中国国家发改委、商务部认定为"国家汽车整车出口基地企业"。

(三)服务人性化

苏州金龙不断进行营销变革,提高服务质量。在国内市场,苏州金龙建立15个自营大型配件中心库,在全国设立了32个销售分公司、市场部和380多个售后服务站,在海内外构建起321家客户服务网点,并在业内率先建立了"呼叫中心",实施"全国联保"、"配件绿色通道"等举措,为客户提供"一站式"服务,提高服务的及时性。

2006年,苏州金龙还全面提高大型公路客车产品服务水平,保修时间从原来12个月增加到18个月,里程从10万公里增加到15万公里,成为中国保修时间和里程最长的客车制造商。在海外市场,组建起精干的服务团队,编写了专门的海外技术手册,努力做到海格客车跑到哪里,苏州金龙的服务就跟到哪里,为加快海外市场的拓展创造了良好条件。

五、苏州金龙的人力资源

苏州金龙凭借优越的人才政策,吸引了众多人才的加盟,组建了强大的技术研发队伍。苏州金龙产品开发技术中心从开始的10多人壮大到150多人,其中硕士以上人员占20%,人才的集聚效应为苏州金龙技术创新提供了良好的条件。2003年,苏州金龙建立了企业博士后流动站,目前博士后工作站撰写的4篇学术论文被"美国工程引文索引"收录,将企业建成了中国客车行业的人才高地。

苏州金龙相继推出了各种技术创新的激励机制。为改变技术人员条块分散的状况,工程技术人员全部划归技术中心统一调配,按不同专业分工,成立9个专业设计室,企业的技术资源得到有效整合与充分利用,开发速度加快1倍,提高了市场应变能力。对技术人员实行绩效计酬,分配倾斜,通过设立技术创新专项奖励资金,向有突出贡献的技术人员发放补贴等。企业还建立了内部培训体系，通过外派、委托、专题培训等方式，不断提高员工的素质，每年都给优秀员工提供再次深造的机会。

六、公司新战略

在推出海格系列客车新品后，为了从量态扩张到质态得到进一步的提升，构建与世界先进水平接轨的平台，苏州金龙开始在世界范围内寻找战略合作伙伴，目的就是要开发高起点的、能代表苏州金龙企业形象、提升海格客车品牌的产品。

2003 年，苏州金龙开始在世界范围内寻找战略合作伙伴，目的就是要全面提升海格客车品牌的品质与形象。通过反复考察，多轮艰苦谈判，苏州金龙最终选择了享有世界公路之王美誉的瑞典斯堪尼亚（SCANIA）商用车公司，双方建立了深层次的战略合作关系。

（一）斯堪尼亚集团简介

公路之王瑞典斯堪尼亚公司成立于 1891 年，总部在瑞典，是世界重型卡车、巴士以及工业和船用发动机的重要制造商，业务遍及欧洲、拉美、亚洲、非洲和澳大利亚，在欧洲、拉丁美洲均设有生产厂，全球拥有 30 000 名雇员；此外，约有 20 000 人在斯堪尼亚独立的销售和服务机构工作。斯堪尼亚凭借技术领先的模块化组合系统成为重型卡车行业赢利能力最强的公司。即使在卡车市场价格日益下跌的日子里，斯堪尼亚仍然保持很强的赢利能力。最近 70 多年来，斯堪尼亚公司每年都保持赢利的状态。2005 年年度销售额为 633 亿瑞典克朗。斯堪尼亚的产品销往世界各地 100 多个国家。

作为一家拥有 115 年历史的全球性公司，斯堪尼亚始终专注于高端商用车领域，其先进的客车底盘技术以其卓越的燃油经济性、运营经济性和安全性享誉全球，是享有世界公路之王盛誉的欧洲顶级商用车品牌，同时也是亚洲高端豪华客车市场的领先品牌。

（二）战略合作伙伴的选择

作为一家历史悠久的商用车企业，斯堪尼亚在本土之外有不少合作伙伴。在客车领域，他们基本都是采取自己提供专业客车底盘，当地企业提供车身、上装的方式，合作产品使用双方的品牌。这种合作方式对于合作伙伴的要求相对较高。

斯堪尼亚中国首席代表何墨池先生介绍，发现有意向的合作伙伴后，斯堪尼亚会成立包括技术、管理等各方人员在内的项目小组，对潜在合作伙伴进行全面的了解和考察。考察主要围绕三方面：该公司的现有产品、生产流程、内部组织。通过考察现有产品,可以了解潜在合作伙伴的产品结构、技术研发能力;通过了解生产流程,可以考察潜在合作伙伴的生产工艺、质量保证体系;通过了解内部组织,可以考察潜在合作伙伴的管理水平、发展战略等。

何墨池先生说,多年以来,斯堪尼亚一直在中国寻找客车领域的合作伙伴,对中国主要客车企业几乎都考察过。最后选择了资历尚浅、没有高档豪华大客车开发经验的苏州金龙。何墨池表示,经过多年发展,中国客车企业在技术、制造、管理等方面都有了很大提升,尤其是车身技术方面,中国的一些企业已经达到国际水平。苏州金龙就是一家这样的企业。经过多次接触,斯堪尼亚发现,苏州金龙在技术、制造、管理、企业文化等各方面都比较符合自己对合作伙伴的标准。

苏州金龙与公路之王瑞典斯堪尼亚共同构建产品研发平台,对于斯堪尼亚来说,这是其品牌首次在中国合作产品中冠名使用,证明其在中国的客车业务取得重大突破;对于苏州金龙来说,这是第一次推出高档豪华大巴,除了拓宽产品线之外,更是一次水平和实力的集中展示。苏州金龙成为继伊利莎尔之后,斯堪尼亚在全球仅有的两个战略合作伙伴之一。

苏州金龙公司总经理吴文文也表示:“与斯堪尼亚合作,我们看重的不是现在一年能有多少销量,而是品牌和技术的提升。”

SCANIA、HIGER A90(见图2)有以下特点:

图2 斯堪尼亚·海格 A90 客车

(1) 外观设计结合了国际流行趋势和国内审美特点,车身尺寸为2 000 × 2 550 ×3 800 mm,整车造型在苏州金龙以往的车身设计中取得了突破。前围分上下两段,后倾式设计中的上段使整车极具动感,有极强的视觉冲击力,棱角分明的车身线条与尾灯造型遥相呼应,给人以浑然一体的美感,立体尾灯饱满圆润,珍珠般璀璨夺目,后围与侧围浑然一体,张力十足,从任何角度看都展现完美,与环境和谐相融。

(2) 内饰沿用欧洲高贵典雅时尚设计风格,车内布置和谐,遵循舒适、安全和统一的原则;乘客座椅的设计符合人机工程学原理,其造型、材质、色泽与室内布置统一、协调,驾驶区域的设计有其完整的理论和实践依据,可最大限度地减少驾驶员的疲劳,车内各种设施齐备,有航空行李架、酒吧、卫生间、高保真音响系统和冷暖两用空调系统,内饰设计专业化、艺术化,无论是座椅、仪表区,还是顶棚、地板和侧窗等,都体现着专业人员统一的设计和独特匠心。

(3) 整车设计开发全程采用专业计算机辅助设计软件,使整车造型的合理化设计达到新的高度。经过有限元分析计算的车身结构也更趋合理,兼顾车辆的安全性和经济性。斯堪尼亚新型 K 系列底盘的核心科技是一套基于 CAN-BUS 的全新电器系统。这一基于网络的电器系统使得控制车辆系统间的数据交换结构得以简化,实现了与车身制造功能相关联的功能整合。该底盘经过严格测试和国外长期使用考验质量可靠,能实现智能换档、离合器磨损保护、载荷控制,双重保险确保超级的耐用,最低的故障率和最长的产品使用周期。斯堪尼亚新型 K 系列客车底盘的采用,把海格客车长期倡导的"安全为本"的品牌主张表现得淋漓尽致。

七、斯堪尼亚·海格 A90 项目

苏州金龙和公路之王瑞典斯堪尼亚公司在双方发挥各自优势的基础之上,通过紧密地交流,广泛采用了二维、三维绘图,有限元分析,国际先进的 Pro/E 产品开发软件,产品数据管理等计算机辅助设计,全力合作完成整车的设计开发。SCANIA·HIGER A90 的设计开发流程可分成 4 个阶段"计划和确定项目、产品设计和开发、过程设计和开发、产品过程确认"。

(一) 计划和确定项目

首先,技术中心依据《多功能小组管理程序》建立 A90 新产品开发小组,确定《多功能小组活动计划》,根据《公司战略规划》和《多功能小组活动计划》,安排以新产品开发市场需求、同行同类产品品质信息为主题的市场调研活动,执行《市场信息调研评估流程》,产生《市场调研报告》。根据《市场调研报告》,按《风险评估报告》对整车或新增关键零件进行风险评估,确定 A90 项目的可行性。然后,安排编制《A90 新产品开发技术方案》,组织技术中心和营销中心相关人员进行《A90 新产品开发技术方案》评审,双方签字确认。依据《新产品开发技术方案》,编制产品《A90 设计任务书》,提交项目组长校对、技术中心主任审核、营销副总经理和运营副总经理会签、总经理批准。依据产品《A90 设计任务书》、《汽车产品型号编制规则》由标准化工程师给出新车型代码,建立初始《A90 技术参数表》,新产品处于设计状态,录入技术参数管理系统。按照产品开发同步工程的要求,明确各相关系统具体开发的进度;建立《A90 新产品开发进度表》并由技术中心主任批准。主要依据初始设计目标、政府法规、类似零部件的失效模式和后果分析,形成初始的《A90 产品特殊特性清单》。主要依据《A90 产品特殊特性清单》,从预期的制造过程中确定的过程特殊特性、可靠性目标、小结,填写《A90 新产品开发进度表》完成情况,并进行调整。安排纳入技术中心业务工作计划。

(二) 产品设计和开发

新产品设计步骤:(1) 根据产品《A90 设计任务书》,按 A90 产品特殊要求,以类似零部件的失效模式和后果等分析,形成初始的《A90 过程特殊特性清单》。(2) 按《潜在失效模式及后果分析程序》组织进行设计失效模式和后果分析,形成初始《设计 FMEA 潜在失效模式及后果分析》报告。(3) 然后进行相关设计计算,形成整车主要性能指标和主要系统匹配设计的整车《A90 设计计算书》和《A90 总布置图》,计算书由相关室主任审核,分管主任助理批准;总布置《A90 工程图纸》需技术中心主任批准。(4) 依据整车《A90 设计计算书》和总布置《A90 工程图纸》,编制系统《A90 设计计算书》,绘制系统装置图。产品代号编码按《汽车产品零部件编号规则》。(5) 总布置室依据各系统装置图,修正总布置《A90 工程图纸》,组织设计评审,从产品设计是否达到设计目标,可制造性、可装配性、可维护性等方面进行评审,形成《A90 设计评审表》。(6) 相关总成、零部件若由公司合格供应商提供,则直接签订《A90 技术协议》,若是新增供应商,则按《新供应商开发流程》执行后,签订《A90 技术协议》。依据《系统装置图》、系统《A90 设计计算书》,设计各系统《A90 工程图纸》。PDM 中建立 A90 新产品《产品属性表》、《产品 BOM 表》,产品明细和图纸必须同步录入。

样车试制前的交底会,召集设计、工艺、生产、品质、采购等相关部门进行讨论,安排试制的具体进度和要求,并形成"会议纪要"结构,依据《A90 样车试制协调单》执行《产品设计和工艺更改流程》,提交《技术更改通知单》通知相关部门样车试制。通知单生效后,新产品结构树中所有草稿状态的系统、总成、零部件转变为试制状态。标准化工程师依据《A90 样车试制协调单》,修改新产品《A90 技术参数表》为试制状态。市场管理部依据《A90 样车试制协调单》,执行《销售产品价格变动流程》,建立新产品价格和《A90 样车试制协调单》,复制四份发总布置工程师、市场管理部、标准化工程师、订单评审工程师。总布置室组织完善车型 PDM 表,通知订单评审工程师。订单评审工程师依据《A90 样车试制协调单》,作为试制样车来源,执行《销售订单评审流程》,录入样车配置需求。生产管理部协调各部门,安排样车试制。(样车做完试验,经技术中心同意后方可处置。)技术中心综合室收集样车试制反馈问题,组织相关部门人员进行样车评审,形成《试制整改问题汇总》,整改计划纳入《A90 新产品开发进度表》,分解到每月业务工作计划中。

样车试制整改和试生产准备按《试制整改问题汇总》组织试制整改,修改试制产品《A90 工程图纸》,PDM 修改 A90《产品属性表》、《产品 BOM 表》。整改完毕,总布置室工程师执行《产品设计和工艺更改流程》,提交《技术更改通知单》,进行技术文件的更改和完善(包括纸质文件的更改存档和 PDM 数据库的更新),参考类似车型,依据样件制造过程建立初始的《A90 过程流程》。主要依据顾客要求、FMEA 分析结果、过程要求等确定《A90 产品特殊特性清单》。主要依据产品特殊特性、顾客要求、过程要求等确定《A90 过程特殊特性清单》。执行《工装管理程序》,添置新设备、工装、设施。

样车试验、申报目录等事宜由技术中心综合室按实际情况组织新产品的可靠性试验,形成《A90 试验报告》。依据《A90 试验报告》,申报《产品公告目录》、环保和等级,进行相关专利的申请。依据《A90 试验报告》,申报产品 3C 强制性认证,获得《3C 证书》。修改《A90 技术参数表》,新产品改为销售状态。项目小组可行性承诺,小组应对设计能按预定时间以顾客可接受的成本付诸于制造、装配、试验、包装和足够数量的交货进行确认,形成《A90 项目可行性承诺》。进行阶段小结,填写《A90 新产品开发进度表》完成情况,并进行调整。

(三) 过程设计和开发

完善和确定《A90 过程流程》,并经工艺室主任审核。建立《车间平面布置图》,明确工位的布置,检测点的设置,返修区和不合格品区,并经工艺室主任审核。按《潜在失效模式及后果分析程序》进行过程失效模式及后果分析,形成《过程 FMEA 潜在失效模式及后果分析》,并经工艺室主任审核。依据《DFMEA》、《A90 过程流程图》、《PFMEA》、《A90 产品特殊特性清单》、《A90 过程特殊特性清单》,按《控制计划管理程序》编制试生产《控制计划》。依据试生产《控制计划》,编制《A90 作业指导书》,并经工艺室主任审核、技术中心主任批准。M01 工艺调整后必须先修订《控制计划》,后调整作业指导书,将老版本收回,下发新版本。执行《产品设计和工艺更改流程》提交《技术更改通知单》,将新产品生产状态从试制转变为试生产状态。进行阶段小结,填写《A90 新产品开发进度表》完成情况,并进行调整。

(四) 产品设计和过程设计的完善

试生产及批量生产准备。市场管理部收到《技术更改通知单》,执行《销售产品价格变更流程》,修订产品价格表。新产品执行《销售订单评审流程》接受订单,采用正式工装、设备、环境、设施和生产节拍来进行试生产。按照《测量系统分析程序》,在试生产当中或之前,依据工程规范和控制计划,进行测量系统评价。对《A90 产品特殊特性清单》、《A90 过程特殊特性清单》进行初始过程能力评价,得到过程能力指数。按《生产件批准程序》对供应商生产件进行批准,确认供应商用正式生产工装和过程制造出来的产品是否满足工程要求。执行《产品设计和工艺更改流程》,提交《技术更改通知单》,将新产品生产状态从试生产转变为批量生产状态。按《控制计划管理程序》修改完善生产《A90 控制计划》。品管部依据《A90 控制计划》和《A90 作业指导书》,编制产品检验规范,形成新产品《A90 客车检验卡》。编制新产品的《A90 使用说明书》,由市场管理部负责印制和随车发放到用户。编制新产品的《A90 企业标准》,并到企业标准主管部门备案。品质策划认定和管理者支持《产品品质策划总结和认定》,对控制计划、作业指导书、量具和试验设备进行评审,并对新产品开发的整个过程进行总结。执行《培训流程》,纳入部门培训月度计划,人力资源部统一管理对产品销售及售后服务人员进行新产品方面的培训。依据产品使用和品质反馈情况执行《产品设计和工艺更改流程》,并进行持续改进。

八、海格客车开进奥运村

继成功服务第十五届多哈亚运会和青岛国际帆船赛后,苏州产高级客车的身影又将出现在2008 年北京奥运会上。2007 年 12 月,首批海格客车已交付国家体育总局训练局,客车将主要用于接送运动员往返于奥运村和各比赛场馆之间。据苏州金龙客车相关人士透露,继首批客车交付使用后,陆续还将有“奥运订单”花落苏州。

此次交付国家体育总局训练局使用的海格客车中,有苏州金龙联手瑞典斯堪尼亚商用车公司共同打造、代表世界先进水平的斯堪尼亚 · 海格 A90 高档客车,也有国内市场的主流车型海格 V 系列大型客车和中型客车产品。

而 2008 年奥运会期间,我们也会继续看到海格客车动感时尚的身影……

讨论与思考

1. 苏州金龙客车在产品创新与技术创新过程中有什么特点？观察你接触过的客车，描述苏州金龙海格客车的特点。

2. 金龙客车在短短的9年发展历程中，高速增长源于其独特的设计能力，你同意这一说法吗？

3. 根据A90的开发过程，你认为金龙客车可以达到其所宣传的"海格客车，安全为本"的品牌理念吗？

4. 什么是技术引进的"二次创新"？你认为苏州金龙在A90成功后，还应该做些什么？

附录一　中国客车行业市场状况

目前，中国的客车产量占世界客车总产量的三分之一，是全球最大的客车市场。整体和主要城市的公交车万人保有量目前还处于偏低的水平，中国公交车密度低于主要发达国家，随着中国城市化率的不断提高，社会对于公交车的需求还具备较大的上升空间，未来城市客车的比重将进一步上升。

中金公司预测，2007～2008年驱动国内客车市场增长的主要为公交车，刺激因素为公交优先、2008年奥运会等政策导向，市场需求将以大中型客车为主。长途、城市、旅游三类大中型客车的市场需求当中，长途占55%，占据主导地位，城市和旅游对于大中型客车的需求占总需求的比重分别为34%和11%。

大中型客车的出口增长潜力大，因为大中型客车是汽车行业中自动化程度最低、相对来说更可以用劳动力密集型来形容的子行业，中国大中型客车的产品价格优势显著，出口潜力较大，而且最近几年以来，大中型客车的出口销量也逐年递增。

招商证券的研究报告表明，在大中型客车市场上，已经形成了"一通三龙"的领先局面，这些企业的竞争优势十分明显。在大型客车市场上，前十名厂家占据市场份额接近90%，行业集中度继续提高，其中郑州宇通客车主要是大客和中客，技术含量更高，并且可以自己生产底盘，毛利率达18%～19%，水平较高，出口产品的毛利可以达到20%以上，毛利水平约较同行高出5%，长期占据国内大客市场的龙头地位，市场份额高达31%，并有进一步扩大的潜力。中型客车的市场竞争高于大型客车，而且集中度有扩散的迹象。

苏州金龙占据中型客车市场份额达34%以上,第二位的宇通客车市场份额接近25%。而金龙上半年每一种产品大约生产3 000多辆,除苏州金龙和小金龙下属的新福达公司可提供一部分底盘外,其余需要外购,毛利率约为13%。

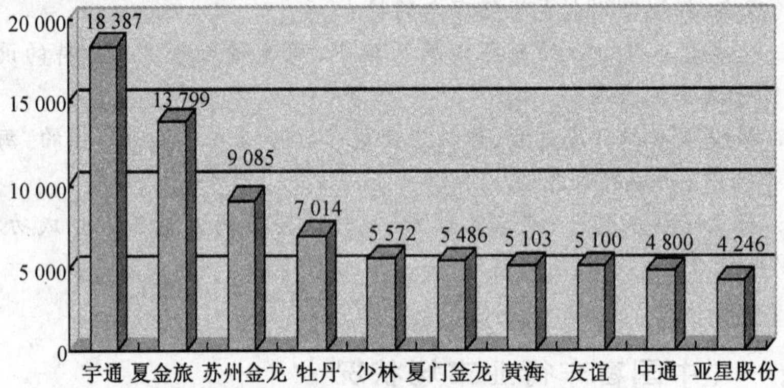

图3 2004年客车企业销售前10名

附录二 关于ISO/TS16949

国际标准化组织(ISO)于2002年3月公布了一项行业性的质量体系要求,它的全名是"质量管理体系——汽车行业生产件与相关服务件的组织实施ISO9001:2000的特殊要求",英文为TS16949。TS16949标准是在ISO9001:2000标准的基础上加入汽车工业的特殊要求而形成的。TS16949:2002已于2002年4月起开始在全球推行,在2006年年底之前,除了新建立的公司或以前没有经过体系认证的公司将寻求TS16949的认证以外,全球现有的22 000个已经QS9000注册的公司也要转换成TS16949注册。

TS16949是国际汽车行业的技术规范,是基于ISO9001的基础,加进了汽车行业的技术规范。此规范完全和ISO9001:2000保持一致,但更着重于缺陷防范、减少在汽车零部件供应链中容易产生的质量波动和浪费。

TS16949针对性和适用性非常明确:只适用于汽车整车厂和其直接的零备件制造商。这些厂家必须是直接与生产汽车有关的,能开展加工制造活动,并通过这种活动使产品能够增值。对所认证的公司厂家资格,有着严格的限定。那些只具备支持功能的单位,如设计中心、公司总部和配送中心等,不能独立获得TS16949:2002的认证。对那些为整车厂家或汽车零备件厂家制造设备和工具的厂家,也不能获得TS16949:2002的认证。

TS16949特别注重厂家的完成品及实现这个完成品的质量系统能力。它认为,这是整个制造过程活动的基础。另一个特点是,它特别注重一个机构的质量管理系统的有效性。

TS16949:2002 的审核,由从单一要素的审核转变成一个过程的审核。一个过程的审核将把重点放在以用户为中心上。它是根据用户的要求来评估厂家的活动,围绕用户的满意度来衡量厂家的表现。由于 TS16949 把用户的要求和技术规范放在同等重要的位置上,因此,认证公司对厂家的认证审核,很多地方类似于第二方的审核。

TS16949:2002 的主要特点之一是,它是受 IATF(国际汽车工作组 International Automotive Task Force)承认的一个单一的全球质量系统标准和注册程序。互相承认将减少第二方和第三方的审核,为厂家节省费用。另外,相对于文件审核,TS16949 更注重过程的审核。

由于 TS16949:2002 已包含 ISO9001:2000 的所有内容,所以获得 TS16949:2002 的认证,也标志着符合 ISO9001:2000 标准。

附录三　苏州金龙发展小史

1998 年 12 月,金龙联合汽车工业(苏州)有限公司成立。

1999 年 9 月,1 000 台整车下线。

2001 年,获得自主开发底盘资格。

2002 年 11 月,被江苏省科技厅评为江苏省高新技术企业。

2002 年,苏州金龙客车产销量跻身于行业第二位。

2003 年 3 月,公司通过强制 3C 认证。

2003 年 6 月,苏州金龙工业园区 40 万平方米新厂房建成投产。

2003 年 6 月,苏州金龙"海格"全系产品全面投放市场。

2003 年 7 月,公司通过国际 TS16949 认证。

2004 年 2 月,海格 V 系客车产品正式上市。

2004 年 3 月,公司提出"安全用心,服务贴心"的品牌主张。

2004 年 3 月,荣获 BAAV 世界客车博览会"最佳安全装备奖"。

2005 年 2 月,海格客车获首届"华夏十二车大奖"。

2005 年 5 月,苏州金龙客户服务呼叫中心正式投入运行,成立中国客车行业第一家客户呼叫中心。

2005 年 9 月,苏州金龙被认定为"国家火炬计划重点高新技术企业"。

2005 年 12 月 28 日,海格客车年产销首次突破 10 000 台大关。

2006 年 3 月,苏州金龙获"机械工业管理进步示范企业"称号。

2006 年 8 月，苏州金龙被国家发改委、商务部授予“国家汽车整车出口基地企业”称号。

2006 年 9 月，联合公路之王瑞典斯堪尼亚推出 A80 高档客车。

2006 年 11 月，获“2006 年中国企业信息化 100 强”。

2006 年 12 月，500 台海格客车走出国门服务第十五届多哈亚运会。

2006 年 12 月，苏州金龙入选“江苏省百家重点培育发展企业”。

2007 年 1 月，海格客车被评为“中国公众最喜欢的十大商用车汽车品牌”。

2007 年 3 月，苏州金龙在上海 BAAV 亚洲展上力夺“最佳客车制造商”、“最佳客车造型”大奖，四度蝉联“最佳安全装备”奖。

2007 年 3 月，海格客车在俄罗斯中国国家展上获 1 000 台出口大单，订单总额超 4 000 万美元，国务院副总理吴仪和俄罗斯第一副总理梅德韦杰夫出席签约仪式。

2007 年，苏州金龙与第二十九届奥林匹克运动会组委会帆船委员会合作，海格客车成为 2007 青岛国际帆船赛指定服务用车。

2007 年，海格客车入选“2007 机电商会推荐出口品牌”。

2007 年 6 月，海格客车服务中日韩旅游部长会议。

2007 年 10 月，苏州金龙海格客车服务第十六届金鸡百花电影节。

2008 年北京奥运会期间，苏州金龙斯堪尼亚 · 海格 A90 高档客车及海格 V 系大型客车和中型客车产品将为奥运健儿提供交通服务。

江苏苏净集团有限公司的技术创新战略

徐金磊　陆起瑞

案例提要　核心能力是企业永续经营和持续成长的关键,那些长期成功的技术密集型企业已形成了不同于其他公司的、难以模仿的技术能力。企业核心能力的培养已成为企业技术战略的目标。江苏苏净集团有限公司充分认识自身的优势和劣势以及所面临的机遇和挑战,在长期不懈的努力和坚持中逐渐形成了主要以产学研合作为途径打造洁净技术这一核心能力的技术战略。

在很多人的眼里,洁净技术也许只限于想到医院的杀菌消毒等这类措施或创造相对安全洁净的工作环境。但事实上,洁净技术的发展已有上百年的历史,在工业化和产业化的洗礼中,其范围早已远远超出了人们所想象的程度。就全球范围来讲,洁净技术作为一门新兴技术产业,已为广大投资者所青睐,很多公司也已在这一行业中取得了骄人的成就。在国内,江苏苏净集团有限公司(以下简称苏净集团)在这方面出类拔萃的业绩值得我们去探索和总结。

一、洁净技术和洁净产业发展概况

近二三十年来,伴随着高新技术的发展,洁净技术逐渐形成了一门综合性的新兴技术,并成为一门独立的产业。

现代意义上,洁净技术又称为生产环境和污染控制技术,它专门研究并提供洁净的生产工艺环境和生产过程中使用的各种高纯介质,有效地控制微量杂质,以保证高科技产品的成品率和可靠性。洁净技术通常包括:空气净化技术、空调技术、水纯化技术、气体纯化技术、微量杂质控制技术、洁净环境的检测技术及相关的环境质量的控制技术。洁净技术在电子、核子、航空航天、生物工程、制药、精细机械、化工、食品、汽车制造等高科技工业领域及现代科学领域中得到广泛的应用。洁净技术水平在某种意义上已成为衡量一个国家和地区科学技术水平与工业水平的一个重要标志。

洁净技术的产生与发展始终和洁净室这一概念紧密相连。洁净室的由来最早可以追溯到18世纪60年代的欧洲医学中"洁净室"这一名词。当时对洁净室的理解仅限于经喷洒消毒后可以控制创部感染率的处置室、手术室等这类灭菌处理的工作环境。而到了战争频繁的20世纪,对洁净技术突破的需求达到了一个质变的拐点。当时,美国生产的飞机导航用气浮陀螺仪,由于质量不稳定,每10个陀螺仪平均要返工120次。20世纪50年代初朝鲜半岛战争期间,美国的16万台通信设备更换了百万以上的电子部件,雷达出故障的时间高达84%,潜水艇声纳出故障率的时间占48%,原因都是电子器件、零部件的可靠性差、质量不稳定。军方与厂商究其原因,最终从多方面判定与生产环境不洁净有关。尽管当时采取了种种严密措施来封锁生产车间,但收效甚微。直到20世纪50年代初,美国原子能委员会为解决有害放射性尘埃的搜集问题,于1951年研制成功高效空气过滤器HEPA,并应用于生产车间的送风过滤才真正诞生了现代的洁净室,洁净技术也由此成为一门新兴技术。

表1　洁净技术发展的主要事件

1940年	美国创建了第一座洁净室,是洁净室的起源。
1951年	高效粒子空气过滤器(HEPA)问世,成为洁净技术发展史上的第一座里程碑。
1961年	层流(单向流)洁净室诞生。世界上最早的洁净室标准——美国空军技术条令203形成 。
1963年	美国颁布了洁净室第一个军用部分的联邦标准209。
1966年	美国颁布了修订后的联邦标准209A。
1967年	美国又颁布了美国航空宇宙局标准,通常称为生物洁净室标准。
1965年前	多用于航空工业,1968年起开始应用于部分医院。
1973年	美国颁布了修订后的联邦标准209B。
20世纪80年代以后	美国和日本分别研制成功过滤对象为0.1μm、捕集效率达99.99%的新型超高效过滤器。最终建成0.1μm 10级和0.1μm 1级的超高级别洁净室,它使洁净技术的发展又进入一个新时期。
1974年	日本政府颁布GMP(Good Manufacturing Practices for Drugs),进行指导推行。
1974年	世界卫生组织(WHO)正式公布GMP。1977年再次向成员国推荐GMP,并确定为WHO法规。
1978年	美国颁布经修订的GMP。

续表

1980 年	日本决定正式实施 GMP。
在我国	空气洁净技术的研究始于 20 世纪 60 年代中期。GMP 在我国于 20 世纪 70 年代末受到各方面的重视。
1984 年	我国颁发了《洁净厂房设计规范》(GBJ73—84),2002 年进行了修订(GB50073—2001)。
1990 年	我国颁发了《洁净室施工及验收规范》(JGJ71—90)。
1997 年	国家药品监督管理局颁布了《医药工业洁净厂房设计规范》(GMP—97)。
1998 年	国家药品监督管理局颁布了《药品生产质量管理规范》(GMP—98)。

近代高新技术,特别是微电子技术的发展过程中,对洁净技术的迫切需求使洁净技术迅速产业化,并取得了快速发展。目前,洁净技术产业已和其他高新产业密不可分,在美国、日本等发达国家,洁净技术已经形成完善的产业标准。在国际市场上,洁净技术和设备的提供多由这些国家居于主导地位。而在我国,现阶段已存在上千家几乎遍布全国各地的洁净室相关设备制造厂、施工安装单位和一批积累了相当丰富经验的设计单位、调试检测单位。全国处于运行状态的各种级别的洁净室面积,据不完全统计和测算,从 20 世纪 80 年代初的 10 多万平方米猛增到现在的 200 多万平方米。某些微电子厂生产车间的洁净级别达到了 0.1 微米 1 级的高水平。

洁净技术作为一种高新技术,其每一次的技术突破和产品创新单独依靠企业自身的力量是无法完成的,从洁净技术的发展历程中,我们可以看到国家在政策上的支持、科技上的投入,以及各类研究机构和大专院校的攻关,为此技术的发展和产业化打下了必要的坚实基础。苏净集团的异军突起正是立足于这一点,以产学研合作作为企业发展的长期技术战略途径和技术革新的源泉,一直占据着我国洁净行业的领军地位。

二、苏净集团概况

苏净集团坐落于中国著名的历史文化名城、“人间天堂”苏州城内,创建于 1970 年,是以制造各类净化设备为主的国有大型企业。其前身是一家生产净化设备等 3 大门类只有 6 个品种的无线电专用设备厂。现为国家经贸委列入的全国 520 家重点企业之一、国家高新技术企业和江苏省支柱产业重点企业之一,是国家人事部批准设立博士后科研工作站的企业之一,并多次承担国家、江苏省重点科技攻关项目,先后获得全国科技大会奖 3 项,国家银质奖

1 项,国家电子部科技进步二等奖 9 项、三等奖 3 项,并拥有 39 项技术专利。2002 年“苏净”牌净化系列设备被中国电子质量管理协会和江苏省名牌战略推进委员会确认为:中国电子行业知名品牌和江苏省名牌产品。

公司现为上市公司——创元科技股份有限公司的主体企业,下辖苏州安泰空气技术有限公司、苏州空调系统设备安装有限公司、苏州安发国际空调有限公司、苏净集团保护气氛设备公司、苏净集团环保工程公司、苏净集团暖通设备分公司、苏净中普电子有限公司、苏净集团苏州苏净仪器自控设备有限公司、苏净集团钢结构房制造公司、苏净集团华泰空气过滤器有限公司。公司现有员工 758 人,其中科技人员 314 名,占职工总数的 41.5%。公司主要产品有:空气净化产品及过滤器,空调净化系统工程,超纯水、废水、废气处理设备,气体纯化产品,洁净监测设备,0-3 复合纳米氧化锌,低压压敏电阻,钢结构厂房等。

1982 年开始,公司进入了一个快速发展时期,产品结构不断调整,规模不断扩大。近年来,公司的各项经济指标几乎每年都保持在 20% 左右的增长率(见表 2)。虽然近几年竞争加剧,但公司的各项经济指标仍保持两位数的增长,销售额连续 20 多年在国内同行业中排名第一。

表 2　苏净集团公司近 3 年完成主要经济指标　　单位:万元

年　份	销售收入	利税总额	实现利润
2003 年	44 466	6 216	4 645
2004 年	51 458	5 863	3 559
2005 年	54 000	5 873	4 080

苏净集团坚持“市场为导向,科技为先导”的方针,积极同国内一些大专院校、科研机构及国外的一些先进企业进行合作、研制、开发,生产紧跟世界潮流、行销对路的产品,以适应快速变化的技术和产业环境,占有更高的市场份额。

作为一家大型国有企业,60 多岁的集团副总工程师陆先生一直强调:国家和社会的需要就是我们公司的目标。无论是神舟六号的研制,还是 SARS 病毒的防治,以及刚刚过去的太湖蓝藻事件而引发的环境治理,都有苏净集团参与的攻关项目,也由此诞生了一些先进的洁净技术和洁净设备。

三、技术能力与核心能力

核心能力又称核心竞争力。这一概念最初由美国著名管理学家普拉哈立德和甘瑞·哈默于1990年提出的。核心能力表现在企业业务链和价值链上某些特定的节点上,对竞争优势起决定性作用。其具有基础性、功能性、根本性和长期性,是一个能力积累的过程,能使企业获得长期稳定的竞争力和超额利润。

核心能力是企业永续经营和持续成长的关键,所以企业在进行战略规划时,一定要结合自身的核心能力,否则将与目标背道而驰。一般情况下,那些长期成功的技术密集型企业已形成了不同于其他公司的、难以模仿的技术能力,企业技术战略的总目标就是充分利用企业内部现有的技术资源、优势和外部可能遇到的技术机遇,通过技术革新来建立、培养或巩固这一能力。

技术战略就是一系列指导和规范公司技术行为的决策和规则,是企业进行技术创新的全面规划和战略性安排,包括技术的获取、维持和利用,技术能力的水平和研究开发投入的强度等。技术战略影响公司技术创新模式和竞争优势,决定了企业研究和开发工作的主攻方向,是公司整体竞争战略的重要组成部分。

企业技术战略的选择和制定不仅要紧紧围绕企业的核心能力,而且还要充分考虑各方面的影响因素,充分了解自身的优势和劣势以及所面对的机遇和挑战,取长补短,趋利避害。

技术战略的根本精神是将技术创新视为创造战略性优势的主要手段,从技术角度寻求企业绩效差异,并提供给管理者通过技术来创造和获取价值的方法和策略。技术战略通常可分为以下几种类型(见表3):

表3

战略名称	特　点
自主开发型	通过开发新产品或新技术,全力以赴地追求企业产品技术水平的先进性,抢占市场。这种战略的特点是开拓精神强、风险大、潜在收益高。但要求企业有雄厚的资金和技术实力,能从技术预测未来市场的潜在需求,特别是企业要以大量的人力、物力、财力投入到基础和应用研究中去
引进创新型	这种战略的特点是使用或模仿他人的专利或转让的科研成果来为本企业服务。采取这一战略不需要投入过多的研发力量,以较低的劳动力、原材料、能源和投资费用从事经营,收效快、成本低、风险小。但对于采用这种战略的公司而言,必须从模仿或引进对象那里获取足够的科学技术信息
合作创新战略	企业为了减小风险和缩短研发周期,让新产品及早投入市场,开始同竞争对手、科研机构等联合进行研制。这种联合研究不仅节约了独自研制的巨大费用支出,而且由于优势互补加速了试制的周期,同时培养、提高了本企业人员的水平,增加了技术积累

各种技术战略的类型适用于不同的战略情况。不同的行业、不同的企业发展阶段采取的技术战略往往也有很大的差别。尤其是对于技术密集型产业,技术战略的制定是否恰当直接决定着企业的发展方向和成败。

随着全球性技术竞争的不断加剧,企业技术创新中面对的技术问题越来越复杂,技术的综合性和集群性也越来越强,面对技术短缺的问题,单个企业依靠自身能力取得技术突破越来越困难。因此,以合作方式进行重大技术创新,通过外部资源内部化,实现资源共享和优势互补成为新形势下企业技术创新的必然趋势。

苏净集团充分认识自身的优势和劣势以及所面临的机遇和挑战,通过多种途径打造自身的核心能力,在长期不懈的努力和坚持中,逐渐形成了主要以产学研合作为途径打造洁净技术这一核心能力的技术战略,取得了良好的收益。

四、苏净集团的技术平台

企业间的竞争在本质上是其核心能力的竞争,构建坚实、先进的技术平台对形成企业的核心能力起着关键的基础性作用;反过来,企业较强的核心能力又可为技术平台的不断升级和更新提供强有力的支撑。企业如果没有一个坚实、先进的技术平台的支撑,产品开发就会失去其存在的基础,企业也将无法获得持久的技术优势和市场竞争力。

技术平台是为了实现一族产品所共享的设计技术、工艺技术及生产制造技术等的整合。一个企业的技术平台由核心技术、中间技术和基础技术三部分构成,技术平台的开发构建应以核心技术为基础,通过开发支撑核心技术的基础技术和中间技术体系,建立企业的技术平台。同时也应该与时俱进,注重技术的跟踪、监测,把握核心技术的开发研究,注重技术的升级和更新,不断在已有的技术基础上创造新技术、开发新领域,只有技术平台的不断升级和更新,才能保证核心技术能力及竞争优势的持续性。

一个先进、强大的技术平台的搭建需要投入大量的人力、物力和财力,需要创造一个良好的硬件和软件环境。基础设施的构建,人才的培养、引进与管理,内外信息的交流互通都缺一不可。很多时候,企业并不缺乏充分的技术资源,而是无法将这些资源以有效的方式进行组合,同时给予各方面有效的辅助以发挥出本身应有的能量。因此,良好技术平台的搭建应该从各个方面激发和调动一切积极因素,无论是环境的创造还是途径的具体选择都应力求恰到好处。

（一）建设一流平台

一家企业要成为技术创新的主体，必须拥有先进水平的创新平台。这其实也正是很多企业的薄弱环节。对此，苏净集团的决策层看得十分清楚：与众多以生产型为主的企业不同，苏净集团是一家技术服务型企业，产品基本上都是非标产品，高标准、多品种、小批量，是凭技术和服务“吃饭”的。而且，由于所在领域的高端市场基本上被世界级大公司、大品牌垄断或封锁，企业只有靠自主创新，才能从激烈的市场竞争中杀出一条血路来。于是，苏净集团不惜重金，确保每年的高比例科技投入，相继建立起了首批省级企业技术中心、首家省级净化工程技术研究中心（也是全国同行业中唯一的一家），设立了全国同行业中第一个博士后科研工作站，成为企业自主创新的主体，也是我国净化行业第一个技术创新的实体，并配备了先进的科研设备。据不完全统计，仅在20世纪90年代，苏净集团用于自主创新方面的投入就超过2 000万元，从而保障了各种自主创新活动的展开。近年来，苏净集团先后建立了空气净化、水处理、工业废水专业实验室；建立了中央空调测试中心；建立了纳米技术应用中试线。同时，还先后引进了日本日立公司原子吸收分光光度计、美国TSI公司凝聚核粒子计数器等一批先进的测试手段，成为中国净化设备行业工艺装备最先进、检测手段最齐全、检测能力最强的企业，为企业的自主创新提供了基础保障。2007年以来，该企业投入技术创新的资金达1 500万元以上，又有14项技术申报了国家专利，其中4项为发明专利已被国家专利局受理，累计申报国家专利的技术已达39项。

（二）营造创新环境

如何留住人才？是所有企业都会遇到的一个问题。苏净集团董事长、总经理钱宝荣对此深有体会，他认为，企业的自主创新关键在于营造一个创新的良好环境。通过多年摸索和完善，目前苏净集团已经逐步建立了适合各种人才发挥自主创新才能的体制机制，只要是净化领域的专门人才，都能在苏净集团找到自己合适的位置，得到应有的待遇，而且还可以“因人设事”，如为特殊人才设立专门的子公司等。到2007年年底，苏净集团已经建立了一支由博士、硕士、本科生及高级工程师、工程师组成的科技人才梯队，科技人员289名，占员工总数的41%；从事应用开发、设计的科技人员132名，占科技人员的45.7%。一些新引进的技术人员将当今先进的纳米技术、生物技术引入到传统的洁净技术中，使洁净技术不断应用到新领域中。目前，苏净集团覆盖了净化全领域的子公司，都是由各种专门人才集聚到苏净集团而逐步建立起来的。

（三）博士后工作站

1999 年 12 月，经人事部批准，全国高新技术产业开发区中第一个区域性企业博士后科研工作站落户苏州高新区。

苏净集团博士后分站于 2001 年 11 月挂牌后，引进了中国科学院固体物理研究所的孙丹峰博士，配备了 2 名硕士研究生、2 名本科生，建立了配套的科研组，并由中国科学院等离子体物理研究所资深研究员、博导、省净化工程中心专家委员会主任季幼章担任技术指导。

苏净集团博士后科研分站为了给孙丹峰博士提供一个良好的工作、生活环境，专门成立了企业博士后工作领导小组，由总经理担任领导小组组长，同时先后投入 3 000 多万元新建了 3 300 平方米的工程技术中心和博士后科研工作大楼，还从美国、英国引进国际先进的测试仪器。孙丹峰博士说："进站后，公司为我提供了一套两室一厅装修完善、各类生活设施齐备的博士后公寓，还解决了我的子女入学、爱人公司异地搬迁等事宜，解决了我的后顾之忧！"更为重要的是，集团公司依据其个人及其团队强大的科研实力和已经取得的骄人科研成果成立了苏州中普电子有限公司，专门从事研制、开发、生产、销售通用型氧化锌压敏电阻器、纳米氧化锌低压压敏电阻器、电涌保护器(SPD)用 MOV 及高能氧化锌压片等产品，并由孙丹峰博士担任公司总经理，为其发展提供了广阔的空间。在这样的条件下，孙丹峰博士安心进行科研攻关，顺利完成了科研项目。

经过两年多努力，科研组完成了"纳米级陶瓷粉体材料制备技术研究"、"纳米 TiO_2 水溶胶材料制备技术研究"、"纳米粉体的分散及表面改性研究"及"0-3 复合纳米氧化锌低压压敏电阻的配方和烧结工艺研究"等一批课题。首批研制成功的 18V 至 33V 低压压敏电阻各项技术性能达到了国内先进水平和国际同类产品水平，累计投放市场 59 万片，其中 50.85% 外销。在此期间，孙丹峰博士还发表了 8 篇论文，申报了一项国家发明专利。出站后的孙丹峰博士，继续留在了苏净集团，成了公司不可多得的科技、经营、管理复合型人才。

孙丹峰博士目前是苏净集团的总工程师兼集团下属公司苏州中普电子有限公司总经理。

（四）产学研合作

众所周知，一家企业无论怎样网罗人才，都只能拥有其中的一小部分。况且，作为企业还必须考虑到经营成本问题。苏净集团的领导层深知其中的道理，因此在狠抓企业人才队伍建设的同时，积极借助"外脑"，走产学研相结合之路。

苏净集团和国内各大院校及研究机构长期开展联合攻关。与同济大学、南开大学、南京理工大学、哈尔滨工业大学、中国科学院各研究机构等都保持着长期愉快的合作关系,每年都有大批合作项目在不断展开。

近年来,该企业先后与南京理工大学合作,完成了国家科技攻关项目,此项技术达到美国、日本等先进国家水平,填补了国内空白。与中国科学院大连物理化学研究所合作开发出高效钯催化剂氨分解制氢装置,达到国际先进水平。与中国建筑科学院合作开发的洁净送风天花技术,成功应用于为保障人民健康的洁净手术室中,达到国际领先水平。与此同时,该企业在自主创新中还先后承担了国家科技部、信息产业部和省、市科技攻关、科技开发项目15项。在此过程中,一批技术含量高、具有自主知识产权的新产品,如膜分离制氮机、大气量氨分解制氢装置、生物安全柜、微振动污泥浓缩脱水一体机等,形成了企业新的经济增长点。2005年,该企业新产品销售收入占总销售收入的51.6%,高新技术产品销售收入占总销售收入的71.3%。自主创新为企业赢得了良好的社会效益和经济效益。

2007年是苏净集团产学研项目最为丰盛的一年,集团与国内多家机构联合的产学研项目达到创纪录的7项,具体项目如下(见表4):

表4　2007年苏净集团产学研合作项目

合作项目名称	合作单位
污泥灭菌储存料仓系统	苏州大学
人工气候环境实验室	南京理工大学
环境污染治理新技术专项	中国科学院光电研究所
电镀废水深度处理成工艺用 纯水技术与成套设备开发及示范工程建设	江苏环境科学研究院
P_3 生物实验室的新型纳米杀菌设备	中国科学院纳米技术与纳米仿生研究所
多元复合纳米粉料在半导体陶瓷中的应用	中国科学院物理研究所
氧化锌压敏电阻微波烧技术开发与产业化	中国科学院固体物理研究所

五、0.1微米空气净化设备的研制

任何产品最终都会成为普通商品,只有不断保持技术领先和产品领先的企业才会有强大的生命力。苏净集团采取的正是坚持以洁净技术为核心、以产学研合作为途径、以技术开发为基础,充分考虑市场的需求,不断开发新技术,创造新产品,引领行业潮流的技术战略。

我国洁净技术和设备与国外先进国家相比差距是明显的。我国1965年才开始生产的HEPA过滤器比国外晚了15年。1975年开始生产的光散射尘埃计数器比国外晚了20年,0.1微米洁净技术和设备在先进国家已经是成熟技术,我国才刚刚起步。

为了缩小我国在洁净技术和设备上与先进国家的差距,为发展我国微电子产业、生物技术及高新技术产业提供必要的工艺设备,我国先后设置了一批国家科技攻关项目,投入大量人力、物力、财力开展科技攻关。"八五"期间,苏净集团承担了国家重点科技项目"0.1微米空气净化设备"的研制,通过"八五"科技攻关已研制成功"0.1微米无隔板ULPA过滤器";研制成功我国空气净化技术的最高水平"0.1微米10级超净室",控制精度达±4%,为发展我国硅片图形线宽1微米的超大规模集成电路提供了关键设备,打破了西方发达国家对我国的技术封锁;研制成功的"0.1微米激光尘埃粒子计数器"达到了国际先进水平,使我国成为世界上能生产0.1微米激光粒子器为数不多的国家之一。

0.1微米10级高度洁净技术如今已成为一种可靠的技术成果被广泛运用于微电子、生物制药、纳米技术等尖端领域。"嫦娥一号"在发射之前,火箭及卫星中的很多关键零部件都必须保存在洁净程度极高的环境中,0.1微米10级高度洁净技术在"嫦娥一号"的成功发射中起到了很大的辅助作用。

国家重大的科技攻关项目仅仅依靠企业自身的科技力量是很难完成的。为了保证课题的按时按合同要求完成,苏净集团分别与同济大学、南京理工大学签署了产学研合作协议,充分利用不同院校在特定专业或技术上的优势,由大专院校和科研院所与公司共同通过产学研合作开发解决攻关课题中的技术难题。

同济大学在暖通空调技术领域的研究居于全国领先地位,其理论研究和实验条件为0.1微米10级超净室研制开展洁净室层流洁净空气的气流组织研究提供了不同风量、风压及层流方式下洁净室气流组织的数据,为0.1微米10级超净室的设计提供了关键技术的理论依据,并通过洁净室中不同层流的气流组织开展了对洁净室温度、湿度、压力差变化的一系列相关模拟试验,提供了达到国际标准要求的实验数据,为完成本项目的科技攻关提供了理论和试验数据,成为本项目科技攻关的关键技术。

南京理工大学物理学院在激光传感技术方面的应用研究领域居于国内

领先水平。苏净集团公司在研制0.1微米激光尘埃粒子计数器的国家科技攻关课题中,激光光学传感器成为该科技攻关中的关键技术难题。传统的"旋转抛物面非球面透镜"的光学传感器由于0.1微米尘埃颗粒的散射光强度仅为国内通常检测的0.5微米尘埃颗粒散射光强度的1/1 000,如此微弱的散射光不仅接收难度大,而且信噪比无法提高。南京理工大学利用在激光传感技术领域中的技术优势,通过与北京大学的合作,经过大量精确的计算,设计了"旋转椭球面镜"的光学传感器,并在学校研制成功。该课题的散射腔结构采用腔内散射,结合"旋转椭球面镜"的光学结构,使光敏感区设置在激光谐振腔内,气路系统采用超细微激光束,配置特殊结构的光陷阱,取得了良好的消杂光效果,确保了核心部件的性能,为研制成功我国第一台0.1微米激光尘埃粒子计数器解决了关键技术。

0.1微米激光尘埃粒子计数器研制成功后,苏净集团与南京理工大学进一步长期合作,由南京理工大学专门为苏净集团的激光尘埃粒子计数器提供学校研制的激光传感器。双方在产学研的合作中长期获得了双赢,并获电子工业科技进步二等奖。

六、BSL-3生物安全实验室洁净系统开发与产业化

(一)项目背景

生物安全在全球受到越来越多的重视,特别是非典型性肺炎(SARS)和高致病禽流感爆发以后,国内从专家到普通百姓都认识到我国在生物安全领域面临的严峻形势。国家加大了对突发疫情的预防和控制,以预防和控制SARS病毒、禽流感病毒、炭疽病毒等危险病原体的传播;对未知病毒的研究及预防疫苗的探索都必须为操作人员提供一个具备安全保障的专用实验室。随着我国经济的发展和科学技术的提高,现代生物技术有了快速的发展,而且生物医药学领域的研究不断扩大和深入,对实验设备和实验手段的要求也越来越高,对各级各类生物安全实验室的需求也越来越大。但我国BSL-3级生物安全实验室的研究仍处于起步阶段,国内企业还没有能力独立设计并建造符合国家标准的BSL-3级生物安全实验室,只能完全依靠进口。

生物安全实验室须经过特殊设计和建造,其洁净系统设计、建造是生物安全实验室的关键技术。研制开发符合国家标准的BSL-3级生物安全实验室洁净系统成为我国生物安全实验室急待解决的关键技术。

(二)项目进展

苏净集团通过与天津大学环境与工程学院合作,利用本企业长期从事洁

净室研制、生产的经验和高等院校的科研及技术优势成功研制了 BSL-3 级生物安全实验室洁净系统,在国内尚属首创。该样机已经通过专业检测机构(北京比赛福生物安全技术有限公司实验中心)相关安全评价。该项目的成功开发将提升我国生物安全实验室设计及建造水平,以满足科研和社会发展之急需,为 BSL-3 生物安全实验室更深入的研究及其他相关研究提供了实验平台,有关技术亦可应用于传染病医院的负压隔离病房设计建造,可以实现替代进口,同时也可为企业取得良好的经济效益和社会效益。

表 5　项目工作内容及进展

2006 年 4 月 ~2006 年 12 月(样机总体方案论证)	搜集国内外情报资料,完成项目总体方案初步设计。 邀请有关专家对初步设计进行评审,根据评审意见修改、设计、定稿。
2006 年 12 月 ~2007 年 1 月(确定样机洁净系统方案)	进行样机的数值模拟实验研究,确定了合理气流组织的合理位置。 对样机空调系统进行设计,确定排风系统设计的最优方案。
2007 年 2 月 ~2007 年 6 月(样机设计及设备配件采购)	进行样机空调净化系统、结构系统施工图设计及金属洁净门改型设计。 进行样机配电系统、水系统、气系统设计及"门禁系统、监控系统、消防系统"特种专业施工图设计。 进行自控系统专用软件编程的计算设计和有关控制箱的设计及制作。 进行有关设备、配件仪器、材料的选购和零部件加工。
2007 年 6 月 ~2007 年 9 月(样机构造)	根据前期设计以及生物安全实验室设计、建造的特殊要求进行实物建造。
2007 年 10 月 ~2007 年 11 月(样机调试及分析实验)	样机建造完成后,按照 BSL-3 级生物安全实验室的国家标准进行样机性能的调试。
2007 年 12 月上旬	由相关检测机构对已建造完成的样机进行安全评估。

(三)项目的组织

本项目的开展采用项目合伙创新模式,由苏净集团项目部和天津大学合作方进行沟通与交流,但项目的执行和管理由双方分别进行,企业方面负责样机的实物设计、建造工作及成果的产业化转化、市场开拓;校方负责项目的技术方案确定、系统调试、检测技术指导及相关软件开发等工作,保证技术资料的完整、准确、可靠。

（四）项目的投资与收益

本项目实际总投资近300万元，主要由苏净集团提供，并获得了江苏省科技厅的支持以及苏州市科技资金的支持。同时，合同规定，由苏净集团向校方支付技术服务费，以及项目研究过程中天津大学研究人员的劳务费。合同约定，项目所取得的研究成果属双方共同所有，对项目今后可能取得的经济收益确定的分成比例为各占50%。

本项目的研究成果包括：国内核心期刊上发表论文两篇；向国家知识产权局申请发明专利已被受理1项；申请实用新型专利已被受理1项；已授权颁发实用新型专利证书1项。产业规模预期3年内将达到数千万元，同时该项目的成功开发使我国生物安全实验室建造水准达到国际先进水平，对科研和社会发展都有积极的意义。

七、展望

高新技术产业的发展速度之快，已不再是三十年河东、三十年河西，而是一日千里。面对竞争越来越激烈的市场和产业环境，紧跟时代的步伐，不断创新才是企业的生存之道。

几十年来，苏净集团所取得的成绩有目共睹，以洁净技术为核心的几大产业支柱已经形成。但随着公司规模的不断扩大，产品种类的不断丰富，国内市场的领先地位已无法适应企业发展的要求。

在2008年新春伊始的公司战略研讨会上，集团副总工程师陆先生在回顾、总结公司发展的经验和教训后说道：苏净集团今后的发展，必须围绕洁净技术这一核心，以国家社会需求为导向，走出一条产学研合作发展的新路。

讨论与思考

1. 在苏净集团的发展中，技术创新起了非常关键的作用。请你就苏净集团的事例说说企业技术创新中，技术发明和市场需求分别扮演了什么角色？

2. 依据案例中的描述，请你分析产学研合作在苏净集团的核心能力形成和发展中起到了什么样的作用？

3. 请你从知识的视角，分析一下苏净集团在产业发展上存在什么样的问题？或者你是如何定义专业化和多元化的？

4. 本案例中，产学研合作的基本方式有多种，请你分析一下本案例中所涉及的合作方式的优缺点和各自适用的条件。

苏州第一光学仪器有限公司的产学研合作

吴 剑 梅永国 钱 辉

案例提要 产学研合作是企业技术创新的重要方式,苏州第一光学仪器有限公司在技术创新中,以"人才第一、产学研合作发展"为依托,取得了骄人的成绩。本案例描述了苏州第一光学仪器有限公司在产学研合作中的项目合作、知识与信息交流、人才培养等方面的实际运作状况,试图展示该企业在产学研合作发展中所作的积极探索。

2007年10月20日,由苏州第一光学仪器有限公司(以下简称苏州一光)赞助的"苏一光"杯测量技能大赛在青岛理工大学黄岛校区拉开帷幕,60个组共240名学生参与比赛,经过一天的激烈角逐,12个组脱颖而出,共决出一等奖2组、二等奖4组、三等奖6组。

为了表彰在测量大赛中表现优异的团队,鼓励同学们积极参加活动,10月21日上午在青岛理工大学召开了"首届'苏一光'杯测量技能大赛表彰大会"。测量技能大赛总裁判长郭老师公布获奖名单,与会领导为获奖选手颁奖,苏州一光副总经理柏小海简单介绍了公司情况,并热烈邀请应届毕业生加入他们公司。

会后,管理学院院长邵军义、书记王新等与苏州一光领导就校企合作、产学研结合等方面进行了座谈。苏州一光副总经理柏小海表示要与管理学院加强合作,在管理学院建立测量人才培养基地,同意管理学院在苏州一光设立就业基地,进一步扩大合作领域,以后继续赞助举办测量大赛,并扩大比赛的规模及影响,将"苏一光"测量大赛打造成青岛理工大学学风建设的品牌活动。

本次大会的成功举办,极大地激发了同学们参与的积极性,提高了他们的实际操作技能,帮助同学们更好地适应社会对复合型人才的需要。而这仅仅是苏州一光进行产学研合作的一个缩影。

一、公司背景

苏州第一光学仪器有限公司(以下简称苏州一光)成立于1958年,是一家拥有50年历史的老厂,公司位于苏州市凤凰街孔付司巷。20世纪末,苏州一光改制成股份制企业,现在是苏州创元集团旗下,以研发、生产、销售大地测量仪器为主的专业企业,江苏省高新技术企业。公司注册资本6 000余万元,年销售额达到2亿多元人民币,其中新产品的销售额占总销售额的50%左右,每年为国家创造税收千余万元。苏州一光历来非常重视企业研发投入,企业每年的研发投入占到销售收入的6%左右。公司拥有进口加工中心、车削中心、电火花成型机、三坐标测量机等先进的加工设备和完善的检测设备。公司产品开发手段先进,采用美国EDS公司UGⅡCAD/CAM计算机辅助设计制造系统;实施完善的质量管理体系,对产品质量实施全员、全过程和全面的控制和管理;质量管理体系分别于1996年和2002年获得DNV(挪威船级社)ISO9001:1994和ISO9001:2000认证。"一光"牌产品在质量上一直保持优良等级,曾多次被国家质量监督部门评为一等奖,荣获中国机械工业名牌产品称号。产品在全国测绘仪器行业具有较高的知名度,并以其卓越的品质深受客户推崇,所以一光产品不但在国内拥有较高的市场占有率,而且还远销欧美、澳大利亚、非洲和东南亚各地。

苏州一光坚持"勇于创新,精益求精"的企业精神,依托科技进步和创新务实的管理理念,开拓进取,打造优质产品服务于社会,使企业规模迅速扩大,综合经济效益始终名列全国同行业前茅。"一光"牌仪器设备更是在同行业中独树一帜,品牌影响力不断增强,多次受到国家权威部门的嘉奖,同时,苏州一光还被评为先进企业(见表1)。

表1 苏州一光近年主要荣誉

2006年12月	荣获2006中国自主创新型企业
2006年8月	荣获中国制造业500强企业
2006年6月	荣获行业品牌先进企业
2006年5月	荣获中国工业行业排头兵企业
2004年9月	中国工业经济联合会、中国机械工业联合会、中国工业报社联合确认苏州一光为"2003年中国机械工业企业核心竞争力优秀企业"

续表

2003 年 12 月	“一光”牌光学经纬仪、电子经纬仪被苏州名牌产品认定委员会确认为 2003 年苏州名牌产品
2003 年 9 月	江苏省科技厅再次确认为高新技术企业
2003 年 4 月	公司 OTS 全站仪被国家科学技术部、税务总局、商务部、质量监督检验检疫总局、环境保护总局联合确认为国家重点新产品

近年来，苏州一光依靠技术创新、产学研合作发展，加快机电一体化等高新技术产品的研发，提高工作效率，缩短产品开发周期，使苏州一光产品逐渐多样化。公司现在主要产品有 GPS 接收机、全站仪、电子经纬仪、光学经纬仪、水准仪、垂准仪、扫平仪和建筑装潢仪八大系列近百个型号。公司经济效益不断提高，员工工资水平连续几年实现稳步增长（见图 1）。

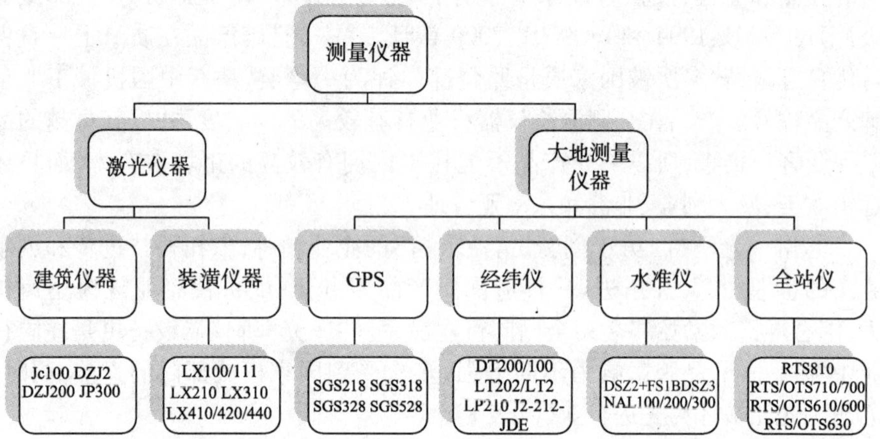

图 1　苏州一光主要产品结构图

自 2000 年改制以来的 9 年时间里，苏州一光通过创新管理，加强研发，提升质量，优化服务，完善产品结构，取得了行业领头羊的地位，实现了经济总量、利润收入的大幅度提高和人均工资的 2.5 倍增长，企业被评为江苏省和谐劳动关系模范企业。

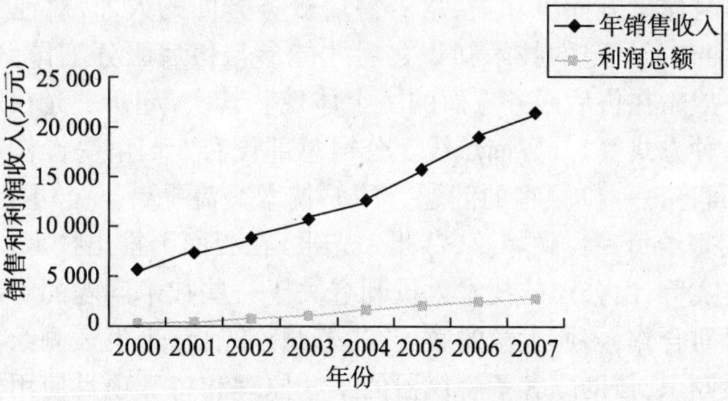

图 2　苏州一光 2000 ~ 2007 年销售和利润收入变化图

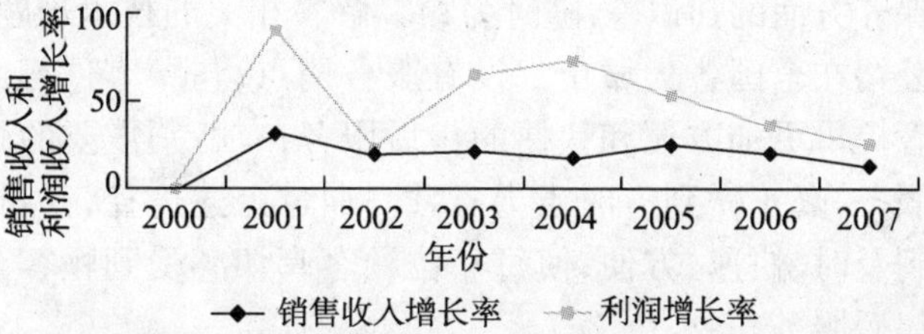

图 3　苏州一光 2000 ~ 2007 年销售和利润收入增长率变化图

二、公司优势

（一）品牌优势

苏州一光是一个具有深厚文化底蕴和悠久历史的测绘仪器生产企业。近年来，公司以科学的态度、高度的责任感和务实的作风，坚持以市场为导向，以客户利益为己任，使公司产品成为国内品种最多、规格最全的测绘产品制造商。在品牌建设方面，苏州一光决策者们坚信品牌是企业实现可持续发展的生命之源，必须坚持品牌优先发展战略。为此，苏州一光在"人无我有，人有我优"原则的指导下，融合和谐的品牌文化内涵，在品牌生命周期和消费者对品牌忠诚度上加大力度，使"一光"品牌始终处于市场强势地位，为苏州一光的规模扩大和发展奠定了良好的基础。今天，"一光"品牌赢得了良好的市场反应，但这一切是来之不易的，更深层次是苏州一光具有的"以质为本、以客为尊"的客户服务理念所带来的无形收益。

（二）服务优势

苏州一光在生产经营销售过程中，始终坚持顾客第一的原则，公司为每一位顾客提供了测量解决方案、仪器使用培训等方面的支持性服务。苏州一光首先在自身建设方面下功夫,培养售后服务方面的人才,对他们进行专业技术认可,拥有了一定的技术知识之后才能参与售后服务工作,这是公司贯彻人才第一战略在售后服务方面的一个体现。其次,苏州一光在服务方面主要有以下几种方式:(1) 咨询热线。公司总部设有专门解决操作难题的技术小组,用于回答每一位顾客的问题。(2) 技术交流平台。公司主办《苏州一光报》,定期寄给每一位顾客。《苏州一光报》在版面上推出技术长廊、交流平台和知识连线等,由公司的技术人员刊登关于一些技术问题的解决方案。同时通过产学研合作,多所大学的教授在《苏州一光报》上发表测绘方面的基础性和应用性知识,帮助顾客了解仪器的某些原理和特殊项目使用仪器的一些方法。另外,公司主办了一个网站,网站内容丰富,有公司介绍方面的知识、仪器使用和保养方面的知识等,随时为顾客解答相关的技术难题。(3) 布局服务网点。公司在全国各大城市都设有服务网点,与顾客进行面对面交流,给每一位顾客提供更加方便和快捷的售后服务,有特别需要的顾客,公司都能提供上门服务,真正做到省时省力省钱。通过上述途径,苏州一光在售后服务方面做到及时、快速、方便,使每一位顾客真切感受到顾客至上、省时贴心和谐化的售后服务。

苏州一光处理客户异议的方式:

1. 制定处理客户异议的工作流程

对于客户异议事项,要区分经常性和突发性两种情况,建立一整套处理客户异议的工作流程,包括报告、接待、登记、处理、反馈、信息利用等流程,明确责任,界定职责,并实行严格的责任追究。一本完整的工作流程记录能消除客户的疑惑,能够让客户完整评价苏州一光的服务效率。

2. 改进工作流程和提高服务质量

加强对客户异议信息的利用和转化,采取一些行之有效的措施,建立客户信息资料档案,不定期与客户进行联系。例如,根据当地的气候特点,适时提醒客户对仪器的正确保养方法,一方面给予客户温情的关怀,一方面减少因保养不当而产生的故障问题,一举两得。

3. 有一定身份的管理者和相关服务人员迅速到现场进行处理

认真听取客户异议,关心并帮助客户,当场给客户一个比较满意的答复或请示上级领导人后给客户一个圆满的答复。如遇技术问题,应在最大限度内解决客户的疑难问题,不能解决的,应迅速与厂方联系,以寻求解决途径。否则,既不能解释真相,又不能解决问题,只会使问题变得更糟,客户的抱怨更大。

4. 提高员工素质

从根本上说,还在于提高员工的综合素质,包括服务艺术、服务技巧和服务技能,增强对市场和客户的应变能力。一个品牌的树立不是一朝一夕的事情,而是靠广大员工一点一滴的努力积累形成的,服务包括专业化和人事化,测量技术属专业化,所以公司需要定期对员工进行操作、维修、营销等方面的培训,以适应当前测绘仪器技术迅速发展的需求。

(三)政府支持优势

首先,苏州一光作为一家江苏省高新技术企业、中国自主创新企业,是建设创新型国家的社会主力军;其次,苏州一光的产品作为精密仪器行业的一类,是创新活动的主要载体;再次,苏州一光拥有一支优秀的高素质人才队伍,制造和研发等方面的技术能力在国内遥遥领先。这些因素都使苏州一光成了政府的重点支持对象。据统计,在2006年和2007年,苏州一光获得了政府的多项创新支持,这些支持是对苏州一光多年来重视技术创新的肯定,也对激发和帮助苏州一光未来进行技术创新产生了巨大的作用(见表2)。具体作用有以下两方面:

第一,政府支持使企业技术创新能力有了较大幅度的提高,有目的地培养了企业自己的人才,使企业的自主开发意识和研发投资水平比以前有了很大进步。

第二,通过政府支持,促进了公司对引进技术的消化、吸收和再创新,提高了二次创新的成功率,加速了高新技术的产业化,使企业的创新更加便捷化和主动化。

表2 2006年和2007年政府对苏州一光的支持一览表

序号	项目	奖项	支持额(万元)
1	绝对编码全站仪	获得苏州市科技攻关项目	30
2	省技术中心建设	获得省技术中心建设资金	80
3	省著名商标	省著名商标奖励	16
4	技术开发	技术开发费用合计扣除	7
5	科技进步	苏州市科技进步奖	2

三、苏州一光的技术创新体系

(一)以创新理念打造高素质的人才队伍

松下幸之助的名言:"企业最好的资产是人。"人才运用的最高境界是使企业需求的人才能够适时、适才、适量、适质地供应,做到人尽其才,把人摆在正确的位置。这是考验管理者智慧的一个难题,也是人力资源管理的最高指导准则。在苏州一光,时刻透露着一种尊重人才的氛围,企业将人事部改成了人力资源部,这不仅仅是一个名称的改变,更重要的是一种观念的转变。苏州一光的经营者们认识到:人是资源,它所关注的是人的工作和工作的人。人力资源管理的目的是通过对人力资源的开发与管理,投资于人力,实现人力资本的升值,进而为企业创造更多的价值。正是在这种观念的引导下,苏州一光多年来重视人力资源开发扩展和人力资源的培养,主要集中在以下两个方面:

一方面,苏州一光在企业精神"勇于创新,精益求精"的指引下,多年来坚持人才队伍建设,大量吸纳优秀的高校毕业生,在政策上鼓励员工的学习热情,加强员工的创新意识,形成崇尚学习、鼓励创新的企业文化氛围。目前,苏州一光拥有技术人员120多名(总员工数500多名),分布在技术开发、管理等重要岗位上。同时,为了加快产品结构的调整,公司领导审时度势,加快了高技术操作工人的培养,把高技能的技术工人纳入到人才管理范畴,扩大了人力资源管理的内容,每年对这批技术操作员工进行教育培训,以便其掌握最新的技能,真正体现了人是资源的理念。另外,公司结合国家启动的高技能人才培训工程,抓住机遇,为技术工人的技能鉴定创造一个良好的环境,把培养企业急需的技术技能型、复合技能型和知识技能型的高级蓝领队伍作为公司整体战略的重要组成部分。在苏州市劳动和社会保障局等有关部门的帮助下,结合企业对技术工人的要求,制定了技术工人职业标准(对应国家职业资格二级、三级),标准中体现企业的要求和特点占了60%以上。同时,根据公司的实际情况,制定了近400小时培训大纲和考核的标准,采取联合办学的形式,妥善解决了非通用工种技能鉴定的权限和公司特点相结合的难点。三年来,在完成规定的学习和培训任务后,经严格考核,50多名员工获得了江苏省劳动和社会保障厅颁发的"光电仪器装校工"等技术职业资格,70多位员工获得了苏州市劳动和社会保障局颁发的高级工职业资格,使公司的高级工以上的高技能人才达到110多名,占技术工人总数的42%,占参加过技能鉴定总人数的56.4%,远高于全国平均水平。通过这种方式,公司培养了制造系统中迫切需要的高级蓝领,打造了专业技术人员和高技能工人两支举足轻重的人才队伍,保证了产品的质量,提高了产品研发能力。

另一方面,公司经营管理层深知,光靠几个人的力量要加快创新是远远不够的。为此,苏州一光注重与高等院校的合作,多年来与国内众多著名高校建立了产品开发、学术交流和人才培养的合作关系。苏州大学、解放军信息工程大学、西安理工大学等高校在此建立了教学实习基地,通过这种方式,做到产学研合作发展,获得双赢。公司通过建立有效的人才选拔、使用和激励机制,不断探索技术创新的新模式,提高企业的技术创新能力。在产品开发方面,公司实行项目组组长负责制,制定鼓励新人的考核及奖金分配方案,鼓励技术创新,培养敬业精神好、有发展前途的青年技术人员,对他们大胆提拔,加强培训,使他们学以致用,为公司作出更大的贡献。

通过以上两个方面的努力,解除了公司人才方面的后顾之忧,为企业的发展注入了后劲,促使企业在越来越激烈的市场竞争中脱颖而出,扩大产品的市场占有率,提高企业的经济效益。

(二)将技术创新和产品结构升级相结合,转变经济增长方式

随着科学技术的发展,测绘仪器发展迅猛,光机产品一枝独秀已不能适应市场经济的发展要求,公司领导层敏锐地发现了这一点,迅速打响了由光机产品向光机电产品发展的攻坚战,并于1998年完成了江苏省产学研联合优秀项目——第一台电子经纬仪面市。随后公司加快了以技术创新为核心的产品结构调整步伐,一批具有光机电(算)一体化的高新技术产品,特别是全站仪系列、电子经纬仪系列等,这些产品具有技术含量高、附加值高等优点,在全国测绘行业有很高的知名度。目前在苏州一光产品中,光机电一体化的产品国内市场占有率高达50%,占公司总销售收入的60%。近年来,公司一直致力于全站仪的研究开发。在技术上取得了巨大成就,掌握了该产品的核心技术,并已成功使用了免棱镜测距(测程达到150米,内置测量应用软件)、电子水准仪等先进技术,技术水准在国内处于领先地位,并已接近国际先进水平。

(三)公司技术创新主要运行方式

公司主导产品及其生产工艺技术创新方式主要实行以自主创新为主、产学研合作、引进再创新和购买他人技术等方式。在这些方式中,公司的自主创新主要由公司内部的研发机构来完成。研发机构主要运行情况有以下几个方面:

(1)研发人员:目前公司共有研发人员64人,其中高级职称和研究生学历以上人员有18名。

(2)研发投入:近几年公司研发投入占全年销售收入的5%以上,主要用于购买相关仪器,发展具有自主知识产权的新技术、新产品,改造研发人员的工作环境等方面。

(3) 产出: 以用户需求为出发点,进行技术创新。近年来,公司在新产品研制开发,技术装备的改造,新工艺、新材料的应用以及技术创新机制和管理体制创新的探索上都有长足的进步,成功开发了全站仪、电子经纬仪、GPS 接收机、激光工程仪器、测量应用软件等多个系列近 50 种产品,并在公司内部实行多项创新制度改革,营造了良好的企业创新氛围(见表 3)。

表 3　苏州一光近年研发成果一览表

产　出	描　述
OTS 全站仪	国内第一台免棱镜全站仪,获国家重点新产品称号
手持激光测距仪	列入苏州市国际科技合作项目计划
防爆型全站仪	国内第一台防爆型全站仪,使苏州一光成为国内唯一拥有防爆两证(防爆合格证、煤矿矿用产品安全标志证书)的厂家
电脑全站仪	国内第一台
电脑型免棱镜全站仪	国内第一台

(4) 研发管理模式: 苏州一光重视管理模式的创新,公司成立了专门的研发机构,现有江苏省技术中心和苏州市工程技术研究中心。试验、检测设备齐全,主要设备有进口加工中心、三坐标测量机、激光数字波面干涉仪、分光光度计、温度试验设备、室内基线场等先进的仪器与设备。设备涉及从光学、机械到电子、计算机等多个方面,从而保证了新产品的开发。另外,在管理方面,公司制定了多项管理标准,有《管理评审程序》、《设计开发控制程序》、《特殊产品过程控制程序》、《特殊工序控制程序》、《计量和检测设备控制程序》、《技术攻关管理制度》、《工艺方案设计管理制度》等。

(5) 研发人员的激励方式: 根据创新能力和工作经验对人员实施考核,根据考核实施奖罚。除项目开发初核定的项目责任收入外,公司每年对开发项目都组织专家评审,对重大突破项目实行重奖。在惩罚方面,公司实行末位淘汰制度,保证正常的人员流动,避免人浮于事。

(6) 研发项目组织方式: 苏州一光研发部在内部产品开发上实行项目组组长负责制,每个项目经费单独列支。公司在下达新产品研发计划的同时,通过招标产生项目组组长,再由项目组组长与其他技术人员协商组成产品开发项目组。组长负责总体方案的编制、开发计划的制订、研发工作的组织、研发成员的考核、奖金的分配以及部门节点检查和考核等。

在研发方面，苏州一光通过对研发的重视、研发投入的合理使用以及有效的研发管理模式，使公司在国内测绘仪器行业进入了领先地位，结束了测绘仪器市场电子化、信息化产品只有国外进口的历史，打破了国外电子测绘仪器产品市场垄断的地位。

四、苏州一光产学研合作情况

所谓产学研合作，就是生产、教育、科研不同社会分工系统在功能与资源优势上的协同与集成化，其实质是促进技术创新所需的各种生产要素的有效组合。从优势互补考虑，在宏观上让大学、产业和科研三要素以合作的方式组成更大的教育生产系统——产学研合作系统，这样就具有更完备的结构，也能发挥培养创新人才的系统功能，形成各个组织优势互补的综合优势。另外，在机制上有利于保障科技预测与决策的正确性、可靠性和可控性，减少和防范科技成果转化的技术风险和市场风险。更重要的是，产学研合作发展促使技术研发向高校、科研机构转移，使公司具有更多的技术选择机会，增强公司利用可获取知识进行技术开发、产品开发的能力，提高公司的技术创新速率。

苏州一光历来非常重视与国内众多高校的产学研合作，先后与武汉大学、同济大学、中南大学、苏州科技学院等众多高校进行合作，而这些产学研合作主要集中在项目合作、知识与信息交流以及人才培养三个方面。

（一）项目合作

苏州一光作为国内领先的测绘仪器制造商，具有研发先进测绘仪器的实力，但是目前测绘仪器行业发展迅猛，新技术层出不穷。苏州一光的领导层深刻意识到了这一点，随后在企业发展过程中不断采取中外合作、院企合作、校企合作和定牌制造等多种形式进行技术交流。在技术引进、消化、吸收的过程中，不断提高自主创新能力，提高产品的品质和档次，并将自己的产品推向国内外市场，收到了显著效果。

在项目合作上，由于技术交易本身具有信息分布不对称、信息披露不完全的特点，这种特性易造成双方对技术价值的看法不一致，给产学研合作造成极大的困难。但是苏州一光管理层对于这些情况的出现已经有了一定的准备，他们积极应对，通过对合作的方式和步骤进行大胆的机制创新，对合作项目进行严格选择。在项目合作的选择上，苏州一光有以下三步。首先，了解自己。苏州一光在企业内部采取与技术人员、操作人员座谈交流以及职工大会等多种方式，归结出企业自身所具有的优势，明确苏州一光未来发展的方向以及产品开发的路线。其次,苏州一光积极与客户、经销商和国内外同行保持联系,及时得到产品和市场的反馈信息以及技术的最新发展方向,不定期请求消费者给予产品性能、用户所需趋势等方面的建设性意见。再次,通过与国内众多高校的交流,调查研究他们的技术优势,筛选出技术符合自身发展的高校。另外,苏州一光主动与进行项目合作的高校、研究机构进行协商,了解对方对合作的要求,制定双方都能接受的合作方式和利益分配方案,保证双方的利益,在项目合作前期就解决所有的合作机制问题,做到无任何后顾之忧,推心置腹合作。

通过以上方式,苏州一光做到知己知彼,有目的有方向地选择合作伙伴,基本做到选择一个,成功一个。近年来,苏州一光先后与武汉大学进行GPS接收机技术、电经全站仪信号调试检测设备、激光扫平仪检测设备、绝对编码测角技术研究等的开发;与同济大学进行数字图像测图软件的开发;与中南大学进行全自动陀螺仪的合作研发等(见表4)。这些成功的合作一方面来自于公司和高校的技术实力,另一方面得益于苏州一光优秀的项目合作选择机制。通过这些与国内院校、科研单位等的合作,苏州一光做到了优势互补,加快了产品上市速度,实现了科研成果产业化。

表4　苏州一光近年与高校产学研合作项目一览表

序号	合作高校(研究所)	合作项目	状态	成果
1	武汉大学	GPS接收技术	完成	实现销售收入60万元
2	武汉大学	电经全站仪信号调试检测设备	完成	提高质量控制能力
3	武汉大学	激光扫平仪检测设备	完成	提高质量控制能力
4	武汉大学	绝对编码测角技术研究	完成	实现销售收入450万元
5	武汉大学	电子水准仪技术	完成样机	
6	同济大学	数字图像测图软件开发	完成	完成销售收入40万元
7	中南大学	全自动陀螺仪开发	列入2008年开发计划	
8	苏州科技学院	共建工程技术研究中心	申报省级	已获市级研究中心
9	同济大学	度盘精度测试仪	完成	提高产品可靠性,效率提高100%

（二）知识与信息交流

内部知识和信息联系的重要性对公司来说不言而喻，但是在科技发展迅速、学科相互交叉渗透的今天，即使在特大型企业中，也难以做到“知识和信息自足”，科技人员必须不断同外界保持广泛的信息联系，去捕获所需的各种科技知识和信息。因此，公司必须始终处于“开放”状态，不断同其他企业、科研机构、高校互通信息，并吸取各种有用的科研知识和信息。

在苏州一光的发展过程中，十分注重知识和信息的交流，尤其是在产学研合作中，苏州一光通过各种方式与高校和研发机构进行知识和信息的交流，提高苏州一光的自主研发能力，优化自身的知识结构。这也是苏州一光产学研合作的一个重要方面。

一方面，在项目合作初期，苏州一光要进行内部信息交流，整合所有技术人员的关系信息，通过这些关系信息，扩大人才的选择范围，整合相关技术人员；同时，苏州一光要与对方进行全面的信息交流，知道对方技术知识和技术能力的优势所在，了解高校的核心技术研究方向，最终决定合作伙伴。另外，在产学研合作的项目中，双方合作开发技术项目，双方派技术人才组成项目组，设立项目组组长，将外部知识进行内部转化，使个体知识部门化，提高知识的利用能力。经过这些步骤，使得产学研合作更加全面化，在整个产学研合作过程中，既有了项目的成功，也带来了公司发展所需要的知识。

另一方面，苏州一光还聘请了国内许多高校的教授作为公司的指导专家，这些专家在《苏州一光报》上发表了多篇技术文章（见表5），促进了知识的转移，提供了更多的知识信息。同时，通过《苏州一光报》，让客户知道苏州一光产品的应用知识和产品信息，真正做到专家、公司技术人员、客户三者的知识一体化，提高了一光产品的应用范围，为一光品牌的建设奠定了良好的基础。

可以看出，通过产学研合作，苏州一光进一步增强了自己的优势，在产学研合作的基础之上加强内部知识和信息的交流，建立起公司内部员工和外部指导专家之间的学习型组织，促进了知识和信息的传递，使品牌、服务、人才三方面的优势更加突出。

表5 近两年专家在《苏州一光报》上发表的论文

序号	时间	期数	作者	大学	文章名称
1	2006年5月	第7期	高俊强	南京工业大学土木工程学院	《钢管混凝土拱桥吊装过程检测》
2	2006年10月	第12期	黄德全	中山大学	《RTK GPS 在动态吃水改正中的应用研究》
3	2007年3月	第16期	黄德全	中山大学	《应用全站仪进行三角高程测量的新方法》
4	2007年6月	第18期	中国人民解放军信息工程大学		《全站仪计量检定Ⅰ》
5	2007年6月	第19期	中国人民解放军信息工程大学		《全站仪计量检定Ⅱ》
6	2008年1月	第25期	徐鸣	西安理工大学	《实习基地给高校测绘专业带来无限生机》

(三)人才培养

近年来,公司十分重视人才的培养与开发,注重先进技术的转化与应用。几年来,公司不仅成为一批国内重点高校的教学实习基地,而且还拥有数十名包括高级工程师、硕士研究生和国内外测绘仪器研发专家在内的专业科研人员,组成了一个强大的研发团队,成了公司发展的加速器。2002年他们开发了国内第一台免棱镜全站仪,2004年开发了第一套成图软件,2005年开发了国内第一台电脑型全站仪和国内第一台绝对编码免棱镜电脑型全站仪,2007年开发了国内第一台无协作目标200米测程全站仪。据统计,目前苏州一光研发队伍已经开发了数十种新产品,这些产品都具有国内领先水平,有些已经达到了国际先进水平,人才队伍的建设为企业的技术创新提供了源源不断的动力,让"一光"品牌可以在市场上持续辉煌。

苏州一光与高校的产学研合作在人才培养上主要有以下几种方式:

1. 共建生产实习基地

目前,苏州一光已是苏州大学、西安理工大学、中国人民解放军测绘学院等国内众多高校的生产实习基地,而且这类合作还在继续。通过共建生产实习基地,学校每年都可以派许多学生到苏州一光参观实习,帮助学生掌握实际操作能力,学校和公司协同培养富有创新精神与能力的高素质、高层次的技术应用型人才。很多学生实习结束后都表示毕业后要来苏州一光工作,苏州一光良好的文化氛围和工作环境是吸引他们的主要因素之一。2007年,同济大学两位硕士研究生毕业后到苏州一光工作,她们来苏州一光后,工作认真，吃苦耐劳，受到了领导的好评。通过这种产学研合作方式，苏州一光为自己培养了很多后备人才，缩短了这些人才到公司工作后的适应时间，让他们能够更好地融入苏州一光，为公司的发展贡献力量。

2. 聘请高校的专家到苏州一光指导工作

近年来，苏州一光聘请了多所高校的教授、副教授到苏州一光指导工作。这些老师都是高校从事测绘、电子方面的专家，有着深厚的理论学识和研发能力。这些专家到苏州一光后，积极参与和指导公司的研发项目，组织公司与高校的产学研合作，并在项目合作中促进知识信息的传递，帮助培养公司高水平的研发人才，形成了"一带多"的局面。例如，在与苏州科技学院共建的工程技术研究中心中就有许多教授和公司研究人才的参与，共同参与一些研究项目，使许多公司的员工成长为具有自主研发能力的复合型人才。

表6　苏州一光聘请的专家

序号	专　家	单　　位	专　业	职　称
1	虞润身	同济大学	测绘仪器	教授
2	徐承平	中国测绘科学研究所	测绘仪器	教授
3	何安平	武汉大学	工程测量	教授
4	覃　辉	广东科技干部学院建筑与艺术学院	工程测量	教授
5	李静年	武汉大学	GPS	副教授
6	张　序	苏州科技学院	大地测量	副教授
7	李以赫	武汉大学	测绘仪器	教授
8	张学庄	中南大学	电子信息	教授
9	叶晓明	武汉大学	大地测量	教授

3. 派公司员工到高校进修

通过产学研合作，苏州一光派遣多名研发人员到合作高校进修学习。他们进入高校，学习最新的知识和技能，掌握测绘仪器发展的方向，学成以后继续回到苏州一光工作，进一步优化了苏州一光的研发队伍。2007年，苏州一光有多名员工被晋升为研究员级高级工程师，省级技术中心提任多名研发人员。苏州一光的技术队伍日益壮大，在"持续改进、不断创新"公司方针的指引下，为客户提供更完美的产品和服务，保证了苏州一光又好又快的科学发展。

多年来，苏州一光管理层坚持认为，走产学研合作道路对于公司提高技术创新能力、优化公司的资源配置以及强化公司适应市场的能力具有很大的作用。公司从一开始就采取了有效和稳妥的办法妥善解决产学研合作中出现的问题，使产学研合作能够顺利进行下去，并完成了多项项目合作，强化了知识和信息的传递，培养了众多研发人才，帮助苏州一光在市场竞争中脱颖而出，也使苏州一光和高校、研究机构实现共赢。

五、公司展望

2008 年春节刚过，在苏州创元集团发展战略研讨会上，苏州一光总经理张福弟谈及企业技术创新时表示："就目前情况来看，公司的核心竞争力应放在人才和技术上，如何更高效地培养人才和获得技术，就一定要坚持走产学研合作的路子。"张福弟总经理的发言得到了与会企业家的一致肯定。

讨论与思考

1. 苏州一光"人才第一，产学研合作发展"的技术战略是怎样体现在公司的具体行动上？请你从知识创新的角度，说明这一战略的优缺点。

2. 产学研合作有哪些可能的方式？本案例中的产学研合作主要涉及项目合作、知识与信息交流、人才培养三个方面。你认为，苏州一光的产学研合作还可以在哪些方面进行新的合作？

3. 项目合作是产学研合作中最主要的形式，由于技术合作中的信息不对称，往往导致合作的失败。你有什么好的方法，可以减少技术合作中的信息不对称？

附录　关于测角技术

测角，也就是平常所说的角度测量，与传统的光学经纬仪不同的是，全站仪的测角方式不再是光学上完全通过对光栅度刻划，再通过光学细分的方式来读数，而是可以将角度以数字的方式来表现，被单片机处理，参与程序的计算。

目前，市场销售的全站仪的测角方式有光栅增量式和绝对编码式两种。光栅增量式是通过两块均匀的光栅盘在光电的作用下产生莫尔干涉条纹进行技术和软件细分。绝对编码式则是通过在一块光栅度盘上刻划非均匀的编码，再通过光电感器对这些编码进行处理的方式。从硬件上来说，光栅增量式测角时需要两块光栅盘，而绝对编码式只需要一块。从技术上来说，绝对编码式的技术含量远远高于光栅增量式的测角方式。因此，20 世纪 90 年代苏州一光就生产出了国产第一台全站仪，但绝对编码的技术应用于生产却已经是 2005 年了。目前，苏州一光的 610、710 以及 800 系列全站仪都是绝对编码测角系统。

苏州“六六视觉”科技股份有限公司的集成创新

张方华　吴　剑　王文霞

案例提要　集成创新是我国企业从消化吸收再创新走向原始创新的中间环节，是提高自主创新能力的突破口。在强调加强原始性创新的同时，我们应积极调整科技创新模式，从注重单项创新转变到更加强调各种技术的集成，强调在集成基础上形成有竞争力的产品和产业。本案例是对苏州六六视觉科技股份有限公司技术创新过程的描述，对其准分子激光人眼像差矫正系统项目的创新特点作了深入探讨。

2007年11月10日到13日，一年一届的美国眼科会议在新奥尔良召开，大约有500多家厂商参展，来自全球的参会医生大约有20 000多人。此次会议属于世界级最大型眼科专业会议，影响力非常大。

苏州六六视觉科技股份有限公司（以下简称“六六视觉”）是中国医药工业50强企业，国家火炬计划重点高新技术企业，在国内外享有一定的知名度。此次会议，苏州“六六视觉”展出了以氙灯显微镜、数码裂隙灯显微镜、新材料新工艺手术器械、疏水性丙烯酸酯软性晶体等为代表的一系列战略新产品。新产品的展示充分显示了中国医疗器械企业的实力，赢得了广大国外客户的赞誉和认同。

通过多年来对创新坚定不移的投入和集成创新取得的成就，苏州“六六视觉”已在国内外市场上逐渐树立了自己的品牌，尤其是显微镜产品获得“中国名牌”产品称号，赢得了医生和合作伙伴的敬意。

近年来，苏州“六六视觉”在不断强化质量和服务的同时，加大对研发的投入，使公司新产品层出不穷，在眼科医疗器械领域逐渐做专、做强、做大、做久，“六六视觉”这个品牌已经逐渐得到了越来越多的国外客户，甚至是终端客户的认同。

一、公司简介

苏州六六视觉科技股份有限公司,成立于2001年6月6日,由始建于1956年的苏州医疗器械总厂整体改制而成,是目前我国规模最大、设备最先进、技术力量最雄厚的眼科产品生产基地。公司具有光学、机械、电子、精细工艺以及微电子、高分子、激光、超声等高新技术的研发能力。公司已全面实施CAD、CAM、CAPP、PDM数字化设计和NC数字化制造、ERP数字化管理。

公司实施"专业化、国际化、高科技、高质量、创名牌、以人为本、顾客至上"的发展战略。坚持把专业发展眼科和视光学的医疗器械作为公司主业,就是要为眼科提供更多更好的质优价廉的高端产品与服务,在这一领域做专、做精、做优、做强、做大、做久。为此,公司瞄准国际水准,开发世界水平的高科技产品。公司主要生产包括裂隙灯显微镜、手术显微镜、人工晶体、显微手术器械、电子诊察器械、激光治疗器械、人工晶体等4大系列166个品种600多个规格的产品,其中1件产品获国家质量金质奖,2件产品获银质奖,5件产品被认定为国家级(重点)新产品,2件产品被列入国家级火炬计划项目,产品远销世界60多个国家和地区。公司连续多年被评为江苏省成长型企业、全国医药工业50强企业、江苏省高新技术企业、国家先进高新技术企业等,并先后获得全国医药系统先进集体和江苏省先进集体等称号。截至2006年年底,该公司已累计取得专利80多项,其中包括发明专利10余项。"六六视觉"之所以能够取得这样的成绩与其坚持走自主创新之路是分不开的。

表1 "六六视觉"技术发展历程表

序号	时　间	内　容
1	1982年	苏州医疗器械总厂成立了全国首家厂办眼科医疗器械研究所
2	1996年	企业组建了技术中心,也是苏州市首批技术中心之一
3	1996年起	企业开始全面推广应用CAD、CAM、PDM、CAPP
4	"八五"期间	企业投入4 500多万元技术改造资金,装备了具有世界先进水平的加工设备和检测仪器,形成了先进的数控机床群
5	"九五"期间	企业投入8 000多万元进行新一轮大规模技术改造
6	"十一五"计划	企业进一步加快技改步伐,争取2010年销售额达15亿元,2015年销售额达30亿元,其中出口50%

表2 “六六视觉”科技成果一览表

序号	时　　间	描　　述
1	1963年	开发了包括被誉为“一两黄金一把刀”的我国第一把线状手术刀在内的130多种眼科手术器械,被誉为“草窝里飞出了金凤凰”,结束了我国眼科手术器械完全依赖进口的历史
2	1973年	开发成功我国第一台裂隙灯显微镜,我国眼科专家称之为“争气灯”
3	1975年	为毛泽东主席研制成功白内障专用手术器械,著名眼科专家唐由之教授用这套专用器械6分钟就成功地为一代伟人摘除了白内障,使其恢复了视力
4	1983年	开发成功我国第一台眼科手术显微镜,推动我国眼科进入显微手术的新时代
5	1991年	生产出我国第一枚人工晶体
6	1999年	开发成功第一台国产分子激光眼科治疗机,打破了国外技术的垄断,使我国成为继美、德、日之后第四个掌握这一高端技术的国家
7	2000年	发明了被国际眼科专家誉为“眼科一场革命”的世界上第一台主观式人眼像差仪,震动了国际眼科界
8	2003年	研制成功准分子激光人眼像差矫正系统,在世界上首次实现了像差仪与准分子激光眼科治疗机的无缝对接,实现了对人眼像差的精确测量计算,引导控制准分子激光对人眼像差进行真正意义上的“个性化矫正”。由王大珩院士、金国藩院士等著名科学家和国内眼科、工程技术专家组成的项目鉴定组给予了高度评价:准分子激光人眼像差矫正系统项目达到国际先进水平,突破的重大关键技术处于国际领先地位,对振兴我国大型精密医疗装备事业,有积极的示范和带动作用。该系统先后荣获江苏省科技进步一等奖和国家科技进步二等奖
9	2004年	研制出国内第一枚亲油性折叠式人工晶体,再一次打破国外技术垄断,为眼科提供了大量质优价廉的产品
10	2006年	开发的视网膜细胞显微镜被国家科技部列入“十一五”863计划
11	2007年9月	2007年中国名牌产品暨世界名牌产品表彰大会上,六六牌眼科显微镜等856个产品被正式授予2007年中国名牌产品称号。公司吴熙年总经理应邀专程赴京参加大会,接受表彰

二、公司的技术创新方式

多年来,公司在周永耀董事长的带领下,不断加大技术创新的投资力度

(2006年的研发投入约占公司销售额的8%),以自主创新为动力,强化自主创新的主体地位,加强公司省级技术中心建设,引进研发人才,通过开发原创性自主知识产权,在引进、消化和吸收的基础上进行系统集成创新,并取得了重要的发展成果。公司自主开发的准分子激光人眼像差矫正系统获得2005年国家科技进步二等奖。经过几十年的发展,公司已拥有一所省级技术中心(正在申报国家级),中心拥有一批高素质的研发人才和具有国际先进水平的设计开发平台,进行光、机、电及微电子、高分子、激光等高新技术的研发。截至2006年年底,公司已累计获得专利80多项,其中发明专利10余项。

根据创新程度的不同,我们将自主创新的方式分为消化吸收再创新、集成创新和原始创新三种基本形式,公司选择什么样的创新方式,是与其自身实力密切相关的。"六六视觉"根据公司的内部环境和自身的技术基础,结合国家创建创新型国家的现实背景,探索出一条提高自主创新能力的有效途径:

第一种方式:在公司技术发展的初始阶段,在国外先进技术的基础上,认真做好消化、吸收再创新,不断进行技术积累。

公司由原来的国有企业改制而成,原来的技术实力比较差,产品的研发能力也不强。因此,"六六视觉"在苏州大力发展开放型经济的宏观背景下,非常重视在引进国外先进技术的基础上坚持消化、吸收和再创新,逐渐进行技术积累。公司利用各种形式的国际学术研讨会和新产品展示会,不断跟踪和收集国际眼科技术发展的最新信息和发展趋势,重视技术和产品的"二次创新",在消化、吸收的基础上再创新,从而开发出具有自主知识产权的新技术和新产品。公司开发的国产准分子激光眼科治疗机就是一个典型事例。

准分子激光眼科治疗机在20世纪末才问世,目前治疗近视的主要装备主要来自美国、德国和日本等发达国家的企业。我国是近视眼发生率大国,近视发生率达33%(高出世界平均发病率近半),在校高中生达75%。虽然准分子激光眼科治疗机的国内市场容量很大,但我国企业还无法研制和生产出这种新技术仪器。20世纪90年代,公司就曾与中国科学院某所合作开发,后因关键技术不过关而失败,但也积累了经验;1999年,公司与美籍华人专家合作,仅用半年时间就成功生产出第一台国产机器,使我国一跃成为继美、德、日之后世界上第四个掌握这一尖端技术的国家;之后,公司又依靠自身力量对它进行了持续不断的改进、提升和再创新,同时取得了许多重要突破,并在许多关键技术方面领先于国际水平。例如,手术过程自动跟踪系统扫描频率达20 000Hz(国外先进产品仅250Hz);输出能量的波动范围也大大低于国外先进产品;实现了激光光斑的高斯光斑改进。经过国内10多家医院的数万例手术跟踪验证,术后视力比国外产品好,受到眼科专家和患者的高度评价和欢迎。该产品打破了国外产品的垄断,通过持续改进和再创新,目前已拥有专利9项。

第二种方式:企业拥有了一定的技术和研发实力后,加快产学研的合作,注重信息、知识、技术和组织的集成,加强集成创新,不断提高公司的竞争优势。

现代高科技产品是多种学科和多种技术手段的系统集成。集成创新是企业从消化、吸收再创新走向原始创新的中间环节,是提高自主创新能力的突破口。贯穿集成创新始终的是公司不仅重视创新的信息集成,而且非常重视知识、技术和组织的集成。为此,他们在创新思维和手段上也不断创新,优化资源配置,通过多种资源的系统集成创新,走出了一条科技创新的新路子。

2005年荣获国家科技进步二等奖的准分子激光人眼像差矫正系统就是系统集成创新的一个成功典范。该系统是视光学等基础理论、应用技术与现代眼科医学的完美结合,是光、机、电、计算机、控制技术与临床医学等多学科多技术的系统集成。它首次实现了像差仪与准分子激光眼科治疗机的无缝对接,通过对人眼像差的精确测量计算,引导控制准分子激光对人眼像差进行真正意义上的"个性化矫正"。由著名科学家王大珩院士、金国藩院士和国内眼科、工程技术专家组成的项目鉴定组给予了高度评价。

该系统的研制成功是系统集成的成功案例。公司在几十年的发展中与中国眼科界形成了鱼水般密不可分的关系,双方相互支持,共同成长;与中国科学院的很多部门以及清华大学、南京航空航天大学、北京理工大学、复旦大学、浙江大学等众多高校、科研院所保持着良好的技术合作关系,特别是在与海外华人专家的合作、开展多资源的系统集成创新方面取得了很大成功。公司的眼科显微镜、新型折叠式人工晶体等许多高科技新品都是这一创新的结晶。

第三种方式:在消化、吸收再创新和集成创新的基础上,通过研发人才队伍建设和增加研发投入,加强和提高原始创新能力,以形成公司核心竞争力,坚持走可持续发展之路。

实践证明,技术可以引进,但自主创新能力却是无法引进的。因此,公司要在国际竞争中获取竞争优势,就必须通过自主创新来提高核心竞争力。当然,要进行原始创新,不但需要一定的人力、物力和财力,关键是需要一定的知识和技术积累,特别是创新能力积累,而创新能力积累的关键又在于人才的积累。"六六视觉"在人才建设上主要立足于技术工人和科技人员两个方面。

（一）技术工人

由于公司生产的眼科医疗器械属精密仪器，专业性比较强，不是一般有通用工种技能的人所能胜任的，因而讲究个人的技能与技巧。特别是显微手术器械的制作，它既有机械性能、技术指标的要求，又有工艺品外观要求。一般没有3年以上的训练，很难独立工作。为此，"六六视觉"采取了多种方式来培养企业所需要的技术工人。

第一，举办职业中学。企业在1980年向苏州市教育局申请并获准举办"本企业职业中学"，专门为本企业培养、输送专业技术工人。1989年还被市教育局特批为德国"双元制"教育模式（学制3年，其中文化及专业理论课的课时与专业技能的课时各占50%）的职业技术中学。每年从应届初中毕业生中选招30名左右，学习成绩优秀且动手能力强的学生由企业出资进行专业技术及技能培养，为企业输送专业技术工人。在普通机床操作、数控机床操作、医疗器械装配专业的学生经过职中3年的培养，毕业后经企业择优录用（98%以上都录用）的学生都能立即上岗，1～2个月已可独立操作。手术器械钳工专业毕业的学生到企业后经过1～2年的学习也基本能胜任工作。

第二，进行委托培养。"六六视觉"改制以来，公司规模不断扩大，技术发展迅速，对技术工人的需求则更为迫切，为此，公司开始采取委托培养的方式进行技术工人的培养。委托专业相近的职业技术学校，为本公司培养学生（专业技能课由公司工程师授课，实习课到公司生产实践中跟技能好的员工师傅学习）。

第三，加强对技术工人的培训，提高技术工人的专业技能。技术工人在上岗转岗前，都要进行培训，使其了解和胜任新岗位；并且，当企业有新产品新技术转为生产时，对生产一线都要进行工艺培训，确保其能按设计要求进行生产。另外，企业每年定期选派优秀技术工人参加市劳动局举办的高级工培养，目前，有9名数控技术机床工参加了市劳动局举办的"数控技术高级技工培训班"，已全部通过了考核，获得高级技工证书。

（二）科技人员

1. 人才引进

为吸引高素质人才，公司分别在浙江大学、北京理工大学、南京航空航天大学为优秀学生设立奖学金，每年额度11万元。每年学校会推荐一些优秀大学毕业生来我公司工作，为公司的科技进步、技术和管理水平的提高增添了新的血液。据统计，从2002年到2005年共招聘了2名博士生、17名硕士生、

78 名本科生。从学历结构上可以看出,随着公司产品技术含量的提高,引进人才的学历也在上升。而在高级人才引进和开发方面,“六六视觉”也成绩卓越。2001 年 7 月,“六六视觉”被苏州新区企业博士后科研工作站设立为苏州六六视觉科技股份有限公司博士后流动站,而在 2003 年,公司引进了重庆大学生物医电专业博士生主持“生物电生理”新产品的研发,样机在较短的时间里通过了公司技术委员会的审定。这些专业科技人员的引进为“六六视觉”进行技术创新提供了良好的人力资源,使公司在新产品新技术的开发上收获颇丰。

2. 人才培养

(1) 新进公司大学生培养: 首先进行岗前培训,使其了解公司的发展史、企业文化、公司的近况、发展远景、公司规章制度、员工手册、薪酬体系、激励机制及公司参加的社会保险、商业保险等,然后进入制造部门进行为期 3 ~ 6 个月的生产实践。

(2) 高工带徒: 每位高级工程师每年要帮、带 3 ~ 4 名青年科技人员,传授产品知识及相应的眼科知识,使得青年科技人员早日独立开展研发工作。

(3) 公费培养工程硕士: 为满足公司在职科技人员的深造愿望,进一步提高在职科技人员的研发水平,公司人力资源部先后与南京航空航天大学和苏州大学积极联系,2002 年选派了十名优秀青年科技人员报考苏州大学的软件、光学、机械、电气工程 4 个专业的在职研究生,得到在职科技人员的支持和欢迎。目前,有 4 名科技人员分别在苏州大学光学及电子工程专业深造。

(4) 出国培训: 公司在 2003 年送出 4 名科技人员去德国培训准分子激光器的知识及维护,使得科技人员更好地掌握了激光技术,更好地为“六六视觉”的顾客服务。2004 年又送了 2 名科技人员去瑞典学习制造控制及生产管理。

(5) 与高校、海外技术合作: 与海外华人专家、南京航空航天大学以及复旦大学附属眼耳鼻喉科医院合作的准分子激光人眼像差矫正系统,这一国际先进水平的视光学矫正仪器,已于 2003 年 12 月完成并通过鉴定,得到了两院院士王大珩等的高度赞扬。为此,公司与南京航空航天大学的沈建新博士共同获得江苏省科技进步一等奖。还有与复旦大学合作开发的裂隙灯图像处理系统的软件部分等,使得公司软件开发技术有了质的飞跃。公司的许多高科技产品,如准分子激光人眼像差矫正系统,主观式人眼像差仪等,都是与海外科技人员合作的成果。与高校、海外技术合作,使得公司科技人员的水平上升很快,公司也走出了一条高水准、高效率、低成本的科技创新的新路子。

3. 人才保持

（1）遵循"合适的人选，做合适的工作"的基本原则，公司对不同的部门及员工所处的职位制定相应的培训内容和培训方式。转制后，公司进一步加大了培训力度，使近几年企业的年度培训计划完成率和有效培训均在95%以上，人均培训时间在12小时左右。

（2）公司管理层深知：良好的生活及工作环境、有效的激励机制、畅通的上升空间是人才保证的关键。为此，公司抽出大量资金对员工生活和工作环境进行改善，提高员工满意度。同时，公司开始逐步完善有效的激励机制，发挥员工的积极性，先后建立了薪酬体系、绩效考核制度、定岗定薪三级动态考核、晋升考评等制度，留住科技人员。在报酬方面，公司注重向科技人员倾斜，为科技人员提供比较高的待遇，使科技人员的流失率维持在比较低的水平。在人才选拔方面，公司采取不拘一格的方式，每年年底都要对中、高层管理人员进行述职及考评工作，对不称职者进行调整，提拔一些上进心强、有一定管理理论知识、有培养前途的年轻人。通过这些方式，最大限度地激发科技人员的积极性、创造性和归属感，使公司朝着和谐化企业发展。

通过以上人才建设方面的努力，使"六六视觉"在技术创新方面有了很强的底气。所以面对我国医疗机械产业的现实——我国医疗机械产业的发展状况与党的十六大提出的全面建设小康社会的要求和构建社会主义和谐社会的要求还有很大差距，与我国医疗卫生事业的发展还很不适应，出口的医疗器械产品以低档、劳动密集型的产品为主，而国内所用的中高档产品大多依赖于进口。"六六视觉"决意努力通过技术创新改变这一局面。1998年，他们在开发人工晶体时，当时个别领导认为只有与国外合资生产才行，自己开发是"不知天高地厚"，可他们就是靠这种决心和勇气，坚持自主研发，经过3年的努力，终于生产出我国第一代人工晶体。在此基础上，他们不断研发出各种规格的具有自主知识产权的新产品。2000年，公司自主研发的世界上首台主观式人眼像差仪。是开发具有原创性自主知识产权的高新技术产品的又一成功案例。像差是眼科和视光学的一种全新的概念，它突破了传统光学对视力的评价标准，发现影响人眼视力的因素除了一般人所共知的近视、老花、散光等外，还存在30多种人眼像差会影响到人的视觉质量，经过深入研究和反复攻关，公司成功地开发出新概念产品人眼像差仪。这种仪器通过对人眼像差的精确测量和矫正，可使人眼视力达到"理想眼"水平。这一技术的发明是眼科和视光学的重大突破，产品在国际上一经露面，就引起极大关注与振动，被国际眼科权威称为是"眼科的一场革命"。迄今为止，该产品已经在我国以及美国、西班牙、韩国等国家和我国台湾地区获得多项发明专利，并填补了多项国内眼科器械领域的空白。

三、准分子激光人眼像差矫正系统

准分子激光与生物组织作用时发生的不是热效应，而是光化反应。所谓光化反应，是指组织受到远紫外光作用时，会断裂分子之间的结合键，将组织直接分离成挥发性的碎片而消散无踪，对周围的组织则没有影响。

准分子激光的光能量几乎完全被角膜上皮细胞、Bowman's 膜和基质吸收。英国 Marshall 用氢氟准分子激光对动物角膜作光解切除，并进行了超微结构检查，实验发现，光解切口边界清晰，周围无热损伤现象。

193nm 的氩氟准分子激光有许多特点适合应用于角膜屈光手术。其每一个脉冲具有高达 6.4eV 的能量，这个能量远超过结合分子碳和碳键的结合能量 3.5eV，因此光子可以打断分子之间的结合键，将组织分离成挥发性的碎片，此波长的激光吸收范围极窄，大约介于 3.7～3.9μm，也就是超过这个范围的组织还会吸收到激光，每一发激光可以切削 0.2～0.25μm 厚度的生物组织，而且每次一致性良好，还会有忽深忽浅的情况产生，因此，深度和激光发射数目成正比。由于激光的整个脉冲只有 10～20μs，因此其热扩散效应非常小，周围仅有 0.3～0.8μm 的组织会受到伤害。

另外，由于电磁波对于角膜的穿透力随着波长的缩短而减少。在 400nm 以下，穿透力减至零。故 193nm 波长的远紫外线导致无角膜穿透力。因此对于眼球内部的组织没有任何不良副作用。

准分子激光切削角膜的能力，具有超细微的精密度和超细微的损伤程度。193nm 波长远紫外光只产生很少的热效应，从而对周围组织的损伤限制在很小的范围内。而且，还提供了特别平滑的切削平面。切削速度约为每个脉冲 0.25μm，相当于头发丝的 1/200 及红细胞的 1.28 倍。尽管这种远紫外线产生的热效应非常少，但也不等于零，每个激光脉冲的切削面上会造成小于 1μm 的微小损伤。因此，准分子激光要比任何其他眼科激光精确 50～1 000 倍。激光脉冲频率可以增加，但热能和切削产生的羽烟散逸需要一些时间。

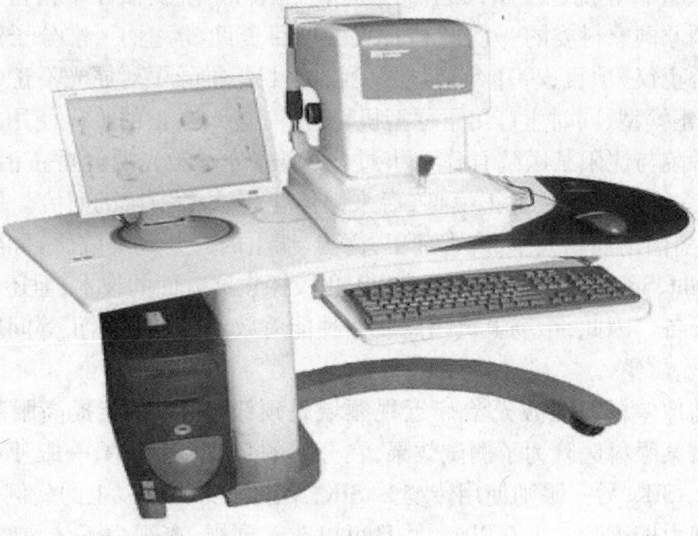

图 1

四、准分子激光人眼像差矫正系统的集成创新过程

荣获 2005 年度国家科技进步二等奖的"准分子激光人眼像差矫正系统"就是该公司集成创新的一个成功典范。该项目涉及眼科、人眼视光学、生物医学工程、计算机技术等多个学科门类，结合了光、机、电、数学、物理、生物组织等各方面理论，系统突破了主观式波前测量技术、人眼波前像差矫正技术、准分子激光高斯光斑匀光技术、准分子激光恒能控制技术、角膜手术区域粗糙度控制技术、手术过渡区二次曲面圆滑修边技术等多项重大关键技术，构建了完整的像差测量与矫正理论体系，是当前世界上最先进的人眼屈光诊疗系统，代表当今人眼屈光矫正手术中的最高水平，被誉为"眼科的一项革命性突破"。该系统的集成创新过程主要分为以下三个阶段：

（一）信息集成与创新构思

在改制前的 1999 年，公司主要人员利用首次参加国际眼科专业级别最高的美国眼科年会（AAO）的机会，了解产品的发展信息，掌握国际激光治疗技术的发展趋势，并通过市场调研发现，在国外生产的准分子激光设备中，宣称由波前像差引导的有产品 VISX（威视）STAR S4、EIDEK（尼德克）EC-500、ALLEGRETTO（鹰视）、TECHNOLAS（博士伦）217z，只有前 3 个产品获得国家药监局认证。由于是客观式像差引导，这些产品在屈光手术后会出现暗视力下降、眩光、重影等视觉质量问题。1994 年中国科学院安徽光学精密机械研究所曾得到原国家科委的“九五”科技攻关项目资助，承担了《准分子激光角膜屈光度矫正仪》项目；2001 年通过了验收，项目组推导了对屈光不正（近视、远视）的矫正模型，同时生产出了原型机，但没有进入真正的临床使用。东北大学信息学院与沈阳某医院合作从事过“新型准分子激光屈光矫正治疗机”的研制，但只推导了近视矫正模型，后来则停止了这个领域的研究。国外研究机构（如美国南加州大学、麻省理工，德国、瑞士的一些高等院所）和各大公司（LaserSight、Summit、Nidek、VISX 等）正积极探索这方面的技术，但还未研制出成型的设备。因此，市场上迫切需要一种能有效克服屈光不正等问题的激光治疗器械。

波前像差技术在激光治疗近视领域是顶级技术，它能提高眼睛的分辨率。上海某眼科医院为了测试效果，在开始的 20 个病例中，一眼使用波前像差引导 LASIK，另一眼则使用传统 LASIK，结果发现 90% 以上的病例在术后次日之裸视力即可达到 1.0 以上，并且可以改善副视、夜视力不佳及眩光现象。已有越来越多的医生主张，波前引导手术应可取代传统手术而成为屈光手术的标准术式。

波前像差引导的激光技术，源于太空天文望远镜成像技术，能大幅度减少人眼波前像差，提高眼睛成像的分辨率，尤其能减少眩光、提高夜视力水平。而普通激光手术效果与波前像差引导的激光手术效果的区别，类似于民用相机与专业相机拍摄效果的区别。如今，美、英等发达国家已经开始在其战斗机飞行员和海军陆战队中开展波前像差引导的激光手术，以提高战士的夜视力和精细成像能力。

同时，公司也了解到，我国政府已制定出各种政策措施鼓励民族企业的技术创新活动。而该项目正式开始后，先后得到国家计委产业化项目、国家中小型企业技术创新基金、省经贸委技术创新项目、省高技术研究、省六大人才高峰项目等 6 类 7 个项目的大力支持，国家和部门下拨的研究经费达 900 万元左右，大大缓解了本项目的资金投入缺口。

因此，1999 年 11 月公司根据各方面市场、技术和政府政策信息的集成，“准分子激光人眼像差矫正系统”这一视力矫正产品的创新构思逐渐形成。该项目的最终目标是能有效解除数以千万计人戴眼镜的烦恼，提高人民的生活品质，使现代人“看得清楚、舒服、持久”。

（二）知识集成与研究

创新构思一经形成，经过专家组的讨论和认证后，即进入了产品的研究阶段。通过多年来的技术积累,公司的研发中心已具备较强的创新能力。但是,“准分子激光人眼像差矫正系统”是一个涉及光、机、电、数学、物理、生物等多方面理论知识的系统工程,需要在整合这些知识的基础上才能研制成功,其中包括:主观式像差测量原理方面的知识、像差测量时主动式人眼跟踪原理方面的知识、像差仪的光学原理方面的知识、准分子激光系统中的激光与生物组织相互作用的原理方面的知识、像差转换为角膜切削量的数学模型方面的知识、激光脉冲能量控制机理及方式、人眼角膜激光脉冲消融后的粗糙度控制等。

研发小组通过与国内高校,特别是南京航空航天大学的合作,在系统综合已有知识的基础上,根据基于波动光学原理的人眼波前像差全新理论,突破了基于几何光学原理的传统屈光矫正方法,利用主观式波前像差仪采集的人眼波前像差数据,用 Zernike 函数表示,以此引导准分子激光进行个性化切削,精确地消除像差。因此,研发阶段各种知识的集成为产品的实际开发提供了良好的知识基础。

(三)技术集成与实物开发

2003 年 11 月,研发小组通过对已有的成熟技术进行系统集成提出了像差矫正系统的技术方案,这些成熟技术包括:像差矫正数学模型技术,像差测量技术,飞点扫描技术,二次曲线修边技术,激光能量闭环控制技术,主动眼球跟踪技术,准分子激光人眼像差矫正系统的软、硬件设计技术等。

在技术集成的基础上,研发小组构建了完整的像差测量与矫正理论体系,并实现了很多新的关键技术的突破,其中包括:主观式波前测量技术、人眼波前像差矫正技术、准分子激光高斯光斑匀光技术、准分子激光恒能控制技术、角膜手术区域粗糙度控制技术和手术过渡区二次曲面圆滑修边技术等,从而大大加快了这一产品投入市场的速度。

同时,贯穿于“准分子激光人眼像差矫正系统”这一创新过程的是公司内外部组织的系统集成,通过与清华大学、南京航空航天大学、北京理工大学、复旦大学、浙江大学等国内高校和中国科学院等科研机构的合作,获取最新的前沿知识;通过与美国新英格兰视光学院的华人科学家等海外华人、复旦大学眼耳鼻喉科医院的交流和合作,跟踪和了解国际上最新的技术信息;通过公司内部各职能部门之间的协作,加快了创新的速度。

它首次实现了像差仪与准分子激光眼科治疗机的无缝对接,通过对人眼像差的精确测量计算,引导控制准分子激光对人眼像差进行真正意义上的“个性化矫正”。

五、经验借鉴

从“六六视觉”的发展历程中，公司始终坚持“我们爱眼，为眼科服务”的宗旨，坚持以市场为导向、自主创新为根本，不断通过提高自主创新能力，努力实现“走向世界，创国际知名品牌”的发展愿景。同时，该公司探索出的自主创新方式也可以为国内其他公司提供以下几个方面的借鉴：

（一）高层管理者的创新精神是企业持续发展的前提

企业是创新的主体，企业家是企业自主创新的核心和灵魂。企业的技术创新是一个高度不确定性的活动，它将面临着市场、技术和资金等各种风险，并且受到企业发展战略、组织方式、资源配置和内外部环境等各种因素的制约。由于企业家拥有企业的决策权和资源的配置权，企业的技术创新活动最终还是取决于企业家的市场意识、管理素质和创新精神。正是在董事长周永耀锐意进取和不断创新的带领下，“六六视觉”通过引进、吸收国外先进技术，加大产学研合作发展力度，逐步增强自身的技术创新能力，完成了企业自有技术力量的积累过程，在自主创新能力上获得了质变的飞跃。

（二）明确的技术创新战略是企业持续发展的基础

由于创新固有的不确定性和高风险性，由创新失败而导致企业停滞不前甚至破产的案例比比皆是。因此，企业要获得持续发展，就必须根据外部的市场和技术环境，结合自身内部拥有的资源和条件，根据企业的总体发展目标和竞争战略，权衡技术创新的长期和短期目标，制定出切合实际的、与企业竞争战略相匹配的技术创新战略，为企业的技术创新指明方向和作出规划。在“六六视觉”，公司全体员工一直以在眼科事业上实现专业化、高科技化和国际化的技术发展为目标，长期坚持“科技兴厂”的发展战略，以及“大市场、大发展，超速成长、走向世界”的发展战略，通过改革、创新求得发展，使“六六视觉”获得了持续发展的基础。

（三）持续的管理创新是企业持续发展的关键

企业的技术创新能否成功，不仅取决于技术上能否达到预先的设计标准，而且还取决于企业的创新管理水平。因此，企业要提高自主创新能力，除了有相应的资源投入外，必须有相应的管理创新加以支持。为了服务于企业的技术创新战略，“六六视觉”在20世纪80年代初就开展了全面质量管理；1997年开展了国际质量体系认证活动和实施信息化管理；2004年开始引进平衡计分卡管理等，这些管理创新都为企业的持续创新提供了坚实的基础。

（四）产学研的有效结合是企业持续发展的保障

随着经济国际化和知识化程度的不断提高，企业的自主创新并不是指关起门来的独立创新，而是一种开放式的创新，需要与大学、科研院所、供应商、用户、中介组织等外部组织建立各种形式的合作。同时，企业要进行自主创新，就必须不断吸收外部的新知识。因此，产学研合作创新是企业自主创新的永恒主题。“六六视觉”自主创新能力的提高，也是在加强产学研合作的前提下得以实现的。准分子激光人眼像差矫正系统就是公司联合美国新英格兰视光学院的华人科学家、南京航空航天大学、复旦大学眼耳鼻喉科医院等单位一起合作开发成功的。

讨论与思考

1. 请说明什么是企业的核心能力？案例中的企业是怎样定义核心能力的？你觉得这样的定义有什么优点与缺点？

2. 企业技术创新的方式有多种，在选择技术创新方式时，需要注意哪些问题？从案例中企业的核心能力发展过程来看，产学研合作在核心能力发展中有何价值？

3. 从企业战略规划的角度看，企业的技术创新和核心能力建设是最重要的，你是如何理解这一点的？

后 记

自2004年秋季苏州大学开展MBA教学以来,每年春秋两班,至今已有三届学员顺利毕业。我作为《运营管理》课程的主讲教师,也已完成了六个班的教学。在《运营管理》课程的教学过程中,与学员们一起学习、讨论和争论。我们的学员中,有许多来自跨国公司在苏企业,部分学员来自新加坡和我国台湾地区,他们有丰富的管理实践和企业运营经验,这让我们的课堂教学可以成为实践经验交流和分享的场所。

正是苏州的开放,大量的台资企业、日韩企业以及欧美企业在这里竞帆逐浪,苏州作为中国制造业的重镇,特别是IT产业的制造基地,大量的电子制造服务企业,为我们探讨运营管理提供了良好的背景条件。同时,不同文化背景的企业,其独特的管理文化在这里交融,来自不同企业的学员,他们带来了不同的管理模式和管理文化,亦为我们的课堂增添了国际化的色彩。

本书的完成得益于苏州大学MBA全体学员的努力和智慧,数十位学员积极参与了案例的编写,这里编辑出版的案例,只是其中的一小部分。在此,我首先要感谢苏州大学MBA全体学员,正是他们的努力,使得我们能够一起分享他们的实践经验和管理感悟。

其次,我要感谢的是苏州大学商学院院长万解秋教授、MBA中心主任赵增耀教授和工商管理系的全体同仁。由于缺少企业工作的经历,我对企业的运营管理缺乏经验和体会,因此,编写案例无疑是巨大的挑战,是他们的支持和帮助给了我巨大的勇气。

最后,本书的出版得到苏州大学研究生部专业学位精品课程建设基金的支持,感谢苏州大学出版社编辑们认真细心的工作,使本书得以按期出版。

周华明
2008年仲夏